会计信息化实用教程

（云课堂 云实训 云测评）

汪刚 姚洁 主编 王新玲 副主编

清华大学出版社

北 京

内 容 简 介

本书采用了基于任务驱动式的教材编写模式，目标明确，具有较强的可操作性。本书共分为11个项目，主要包括会计信息化概论、系统管理、基础设置、总账管理、报表管理、工资管理、固定资产管理、购销存模块初始设置、采购与应付管理、销售与应收管理、库存与核算管理等内容。

全书结构按五大板块(学习目标→情境案例→任务学习→实训应用→巩固提高)设计，内容循序渐进。

本书提供了教学大纲、教案、课件、教学视频、习题答案等供教师使用的教学资源，也提供了课件、学习视频、任务练习、实训测评、综合测评、理论测评等丰富的供学生使用的学习资源。本书所有教学资源以及教学活动均搭建在"畅课堂"上。"畅课堂"是一款集"教、学、测、评"于一体的智能教学云平台，能够极大地提升教师的授课效果、提高学生的学习效率。

本书可作为各类院校，尤其是高职、中职院校的教学用书，也可作为各类会计信息化大赛的参考教材。

图书在版编目(CIP)数据

会计信息化实用教程：云课堂 云实训 云测评 / 汪刚，姚洁 主编. 一北京：清华大学出版社，2019
(2023.4 月重印)

ISBN 978-7-302-53253-8

Ⅰ. 会…　Ⅱ. ①汪…　②姚…　Ⅲ. 会计信息－财务管理系统－教材　Ⅳ. F232

中国版本图书馆 CIP 数据核字(2019)第 134537 号

责任编辑：刘金喜
封面设计：何凤霞
版式设计：孔祥峰
责任校对：成凤进
责任印制：宋　林

出版发行：清华大学出版社
网　　址：http://www.tup.com.cn，http://www.wqbook.com
地　　址：北京清华大学学研大厦 A 座　　　邮　　编：100084
社 总 机：010-83470000　　　邮　　购：010-62786544
投稿与读者服务：010-62776969, c-service@tup.tsinghua.edu.cn
质 量 反 馈：010-62772015, zhiliang@tup.tsinghua.edu.cn

印 装 者：艺通印刷（天津）有限公司
经　　销：全国新华书店
开　　本：185mm×260mm　　**印　　张：**18.75　　**字　　数：**468 千字
版　　次：2019 年 7 月第 1 版　　**印　　次：**2023 年 4 月第 12次印刷
定　　价：68.00 元

产品编号：083188-02

前 言

目的

进入21世纪，互联网、移动通信、物联网、人工智能、云计算、大数据等技术的应用推动了网络时代的发展和知识经济时代的到来，会计信息化步入了以规范化、标准化、知识化、智能化、互联化、云化、社会化、产业化为主要标志的第三次浪潮的变革时代。会计信息化正朝着业财深度一体化、处理全程自动化、内外系统集成化、操作终端移动化、处理平台云端化、财务分析智能化等趋势发展。

为加强对会计信息化工作的指导和规范，财政部根据《中华人民共和国会计法》发布了一系列文件，具体包括《财政部关于全面推进我国会计信息化工作的指导意见》《会计档案管理办法》《会计改革与发展“十三五”规划纲要》《财政部关于全面推进管理会计体系建设的指导意见》《管理会计基本指引》等，这些文件中均对会计信息化提出了更高要求。

2019 年 2 月，中共中央、国务院印发了《中国教育现代化 2035》，中共中央办公厅、国务院办公厅印发了《加快推进教育现代化实施方案(2018－2022 年)》。在《中国教育现代化 2035》提出的推进教育现代化的十大战略任务中提到：加快信息化时代教育变革，推动教育组织形式和管理模式的变革创新，以信息化推进教育现代化。

为培养适应新形势需要的会计信息化人才，不仅需要提供满足新形势需要的会计信息化知识体系和实训体系，而且需要基于“大智移云”技术的信息化教学平台开展教学活动。

特色

1. 知识体系完整

本书采用了基于任务驱动式的教材编写模式，目标明确，具有较强的可操作性。本书共分为 11 个项目，主要包括会计信息化概论、系统管理、基础设置、总账管理、报表管理、工资管理、固定资产管理、购销存模块初始设置、采购与应付管理、销售与应收管理、库存与核算管理等内容。

全书结构清晰，内容完整，不仅包含了常用的财务部分，也详细介绍了业务部分，充分体现了业务财务深度融合的会计信息化发展理念，涵盖了会计信息化软件所应具备的大部分内容。本书既可作为各类院校，尤其是高职、中职院校的教学用书，也可作为各类会计信息化大赛(尤其是中职院校会计类大赛)的参考教材。

2. 教材结构创新

1) 五大板块设计，内容循序渐进

本书每个项目设计成五大板块，体现渐进式内容设计。

板块	特点
学习目标	体现每个项目学习后应具备的知识和能力
情境案例	此部分模拟一个企业与本项目内容相关的案例，使学员了解本项目内容在企业实际中如何应用，同时，本项目实训应用也是以此案例为基础展开的
任务学习	将每个项目拆分成具体可以实现的任务，每个任务又包含以下四个部分。 ● 知识准备：掌握本任务应具备的理论知识 ● 工作任务：给出具体要完成的工作要求 ● 工作步骤：给出完成任务的详细步骤 ● 知识延伸：掌握本任务应了解的其他相关知识
实训应用	将每个项目案例内容展开为详细的实验内容，提供详细的操作步骤与视频演示，供学员无障碍上机练习、体会与应用，并提供自动评分
巩固提高	通过四种题型(单选、多选、判断、简答)的练习，使学员对本项目内容进一步消化、理解、提升

2) 案例导入教学

本书以企业会计信息化的实际应用为导向展开各项目内容。因此，各项目在开始部分，先介绍一个与本项目相关的模拟企业案例，让学员体会企业中的需求与应用模式，在此基础上，再学习相关理论知识，并通过上机实验，加深理解和体会。

3) 突出实践能力培养

“学以致用”是本书突出的特色。在任务学习部分，每个任务均配有视频演示，操作步骤详细完整，提供上机练习和自动评分。在实训应用部分，实验目的明确，实验资料翔实严谨、前后呼应，也提供了上机练习和自动评分功能。通过教师带领学生练习到学生自主练习，能较好掌握各项目内容。

3. 教学资源丰富

本书提供了教学大纲、教案、课件、教学视频、习题答案等供教师使用的教学资源，也提供了课件、学习视频、任务练习、实训测评、综合测评、理论测评等丰富的供学生使用的学习资源，详见本书配套教材资源列表。

4. 教学平台智能

本课程所有教学资源及教学活动均搭建在“畅课堂”上。“畅课堂”是基于数据驱动、能够提供“教、学、测、评”一体化的智能教学云平台，能够极大地提升教师的授课效果和提高学生的学习效率。

畅课堂登录网址：http://c.chanjet.com。

团队

本书编写团队成员来源多样化，除教学经验丰富的一线教师外，还有会计信息化应用的行业人士参与编写。本书由北京信息科技大学汪刚、畅捷通信息技术股份有限公司姚洁任主编，天津财经大学王新玲任副主编。

致谢

感谢畅捷通信息技术股份有限公司陈江北、刘金对本书的大力支持。感谢本书的所有读者，希望本书能对你们有所帮助。

限于作者水平，对于书中疏忽及错漏之处，诚挚地希望广大读者给予批评指正。

服务邮箱：476371891@qq.com。

作 者

2019 年 04 月

畅课堂 PC 端应用流程

畅课堂 PC 端应用流程如下图所示。注意：教材封底激活码自激活之日起，有效期 365 天。

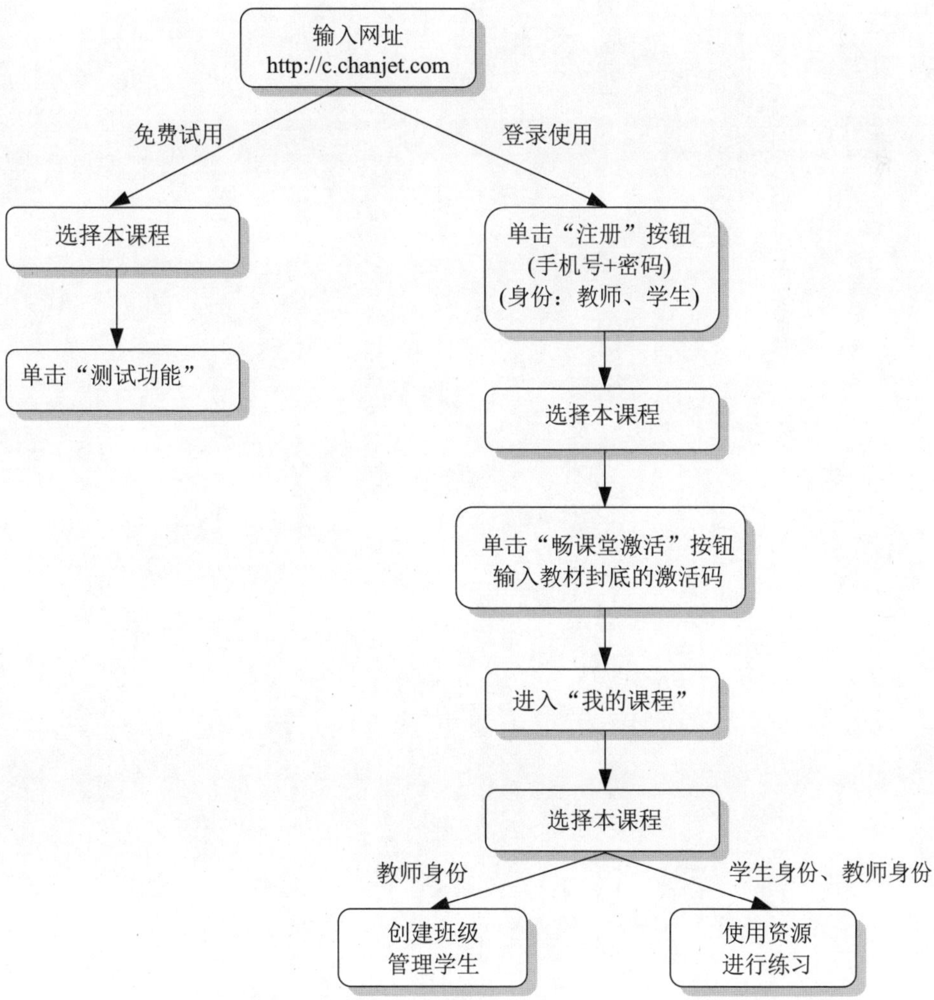

教材资源列表

使用对象	资源性质	资源名称	资源形式	说明
教师	教学	教学大纲	Word	全书完整教学大纲
		教案	Word	全书完整教案
		课件	PPT	按项目章节提供
		教学视频	MP4	任务演示视频 重要知识点视频 (提供二维码)
		习题答案	Word	教材“巩固提高”部分的习题答案
学生	学习	课件	PPT	按项目章节提供
		学习视频	MP4	任务演示视频 重要知识点视频 (提供二维码)
	练习	任务练习	畅课堂—实务	对应教材每个项目的“任务学习” 可练习，可测评
	测评	实训测评	畅课堂—实务	对应每个项目的“实训应用” 提供评分和错误分析
		综合测评 (3 套)	畅课堂—实务	总账+报表 总账+报表+工资+固定资产 总账+报表+工资+固定资产+购销存
		理论测评	畅课堂—客观	对应教材每个项目的“巩固提高” 单选、多选、判断

上述资源存放在“畅课堂”(http://c.chanjet.com)上，获取方法请见前言所述。

说明：免费体验版仅测评中的实训测评项目二至项目五提供评分和错误分析功能。

读者也可通过扫描下方二维码，将链接地址推送到自己的邮箱，来获取以上教学资源。

目 录

项目 1

会计信息化概论

学习目标

通过本项目的学习，学员应具备如下背景知识：

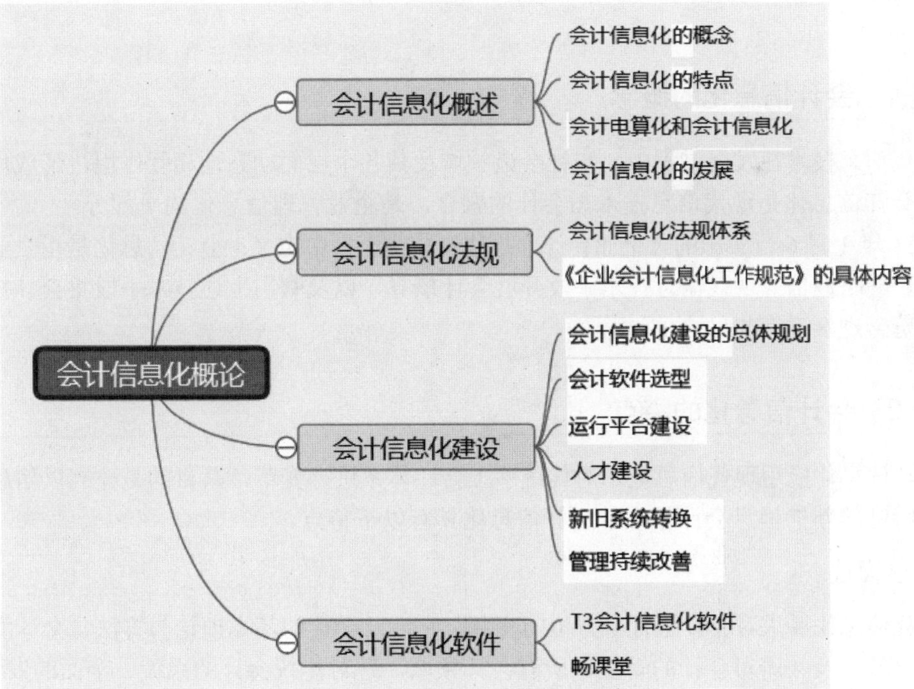

情境案例

北京日盛科技有限责任公司(简称：日盛科技)成立于2010年。该公司属于高新科技企业，从事软件产品研发及销售。

企业领导层商议，决定于2020年01月开始使用会计信息化软件进行会计及业务核算，全面提升会计核算工作的效率，加强企业的会计管理能力。

财务部门专门成立了会计信息化小组，上网查询并学习了相关电算化法规，了解了会计信息系统建设的流程。信息化小组经过多方考察，决定购买畅捷通信息技术有限公司的T3软件(版本号：10.8plus1)作为企业开展会计信息化工作的平台。该企业购买了T3软件中的总账、财务报表、工资、固定资产、购销存、核算等模块，进行财务业务一体化应用。

企业的硬件环境已经搭建完毕，开始进行软件的安装、调试及试运行。

任务学习

21世纪是一个充满竞争和创新的世纪，科学技术特别是计算机技术、网络技术和通信技术的飞速发展，世界经济环境的变迁及中国加入WTO，使我国企业直接面对全球市场和信息化社会的巨大挑战。在世界级的竞争对手面前，如何将现代信息技术与企业的管理实践相结合，寻求高效的管理模式以提升企业的竞争能力，是摆在我们面前的一项长期而艰巨的任务。

任务1 会计信息化概述

任务1.1 会计信息化的概念

现代信息技术在发展过程中，与社会诸领域及其各个层面动态地相互作用，形成信息化过程。会计信息化是现代信息技术与会计的融合，是企业管理信息化的一部分。

2014年1月6日实施的《企业会计信息化工作规范》中定义：会计信息化是指企业利用计算机、网络通信等现代信息技术手段开展会计核算，以及利用上述技术手段将会计核算与其他经营管理活动有机结合的过程。

任务1.2 会计信息化的特点

会计信息化应用现代信息技术对传统手工会计体系进行变革，其目的是建立以信息技术为技术特征的新的信息会计体系。会计信息化具有以下特点。

1. 全面性

会计信息化要求对会计进行全方位的变革。它涉及会计的基本理论与方法、会计实务工作、会计教育及政府对会计的管理等所有会计领域，是对传统会计的系统、全面的发展。

2. 渐进性

会计信息化的目标是建立一个打破传统会计模式、全面使用现代信息技术、处理高度自动化、会计信息资源高度共享的开放的新系统。这个过程是一个分步骤、分阶段的渐进发展过程。

3. 动态性

现代信息技术日新月异，它决定了会计与信息技术的融合也是一个不断发展、变化的动态过程。信息技术的发展无法预见，会计信息化下的会计信息系统的建立也是无法想象的。

因此，会计信息化必然是一个长期动态的发展过程。

4. 兼容性和多元性

由于我国各地区、各行业信息化水平严重不平衡，因此在相当长的一段时期内，传统会计组织方式与信息化管理组织方式必将并存，但从社会发展的要求来看，会计信息化是必然趋势。

任务 1.3　会计电算化和会计信息化

1979 年，财政部向作为第一家试点单位的长春第一汽车制造厂拨款 500 万元人民币，进行会计电算化试点工作，并由此拉开了我国会计电算化工作的序幕。1981 年 8 月，中国人民大学和第一汽车制造厂联合召开了“财务、会计、成本应用电子计算机专题讨论会”，正式提出了“会计电算化”的概念。会计电算化发展到今天已经向会计信息化全面过渡。

会计电算化是会计信息化的初级阶段。会计电算化表现为对手工会计的模拟，主要是利用计算机代替手工完成记账、算账、报账的会计事务处理工作，对应于原财务会计的知识范畴，其主要目的是使会计人员摆脱繁杂的账务处理工作，提高工作效率。随着社会信息化的发展，加强管理成为提升企业竞争力的重要手段。因此，对会计信息系统所提供的信息也提出了更高的要求，不仅需要拓展提供信息的范畴，而且要注重对数据的分析和深度挖掘。会计信息化是根据会计目标，按信息管理原理与信息技术重整会计流程，它改变了会计处理的程序和方法，实现了对会计业务的信息化管理，能够充分发挥会计在企业管理和决策中的核心作用。因此，会计电算化是会计信息化的基础阶段，会计信息化是会计电算化顺应信息化发展、对传统会计进行变革的必然结果。

从系统层次看，会计电算化系统只定位在财务部门的内部事务管理，属于事务处理层。而会计信息化是企业业务处理及管理系统的组成部分，不仅包括事务处理层，还包括信息管理层、决策支持层。

会计电算化一直未能解决好两个问题：一是“无缝连接”问题，很多业务如生产、采购、库存、销售管理等与会计信息系统没有很好地连接；二是“信息孤岛”问题，企业与企业外部的信息交流处于阻塞状态。传统会计的组织工作及会计信息系统的操作和运用主要由财务部门把握。财务部门的工作非常专业化，但与其他组织没有紧密的联系，而且财务部门管理信息系统与企业管理信息系统缺乏交流。这种状况不能适应现代企业管理一体化、集成化的要求，不利于提高企业整体竞争优势。信息技术的迅猛发展使企业期望信息技术更智能化，并为企业带来实实在在的经济效益。因此，我们提倡把会计信息系统的构建置于企业管理和社会信息化的大背景下，建立会计与企业和社会的有机联系。信息化的会计系统是与其他管理系统和外部系统的有效联合，是一种更开放、更智能化、能随时感知信息变化、实时处理、便于进行交互式活动的信息系统。

任务 1.4　会计信息化的发展

会计信息化的发展是一个动态演变的过程，是信息从人工处理到计算机辅助处理再到智能化处理的发展过程。它不仅涉及技术层面，更与基础理论、会计实务、会计教育和信息系统建设密切相关。

1. 会计信息化发展的三次浪潮

财政部科学研究所杨周南教授认为，会计信息化发展经历了以下3次浪潮。

1) 会计信息化第一次浪潮(1979—1996年)

我国会计信息化应用事业起步于20世纪70年代末，1979年财政部拨款500万元给长春第一汽车制造厂进行计算机辅助会计核算试点，开启了将现代信息技术应用于会计领域的序幕。20世纪80年代开始，我国改革开放步入快速发展轨道，市场经济体制逐步建立，市场经济环境促使会计不断变革，同时也对提供及时、准确、完整的会计信息提出了新的需求。个人计算机和局域网技术的问世，为企业开创会计信息化事业提供了必要的硬件环境，掀起了我国会计信息化事业的第一次浪潮，企业会计信息化事业进入了由单项会计数据处理(EDP)阶段到部门级会计信息系统的发展阶段。

2) 会计信息化第二次浪潮(1997—2007年)

20世纪90年代中后期，我国改革开放进入了深化发展时期。在国际经济舞台上，伴随着我国加入WTO，企业面临着全方位的国际和国内市场的竞争，导致企业对管理、决策和市场信息的高度需求。部门级会计信息系统所生产的会计信息是“滞后”和“孤立”的，已无法满足企业管理的需求，企业越来越深刻地认识到信息系统、数字化管理是提高企业市场竞争力的重要平台和手段。同时网络技术的发展，特别是互联网的问世和应用，为开展企业整体信息化提供了IT环境，掀起了我国会计信息化事业的第二次浪潮。ERP系统席卷了信息化市场，推动了企业级财务业务一体化会计信息系统的应用和发展。

作为企业管理信息系统的一个子系统，企业级的会计信息系统在功能、结构和性能上比部门级会计信息系统更加完备和优化。

3) 会计信息化的第三次浪潮(2008年—至今)

21世纪，互联网、移动通信、物联网、人工智能、云计算、大数据等技术的应用催动了网络时代的发展和知识经济时代的到来，会计信息化步入了以规范化、标准化、知识化、智能化、互联化、云化、社会化、产业化为主要标志的第三次浪潮的变革时代。财政部、工信部、国务院国有资产监督管理委员会等监管部门起到了引领我国会计信息化步入第三次浪潮的作用。以2008年11月12日，财政部联合工业和信息化部、中国人民银行、国家税务总局、国务院国有资产监督管理委员会、审计署、中国银行业监督管理委员会、中国证券监督管理委员会和中国保险监督管理委员会成立了全国会计信息化委员会暨XBRL中国地区组织为起点，发布了一系列信息化的指导意见、发展纲要、系列标准及其实施通知等，为发展和规范我国会计信息化事业起到了核心作用。

2. 会计信息化发展的十大趋势

近年来，随着大数据、智能化、移动互联网和云计算等信息技术的发展，“大智移云”技术给会计领域带来的影响和变革是重大而深远的。上海国家会计学院刘勤教授认为，会计信息化发展呈现以下十大趋势。

1) 业财深度一体化

虽然说企业 ERP 系统是业财一体化，但实际上它的凭证、报表都是“各自为政”，包括管理流程、管理制度等都没有做到深度融合。业财深度融合，要求财务人员突破传统的财务观念，做到财务转型，全流程参与业务；转变工作方式，进入数据、流程、业务。

2) 处理全程自动化

从财务会计角度来讲，目前的信息系统从记账凭证到财务报告是自动化的。真正的处理全程自动化是要从原始凭证到财务分析报告的全程自动化。随着 RPA(财务机器人)在会计信息化领域的应用，财务会计工作将更多地实现自动化。

3) 内外系统集成化

随着互联网的发展，与企业相关的信息系统越来越多，如电商交易平台、网上报税系统、移动支付系统等。目前，企业与这些系统的信息大多是孤立的，没有完全实现共享，未来的信息化将使内外系统集成化、信息交换更加便捷。

4) 操作终端移动化

当传统的会计信息化软件融合“移动通信＋互联网”等多个网络系统之后，会计信息化系统将从计算机搬到手机等移动智能终端上，实现会计信息系统终端移动化。通过移动 APP 实现财务报销、业务审批、财务审核、报表查询等诸多业务的移动操作及远程处理，突破办公场所、网络条件等限制，使财务业务操作及管理随时随地、触手可及。

5) 信息提供频道化

可以为不同的用户通过频道方式提供不同的会计信息，这是个性化的提供信息方式。企业管理者及业务人员可以通过移动智能终端的自主配置平台，选择自身所关注的业务，实时获取所需信息，并进行业务实时处理，实现财务信息系统的全面、深入、个性化使用。

6) 处理规则国际化

当前，在财务共享服务中心需处理的很多业务来自不同的国家，在处理时会涉及诸多准则、税法、汇率等方面的问题，如果不考虑国际化的因素，大多财务共享服务中心没有办法适应全球化需求。

7) 会计信息标准化

《会计改革与发展“十三五”规划纲要》中指出，财政部将积极参与可扩展商业报告语言(XBRL)等国际标准制定工作，全面提升我国在会计信息化领域的国际影响力。引导企业以可扩展商业报告语言(XBRL)提升内部管理信息标准化，促进财务、业务数据的融合与互联。

8) 会计组织共享化

财务共享服务是依托信息技术以财务业务流程处理为基础，以优化组织结构、规范流程、提升流程效率、降低运营成本或创造价值为目的，以市场视角为内外部客户提供专业化生产服务的分布式管理模式。简单来讲，就是将集体内分散在各分子公司的共同业务提取出来放到财务共享服务中心完成。在实施共享服务过程中，很多大型企业在集团内部成立共享服务中心，也有企业将共享服务交给专门从事财务和会计服务的第三方外包服务提供商。

9) 处理平台云端化

大数据、云计算在财会领域中的应用，使得会计信息化处理平台云端化。近年来，云会计、云 ERP 不断涌现，大型企业自建私有云，整个财务信息系统的功能将集成在云计算平台中，任何财务业务操作都可以通过任何一个终端在云平台中完成。中小企业可以采用公共云服务，无须自建财务信息系统，直接利用第三方提供的“云财务系统”。

10) 财务分析智能化

随着人工智能 AI 和商业智能 BI 的发展，未来的财务分析将更加智能化。财务分析工作将对企业经营和财务状况进行全面分析、诊断，自动生成实时性、可视化报告。

任务 2 会计信息化法规

任务 2.1 会计信息化法规体系

规范的基本含义是制定统一的规则并严格遵守。鉴于会计在经济管理过程中的重要地位，对会计工作始终存在着规范化的要求，并制定了相应的规范体系。由于各企业的管理水平、会计人员的素质差别和手工处理的局限性，各企业在不同程度上存在基础工作不规范的问题。由于计算机引入了会计工作，改变了原有的数据处理方法和处理流程，因此需要建立与之相适应的规范。

1. 《中华人民共和国会计法》

《中华人民共和国会计法》(以下简称《会计法》)作为会计工作的根本法，是所有企业必须严格遵守的第一层次会计规范。《会计法》科学地概括了会计工作的职能和基本任务，要求一切发生会计事务的企业都必须依法进行会计核算、监督，这保证了各企业的会计工作在统一的法律规范下进行，有利于加强会计基础工作、建立健全企业内部的管理制度，解决了当前会计工作中普遍存在的会计监督乏力、会计信息失真的问题。

2. 《企业会计准则》和《小企业会计准则》

《企业会计准则》和《小企业会计准则》是会计工作应遵守的第二层次规范，对企业的会计核算做出了具体规定，因此是指导我国会计工作的具体规范。

3. 会计信息化相关文件与法规

为加强对会计信息化工作的指导和规范，财政部根据《会计法》发布了一系列文件，具体包括《财政部关于全面推进我国会计信息化工作的指导意见》《会计档案管理办法》《会计改革与发展“十三五”规划纲要》《财政部关于全面推进管理会计体系建设的指导意见》《管理会计基本指引》等，这些文件中均对会计信息化提出了要求。

财政部于 2014 年 1 月 6 日颁布实施了《企业会计信息化工作规范》，此法规为指导企业会计信息化工作的最新法规。

任务 2.2 《企业会计信息化工作规范》的具体内容

为推动企业会计信息化，节约社会资源，提高会计软件和相关服务质量，规范信息化环境下的会计工作，根据《中华人民共和国会计法》《财政部关于全面推进我国会计信息化工作的指导意见》(财会〔2009〕6 号)，制定了《企业会计信息化工作规范》。该法规于 2014 年 1 月 6 日正式实施。《企业会计信息化工作规范》第二章和第三章的主要内容如下。

1. 会计软件和服务(法规第二章内容)

会计软件应当保障企业按照国家统一会计准则制度开展会计核算，不得有违背国家统一会计准则制度的功能设计。

会计软件的界面应当使用中文并且提供对中文处理的支持，可以同时提供外国或者少数民族文字界面对照和处理支持。

会计软件应当提供符合国家统一会计准则制度的会计科目分类和编码功能。

会计软件应当提供符合国家统一会计准则制度的会计凭证、账簿和报表的显示和打印功能。

会计软件应当提供不可逆的记账功能，确保对同类已记账凭证的连续编号，不得提供对已记账凭证的删除和插入功能，不得提供对已记账凭证日期、金额、科目和操作人的修改功能。

鼓励软件供应商在会计软件中集成可扩展商业报告语言(XBRL)功能，便于企业生成符合国家统一标准的 XBRL 财务报告。

会计软件应当具有符合国家统一标准的数据接口，满足外部会计监督需要。

会计软件应当具有会计资料归档功能，提供导出会计档案的接口，在会计档案存储格式、元数据采集、真实性与完整性保障方面，符合国家有关电子文件归档与电子档案管理的要求。

会计软件应当记录生成用户操作日志，确保日志的安全、完整，提供按操作人员、操作时间和操作内容查询日志的功能，并能以简单易懂的形式输出。

以远程访问、云计算等方式提供会计软件的供应商，应当在技术上保证客户会计资料的安全、完整。对于因供应商原因造成客户会计资料泄露、毁损的，客户可以要求供应商承担赔偿责任。

客户以远程访问、云计算等方式使用会计软件生成的电子会计资料归客户所有。软件供应商应当提供符合国家统一标准的数据接口供客户导出电子会计资料，不得以任何理由拒绝客户导出电子会计资料的请求。

以远程访问、云计算等方式提供会计软件的供应商，应当做好本厂商不能维持服务情况下，保障企业电子会计资料安全以及企业会计工作持续进行的预案，并在相关服务合同中与客户就该预案做出约定。

软件供应商应当努力提高会计软件相关服务质量，按照合同约定及时解决用户使用中的故障问题。会计软件存在影响客户按照国家统一会计准则制度进行会计核算问题的，软件供应商应当为用户免费提供更正程序。

鼓励软件供应商采用呼叫中心、在线客服等方式为用户提供实时技术支持。

软件供应商应当就如何通过会计软件开展会计监督工作，提供专门教程和相关资料。

2. 企业会计信息化(法规第三章内容)

企业应当充分重视会计信息化工作，加强组织领导和人才培养，不断推进会计信息化在本企业的应用。除本条第三款规定外，企业应当指定专门机构或者岗位负责会计信息化工作。未设置会计机构和配备会计人员的企业，由其委托的代理记账机构开展会计信息化工作。

企业开展会计信息化工作，应当根据发展目标和实际需要，合理确定建设内容，避免投资浪费。

企业开展会计信息化工作，应当注重信息系统与经营环境的契合，通过信息化推动管理模式、组织架构、业务流程的优化与革新，建立健全适应信息化工作环境的制度体系。

大型企业、企业集团开展会计信息化工作，应当注重整体规划，统一技术标准、编码规则和系统参数，实现各系统的有机整合，消除信息孤岛。

企业配备的会计软件应当符合本规范第二章要求。

企业配备会计软件，应当根据自身技术力量以及业务需求，考虑软件功能、安全性、稳定性、响应速度、可扩展性等要求，合理选择购买、定制开发、购买与开发相结合等方式。定制开发包括企业自行开发、委托外部单位开发、企业与外部单位联合开发。

企业通过委托外部单位开发、购买等方式配备会计软件，应当在有关合同中约定操作培训、软件升级、故障解决等服务事项，以及软件供应商对企业信息安全的责任。

企业应当促进会计信息系统与业务信息系统的一体化，通过业务的处理直接驱动会计记账，减少人工操作，提高业务数据与会计数据的一致性，实现企业内部信息资源共享。

企业应当根据实际情况，开展本企业信息系统与银行、供应商、客户等外部单位信息系统的互联，实现外部交易信息的集中自动处理。

企业进行会计信息系统前端系统的建设和改造，应当安排负责会计信息化工作的专门机构或者岗位参与，充分考虑会计信息系统的数据需求。

企业应当遵循企业内部控制规范体系要求，加强对会计信息系统规划、设计、开发、运行、维护全过程的控制，将控制过程和控制规则融入会计信息系统，实现对违反控制规则情况的自动防范和监控，提高内部控制水平。

对于信息系统自动生成、且具有明晰审核规则的会计凭证，可以将审核规则嵌入会计软件，由计算机自动审核。未经自动审核的会计凭证，应当先经人工审核再进行后续处理。

处于会计核算信息化阶段的企业，应当结合自身情况，逐步实现资金管理、资产管理、预算控制、成本管理等财务管理信息化。处于财务管理信息化阶段的企业，应当结合自身情况，逐步实现财务分析、全面预算管理、风险控制、绩效考核等决策支持信息化。

分公司、子公司数量多、分布广的大型企业、企业集团应当探索利用信息技术促进会计工作的集中，逐步建立财务共享服务中心。实行会计工作集中的企业以及企业分支机构，应当为外部会计监督机构及时查询和调阅异地储存的会计资料提供必要条件。

外商投资企业使用的境外投资者指定的会计软件或者跨国企业集团统一部署的会计软件，应当符合本规范第二章的要求。

企业会计信息系统数据服务器的部署应当符合国家有关规定。数据服务器部署在境外的，应当在境内保存会计资料备份，备份频率不得低于每月一次。境内备份的会计资料应当能够在境外服务器不能正常工作时，独立满足企业开展会计工作的需要以及外部会计监督的需要。

企业会计资料中对经济业务事项的描述应当使用中文，可以同时使用外国或者少数民族文字对照。

企业应当建立电子会计资料备份管理制度，确保会计资料的安全、完整和会计信息系统的持续、稳定运行。

企业不得在非涉密信息系统中存储、处理和传输涉及国家秘密，关系国家经济信息安全的电子会计资料；未经有关主管部门批准，不得将其携带、寄运或者传输至境外。

企业内部生成的会计凭证、账簿和辅助性会计资料，同时满足下列条件的，可以不输出纸面资料：

(1) 所记载的事项属于本企业重复发生的日常业务；

(2) 由企业信息系统自动生成；

(3) 可及时在企业信息系统中以人类可读形式查询和输出；

(4) 企业信息系统具有防止相关数据被篡改的有效机制；

(5) 企业对相关数据建立了电子备份制度，能有效防范自然灾害、意外事故和人为破坏的影响；

(6) 企业对电子和纸面会计资料建立了完善的索引体系。

企业获得的需要外部单位或者个人证明的原始凭证和其他会计资料，同时满足下列条件的，可以不输出纸面资料：

(1) 会计资料附有外部单位或者个人的、符合《中华人民共和国电子签名法》的可靠的电子签名；

(2) 电子签名经符合《中华人民共和国电子签名法》的第三方认证；

(3) 满足上一条第(1)项、第(3)项、第(5)项和第(6)项规定的条件。

企业会计资料的归档管理，遵循国家有关会计档案管理的规定。

实施企业会计准则通用分类标准的企业，应当按照有关要求向财政部报送 XBRL 财务报告。

任务 3 会计信息化建设

任务 3.1 会计信息化建设的总体规划

企业会计信息系统的建设是一项复杂的系统工程，涉及企业各个方面，诸多业务环节，任何一个环节都会影响系统建设的成败。因此，企业在建设会计信息系统之前，应制定会计信息系统的发展战略并进行系统的总体规划。

1. 制定总体规划的意义

企业会计信息系统总体规划，是对会计信息系统所要达到的目标及如何有效地、分步骤地实现该目标所做的规划，它是企业会计信息系统建设的指南，是开展各项具体工作的依据，决定了系统建设的成败。因此，会计信息系统建设规划应得到企业各级领导和有关职能部门的高度重视。

2. 制定总体规划的原则

会计信息系统总体规划要服从于企业整体战略规划的要求，在制定规划时要注意以下两点。

(1) 整体规划，分步实施。

(2) 把握自身需求，力图方便实用。

3. 单位信息系统建设总体规划的内容

制定企业会计信息系统总体规划应立足于本单位实际，具体包括以下几项内容。

1) 会计信息系统建设的目标

会计信息系统建设的目标应指明企业几年内要建设一个什么样的会计信息系统，它明确了系统的规模和业务处理范围。

制定目标的基本依据是本企业发展的总目标。这是因为会计信息系统的建设不仅是解决会计的核算手段问题，更重要的是提高会计信息处理的准确性和实时性，真正做到会计的事前、事中、事后的有效控制，提高会计的辅助管理和辅助决策能力，全面提升企业的管理水平服务。

2) 会计信息系统建设的工作步骤

会计信息系统建设的工作步骤是按照会计信息系统建设目标的要求和企业实际情况对会计信息系统建设过程的任务进行分解，主要规定系统的建设分哪几步进行，每一步的阶段目标和任务，各阶段资源配置情况等。

3) 会计信息系统建设的组织机构

规划中应明确规定会计信息系统建设过程中的管理体制及组织机构，以利于统一领导、专人负责，高效率地完成系统建设的任务。

会计信息系统建设过程不仅会改变企业会计工作的操作方式，还会引起会计业务处理流程、岗位设置甚至企业整个管理模式的一系列重大变革。因此，组织机构在系统建设过程中，还要投入大量的时间、组织专门的人员，根据本企业的具体情况建设适应新系统的工作流程、管理制度、组织形式及绩效考核标准等。

4) 资金预算

会计信息系统建设需要投入资金，因此要对资金统筹安排，合理使用。会计信息系统建设过程中的资金耗费主要是由系统硬件配置、购置会计软件、人员培训费、咨询费和后期的运行维护费用等构成。

任务 3.2 会计软件选型

会计软件是会计信息系统的核心，是会计信息化的主要手段和工具。会计软件是否符合国家统一会计制度的规定并充分考虑用户的使用习惯，是保证会计核算质量和会计工作正常进行的重要前提。

1. 会计软件的概念

《企业会计信息化工作规范》中定义，会计软件是指企业使用的，专门用于会计核算、财务管理的计算机软件、软件系统或者其功能模块。会计软件具有以下功能：

(1) 为会计核算、财务管理直接采集数据；

(2) 生成会计凭证、账簿、报表等会计资料；

(3) 对会计资料进行转换、输出、分析、利用。

2. 会计软件的分类

会计软件可分为多种不同类型：按适用范围划分，可分为通用会计软件和定点开发会计软件；按提供信息的层次划分，可分为核算型会计软件和管理型会计软件，即财务业务一体化管理软件；按软件开发地域划分，可分为国内会计软件和国外会计软件。

3. 会计软件的获得方式

(1) 定点开发。定点开发包括自行开发、委托开发、联合开发几种情况。采用自行开发方式一般适用于特定的单位和行业，从我国目前的实际情况来看，采用此方式的一般是大型企事业单位和行业特点突出、一直采用行业统一管理的单位，如铁路、邮电、金融等。由此获得的会计软件能够将本企业的业务流程优化与重组直接体现在软件设计中，系统更有针对性。但自行开发软件需要很多的资金和很高的技术，因此，除了极少数存在特殊需要的企业外，大多数企业采用外购。

(2) 购买通用商品化会计软件。企业可根据自身情况选择购买适合的商品化会计软件，大多数企业都是通过这种方式获取会计软件的。商品化会计软件一般而言都是通用软件，因此，会增加系统初始化的工作量。购买时要特别注意，会计软件与企业自身的管理水平、业务处理、核算要求是否相适应，是否具有较高的性价比。另外，客户培训、售后服务水平、软件公司知名度、软件市场占有率、软件性能稳定性、发展前景等也是要重点考虑的因素。存在特殊业务的企业可以在软件开发商的帮助下，根据企业业务的需要对商品化会计软件进行二次开发。

(3) ASP 软件服务。ASP(Application Service Provider，应用服务提供商)具体是指在共同签署的外包协议或合同基础上(协议内容包含价格、服务水平、商业机密问题等)，客户将其部分或全部与业务流程相关的应用委托给服务商，服务商将保证这些业务流程的平滑运作，即不仅要负责应用程序的建立、维护与升级，还要对应用系统进行管理，所有这些服务的交付是基于网络的，客户将通过网络远程获取这些服务。这种方式是网络经济的最新发展。ASP 采用先进的计算机体系和 IT 技术，按照统一的数据接口和先进科学的系统架构，根据中国中小企业的运营和管理的实际要求，提供面向中小企业的财务、会计、购销存、客户关系管理和人力资源等系统，并将这些系统以标准化方式在统一的数据中心进行配置，用户可以通过网络直接访问这些应用。选择此种方式，用户的一次性投资少，但对安全性要求很高。

企业要根据自己的实际情况配置相应的会计应用软件，大多数企业都是购买通用商品化会计软件，而对于一些特殊业务比较多的企业来说，可以采取定点开发或者对通用商品化会计软件进行二次开发的方式获得会计软件。对于广大中小企业来说，因为使用云会计软件非常方便，所以取得 ASP 软件服务是最佳选择。

任务 3.3 运行平台建设

会计信息系统运行平台是指会计信息系统赖以运行的硬件环境和软件环境。它包括两个方面的内容：一是计算机硬件环境；二是运行会计信息系统所需的软件环境，包括操作系统、数据库管理系统等。

1. 硬件平台

硬件是会计信息系统的实体设备，主要任务是按照指令完成数据的采集、存储、加工、传递和输出等。计算机硬件设备的不同组合方式构成了不同的硬件体系结构，不同的硬件体系结构决定了会计信息系统的工作方式。常见的体系结构包括单机结构、多用户结构和网络结构。

2. 软件平台

会计信息系统运行所需的软件平台主要包括操作系统及数据库管理系统等。

随着分布式网络计算技术的发展，计算机网络服务器一般可分为数据库服务器、Web 服务器、应用服务器、通信服务器等。网络版会计软件的应用，应根据网络会计软件的体系结构(如二层、三层或多层 C/S(Client/Server)结构、B/S(Browser/Server)结构等)购置网络服务器和选择网络操作系统。

数据库系统主要分为服务器数据库系统和桌面数据库系统。服务器数据库系统主要适合于大型企业的使用，代表系统主要有 Oracle 和 SQL Server 等。服务器数据库系统处理的数据量大，数据容错性和一致性控制较好；但服务器数据库系统的操作与数据维护难度比较大，对用户水平要求高，而且投资大。桌面数据库系统主要适用于数据处理量不大的中小企业，主要产品有 Access、FoxPro、Paradox 等。桌面数据库系统处理的数据量要小一些，在数据安全性与一致性控制方面的性能也要差一些；但易于操作使用和进行数据管理，而且投资较小。

任务 3.4　人才建设

会计信息系统是一个人—机系统，其中人的因素是起主导作用的基本因素。对于企业来说，按照工作性质不同，会计信息系统的人员一般可分为三类。

1. 会计信息系统的操作人员

会计信息系统的操作人员主要负责系统日常运行中的经常性工作，包括数据的录入、会计账表及其他数据的打印输出。这也是需求量最大的一类人员。

2. 会计信息系统的维护人员

会计信息系统的维护人员负责系统日常使用中的硬件和应用软件的维护工作。硬件维护主要负责机房、网络系统、计算机硬件等设备的维护与管理。软件维护主要负责应用程序故障的排除，根据业务处理的需要对应用程序中的项目进行增加、修改、删除等维护工作，对数据进行备份，并能解决操作系统升级和软件本身升级带来的问题，对系统的正常运行负责。

会计信息系统的维护人员也就是通常所说的系统管理员，按照企业维护工作量的大小可分别设置硬件维护人员和软件维护人员，如果业务量小，也可由一人担任。

3. 会计信息系统的管理人员

会计信息系统的管理人员主要负责会计信息系统总体规划及系统运行过程中的管理工作。

任务 3.5 新旧系统转换

新旧系统转换是指原有系统(手工系统或原有计算机系统)向新系统的过渡。

1. 系统上线

系统上线是解决方案的实现过程，是在计算机系统中建立企业账套、设置各项基础档案数据、输入期初数据，正式使用新系统的过程。

2. 新旧系统并行

新旧系统并行是指新系统上线后，原有系统并不立即停止业务处理，而是与新系统同时进行会计业务的处理，并行时间一般为三个月。通过新旧系统的同时运行，可以检验两种方式下的处理结果是否一致，以验证新系统数据处理的可靠性，发现新系统存在的问题，并及时总结、分析，为新系统的正式运行积累经验。

任务 3.6 管理持续改善

任何形式的管理软件，都只是企业管理提升的一种工具。系统上线只是第一步，要充分发挥信息系统的效益，还有大量的工作要做，具体如下。

1. 周期性运行检查

在软件实施阶段，限于种种原因，项目组成员实施的模块及功能一般来说只是最基本的、必需的，但不一定是最好的解决方案。这些因素包括实施顾问对企业管理需求的理解程度、关键用户对软件所能实现功能的未知、项目实施的进度要求等，这都意味着软件功能与企业实际不可能实现完美融合。况且，变化是永恒的。随着企业的不断发展，随时都会出现新的管理需求和业务的变化，这都需要对软件系统的运行进行审查，并及时调试。

系统上线后，经过一段时间的使用，用户对软件所包含的功能有了一定的了解，业务流程逐渐顺畅，积累了一定的运行经验，各级管理人员对系统有了深层次的理解，或多或少地发现了一些问题，希望对已实现的功能进行修正或完善，或者扩充系统实现的功能。

2. 建立完善的管理制度

管理工具的变化必然导致内部控制和管理制度的变革，新的工作规程和管理制度的建立是保证会计信息系统安全运行的必要条件。

1) 操作管理制度

操作管理包括系统操作规程和操作权限的设置。严格操作管理的前提是明确岗位分工，将每项工作落实到人。企业管理信息系统建立后，单位应根据系统需要设立相应的业务岗位，严格划定每个人的操作权限、设置密码、制定相应的内部控制制度。每个人都应该按照操作规程运行系统，履行自己的职责，从而保证整体流程顺畅。

2) 硬件和软件管理制度

计算机硬件和软件的安全运行是会计电算化工作顺利开展的基本条件，因此应制定相应的管理制度，如机房管理制度，软件使用、维护及保管制度，修改会计软件的审批及监督制度等。

3) 会计档案管理制度

计算机会计信息系统中，会计档案所包含的内容和管理方式都有其新的特点。会计档案主要以磁介质和纸介质两种形式存储。会计档案在产生和保管过程中存在许多不安全因素。例如，从硬件角度来说，计算机突然断电会引起数据混乱和丢失；从软件角度来说，计算机病毒的入侵轻则破坏数据，重则会引起整个系统瘫痪。另外，还有人本身的因素，如操作不当、蓄意破坏等。为了保证会计资料的完整，应建立严格的会计档案保管制度，如每月将机内资料打印输出、定期备份会计数据、定期检查复制等。

任务 4 会计信息化软件

任务 4.1 T3 会计信息化软件

企业开展会计信息化是借助会计信息化软件为载体实现的，应用软件是支撑企业业务处理的实体。本书选用了畅捷通信息技术有限公司的 T3 软件(10.8plus1 版本)作为蓝本介绍会计信息化应用的功能特性，任务练习和实训应用在 T3 云平台中实现。T3 云平台相比 T3 软件功能略有缩减，但基于云应用模式，应用更方便。

1. T3 软件的特点

T3 会计信息化软件关注小企业会计信息管理现状和需求，针对成长型企业在发展过程中面临的各种问题，以“精细管理，卓越理财”为核心理念，以财务核算为主轴、业务管理为导向，提供财务业务一体化的解决方案，帮助企业实现业务运作的全程管理与信息共享，是切实帮助小企业应对市场变化，实现长期可持续发展，具有稳定性、安全性的管理系统。

2. T3 软件功能模块

会计信息系统通常由若干个子系统(也称为功能模块)组成，每个子系统具有特定的功能，各个子系统之间又存在紧密的数据联系，它们相互作用、相互依存，形成一个整体。功能结构就是指系统由哪些子系统组成，每个子系统完成怎样的功能，以及各子系统之间的相互关系。

T3 软件主要包括财务模块和业务模块两大组成部分。财务模块包含总账管理、出纳管理、财务报表、票据管理、工资管理、固定资产管理和财务分析等功能模块；业务模块包含购销存管理(采购管理、销售管理、库存管理)和核算等功能模块。

3. T3 软件各模块间的数据关系

T3 软件是财务业务一体化软件，包含众多功能模块，各模块之间存在复杂的数据关系，如图 1-1 所示。

(1) 采购管理模块录入采购入库单，在库存管理模块对该入库单登记出入库台账，在核算模块核算采购成本。

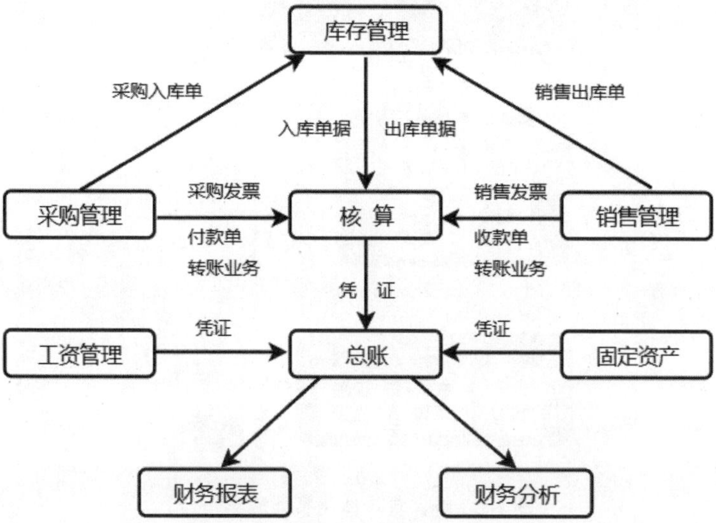

图 1-1 T3 软件各模块间的数据关系

(2) 销售管理模块开出销售出库单，在库存管理模块对该出库单登记出入库台账，在核算模块核算销售成本。

(3) 在库存管理模块录入各种出入库单，登记出入库台账。

(4) 核算模块生成存货成本的凭证传递到总账模块。

(5) 核算模块对采购管理模块的采购发票、付款单、供应商往来转账和销售管理模块的销售发票、收款单、客户往来转账生成凭证。

(6) 工资管理模块生成计提工资凭证传递到总账模块。

(7) 固定资产管理模块生成折旧等凭证传递到总账模块。

(8) 库存管理模块为采购管理、销售管理提供库存量。

(9) 财务分析模块可以制定各项支出费用等预算，在总账系统中进行控制预警。

(10) 财务报表模块和财务分析模块可以从总账模块中取数进行分析。

4. T3 软件的安装

用户若要在真实软件环境中体验 T3 软件的功能，可从畅捷通信息技术有限公司获取 T3 学习版软件自行安装。安装 T3 软件前需安装 SQL Server 数据库。

任务 4.2 畅课堂

畅课堂是基于数据驱动，能够提供“教、学、测、评”一体化的智能教学平台，如图 1-2 所示。通过云端进行课程建设和教学管理，开展教学和学习活动。畅课堂以信息化实训课程为基础辐射全学科各类课程开展教学活动。畅课堂不仅仅为老师和学生提供教学即时互动、资源推送、作业/测试等日常教学环境，更重要的是通过为学生提供即时获取资源、碎片化解决问题的途径，提高了 50%以上的学习效率。

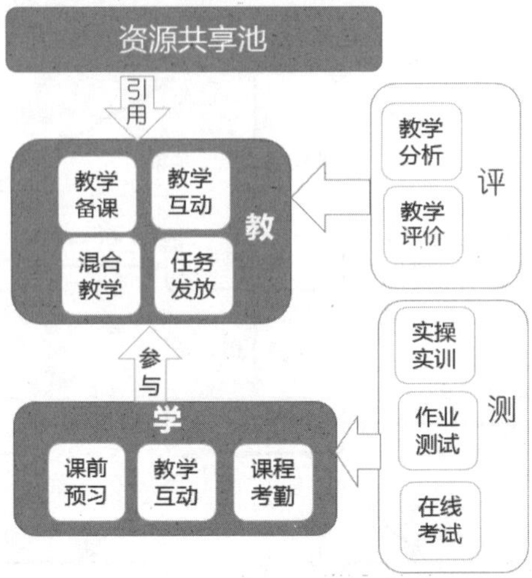

图 1-2 畅课堂一体化智能教学平台

畅课堂的主要特点如下。

(1) 平台建设云端化。学校可以根据需要选择在公有云或私有云搭建畅课堂。教师进行的课程建设、课程资源搭建、开展教学等各类活动都可在云端进行，学生的各类学习活动也是在云端开展的。云端化建设使得教学活动不再受时间和空间的限制。

(2) 平台应用移动化。畅课堂为开放式、自助式教学云服务平台，轻便、灵活是平台设计的核心理念。教师可多入口维护，灵活设计备课资源，即时开课，即时学习。学生不仅可以通过 PC 端在线学习，更可以通过手机、iPad 等移动端进行碎片化学习，能够将预习、学习、复习这一连贯的学习活动得到有效落实，提高学习效率。

(3) 实操平台集成化。畅课堂集成 T3、T+、好会计等多种实训平台，其区别于一般的教学平台，不仅可以对接一般课程，更可以对接实训类课程。

(4) 教学活动多样化。通过 PPT、文档、视频等多种形式教学资源的建设，教师可以在畅课堂上开展 PPT 教学、话题讨论、案例分析、随堂测验、自主学习等多种教学活动，提高了课堂的趣味性。

(5) 课程资源共享化。畅课堂提供了教学资源非常丰富的标准课程、专家课程，教师可无压力开展教学活动。同时，教师也可根据自己的课程特点在畅课堂上进行课程假设、资源建设。学校和学校之间、教师和教师之间可以根据一定的规则进行教学资源共享。

(6) 实训测评自动化。一直以来，实训测评都是教师教学过程中的难点，而畅课堂提供实训内容的自动评分、单题评分、错误分析、多次测评等功能，这不仅大大减轻了教师的工作量，同时也保证了评分的客观性。

(7) 成绩分析智能化。畅课堂可以提供正确率统计、错误分析、成绩排名、汇总分析等多种智能化分析手段。畅课堂不仅提供客观题成绩分析，也提供实训题成绩分析。教师可以根据分析结果，对于学生没有掌握或掌握不牢的知识点开展有针对性的教学活动。

(8) 学习行为跟踪化。传统课堂教学教师很难详细记录并跟踪学生的学习行为。基于云应用的信息化教学能够帮助教师跟踪学生的学习行为并进行客观评定。畅课堂通过学生考勤记录、畅课堂登录次数、教学资源学习次数、学生参与讨论次数等多种手段记录学生的学习行为，并根据设定的权重系数综合、客观、自动评定学生的学习行为。

实训应用

1. 请学员登录财政部网站：http://www.mof.gov.cn

(1) 查找电算化法规《企业会计信息化工作规范》，认真研读。

(2) 查找电算化法规《企业会计信息化工作规范》解读之一、二、三、四，认真研读。

(3) 以小组为单位制作 PPT，对研读体会进行交流。

2. 参考研读文件

- ❑ 《财政部关于全面推进我国会计信息化工作的指导意见》
- ❑ 《会计档案管理办法》
- ❑ 《会计改革与发展“十三五”规划纲要》
- ❑ 《财政部关于全面推进管理会计体系建设的指导意见》
- ❑ 《管理会计基本指引》

巩固提高

一、单选题

1. T3 软件的核心模块是(　　)。

A. 总账　　B. 固定资产　　C. 应收　　D. 销售

2. 2014 年 1 月 6 日实施的电算化法规是(　　)。

A. 《会计电算化管理办法》　　B. 《会计核算软件基本功能规范》

C. 《会计电算化工作规范》　　D. 《企业会计信息化工作规范》

3. 会计电算化概念正式提出是在(　　)。

A. 1979 年 8 月　　B. 1980 年 8 月　　C. 1981 年 8 月　　D. 1982 年 8 月

4. “XBRL”一词的含义是(　　)。

A. 会计信息系统　　B. 管理信息系统

C. 可扩展商业报告语言　　D. 会计信息化

5. 客户以远程访问、云计算等方式使用会计软件生成的电子会计资料归(　　)。

A. 供应商所有　　B. 客户所有

C. 客户和供应商双方共有　　D. 客户和供应商协商所有

二、多选题

1. T3 软件财务模块包括(　　)。

A. 总账　　B. 工资　　C. 财务报表　　D. 销售

2. 按适用范围划分，会计软件可分为(　　)。

A. 通用会计软件　　B. 定点开发会计软件

C. 核算型会计软件　　D. 管理型会计软件

3. 会计信息化的特点包括(　　)。

A. 全面性　　B. 渐进性　　C. 动态性　　D. 多元性

4. 在《企业会计信息化工作规范》中，下列说法正确的是(　　)。

A. 会计软件的界面应当使用中文并且提供对中文处理的支持，可以同时提供外国或者少数民族文字界面对照和处理支持

B. 要求软件供应商必须在会计软件中集成可扩展商业报告语言(XBRL)功能，便于企业生成符合国家统一标准的 XBRL 财务报告

C. 会计软件应当具有符合国家统一标准的数据接口，满足外部会计监督需要

D. 企业不得在信息系统中存储、处理和传输涉及国家秘密，关系国家经济信息安全的电子会计资料

5. 企业配备会计软件，可以选择定制开发的方式。定制开发包括(　　)。

A. 企业自行开发　　B. 委托外部单位开发

C. 企业与外部单位联合开发　　D. 购买后二次开发

三、判断题

1. 我国会计电算化事业起步于 20 世纪 80 年代末。(　　)

2. 企业会计资料中对经济业务事项的描述既可以使用中文，也可以使用外文。(　　)

3. 会计电算化是会计信息化的高级阶段。(　　)

4. 会计信息化是指企业利用计算机、网络通信等现代信息技术手段开展会计核算，以及利用上述技术手段将会计核算与其他经营管理活动有机结合的过程。(　　)

5. 会计信息系统建设的第一步是总体规划。(　　)

四、简答题

1. 如何理解会计信息化？其特点有哪些？

2. T3 会计信息化软件各模块间的数据关系是怎样的？

3. 会计信息化发展经历了哪三次浪潮？特征有哪些？

4. 会计信息化发展的十大趋势有哪些？

5. 企业内部生成的会计凭证、账簿和辅助性会计资料，在什么条件下可以不输出纸面资料？

项目 2

系 统 管 理

学习目标

通过本项目的学习，学员应具备如下能力：

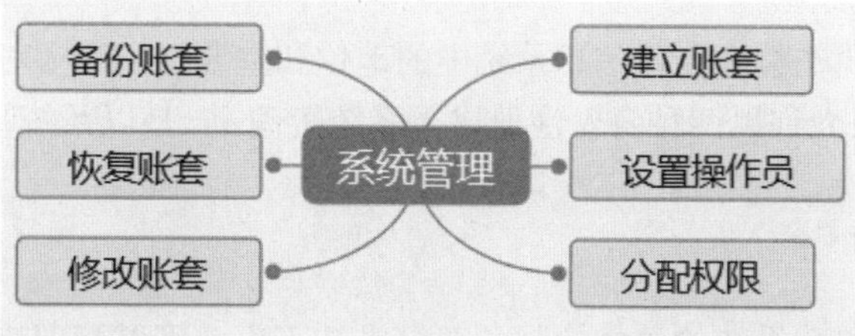

情境案例

日盛科技公司成立于2010年。该公司位于北京市海淀区上地路88号，邮政编码为100085，法人代表为张涛，联系电话及传真为82902176，企业电子邮箱为zht@126.com，企业税务登记号为367820910703054502。企业开户银行为工商银行北京分行上地支行，银行账号为24678885688932。

该公司属于高新科技企业，从事软件产品研发及销售，确定采用“2013小企业会计准则”核算体系，记账本位币为人民币。该公司有外币业务，由于存货、客户、供应商比较多，需要对其进行分类管理。会计科目最多核算到四级。

公司领导层决定，2020年1月正式启用T3软件，采用手工核算与计算机核算并行。公司委派财务部经理刘方全面负责软件的上线工作。

财务部经理刘方组织财务部及相关业务人员开会讨论，确定了如下事项。

(1) 确定公司建账资料，并于2020年1月1日先启用总账模块进行会计核算。

(2) 确定公司会计信息化岗位责任制，具体如下。

- 刘方——账套主管。负责财务软件运行环境的建立，以及各项初始设置工作；负责财务软件的日常运行管理工作，监督并保证系统的有效、安全、正常运行；负责总账系统的凭证审核、记账、账簿查询、月末结账工作；负责报表管理及其财务分析工作。
- 李强——出纳。负责现金、银行账管理工作。

- 王瑞——会计。负责总账管理、编制财务报表及工资、固定资产、应收款、应付款的管理工作。
- 赵宁——销售业务员。负责销售与应收、库存和核算等相关业务。
- 宋刚——采购业务员。负责采购与应付、库存与核算等相关业务。
- 陈红——库管员。负责库存与核算等相关业务。

任务学习

系统管理的主要功能是对会计信息化软件的各个产品进行统一的操作管理和数据维护，具体包括账套管理、年度账管理、设置操作员及分配权限、设立统一的安全机制等。

任务1 注册系统管理

知识准备

鉴于系统管理模块在整个会计信息系统中的地位和重要性，需要对登录系统管理的人员做出严格界定。系统只允许以两种身份注册进入系统管理，一是以系统管理员(admin)的身份，二是以账套主管的身份。

1. 系统管理员

系统管理员负责整个系统的总体控制和数据维护工作，可以管理该系统中所有的账套，具体如下。

(1) 可以进行账套的建立、引入和输出。

(2) 设置操作员。

(3) 设置和修改操作员的权限；指定账套主管等。

2. 账套主管

账套主管负责所选账套的维护工作，具体如下。

(1) 对所选账套参数进行修改。

(2) 对年度账的管理，包括年度账的建立、清空、引入、输出和结转上年数据。

(3) 该账套操作员权限的设置。

工作任务

以系统管理员(admin)的身份注册系统管理。

工作步骤

(1) 双击 系统管理 图标，进入“〖系统管理〗”窗口。

(2) 执行“系统→注册”命令，打开“注册〖控制台〗”对话框。

(3) 输入用户名为“admin”，系统默认管理员密码为空，如图 2-1 所示。

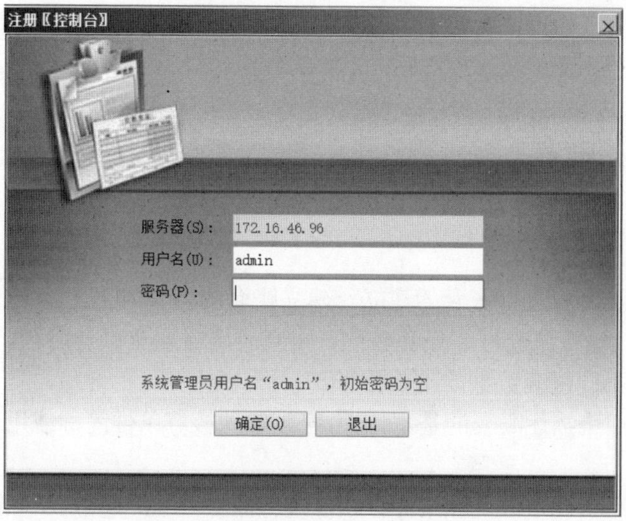

图 2-1 “注册〖控制台〗”对话框

(4) 单击“确定”按钮。

注意：

❑ 系统管理员密码可以更改，但考虑实际教学环境，建议不要设置系统管理员密码。

知识延伸

系统管理的详细功能如下。

1. 账套管理

账套即是一套完整的账簿体系，只要独立核算的单位都可建立一个核算账套。即在企业管理系统中，可以为多个企业(或企业内多个独立核算的部门)分别立账，且各账套数据之间相互独立、互不影响，可以最大程度上利用资源。

账套管理功能一般包括建立账套、修改账套、删除账套、恢复/备份账套等。

2. 系统操作员及操作权限的集中管理

为了保证系统及数据的安全，系统管理提供了操作员及操作权限的集中管理功能。通过对系统操作分工和权限的管理，一方面可以避免与业务无关的人员进入系统，另一方面可以对系统所包含的各个子产品的操作进行协调，以保证各负其责，流程顺畅。

操作权限的集中管理包括设置操作员、分配功能权限。

3. 年度账管理

一个账套中包含了企业所有的数据，把企业账套数据按年度进行划分，称为年度账。设置年度账主要是考虑到数据管理上的方便性。

年度账管理包括年度账的建立、引入、输出，以及结转上年数据、清空年度数据等。

4. 设立统一的安全机制

对企业来说，系统运行安全、数据存储安全是必需的，为此，每个应用系统一般都提供相应的安全保障机制，如设置对整个系统运行过程的监控机制、清除系统运行过程中的异常任务等。

任务 2 建立账套

知识准备

只有系统管理员有权进行账套的建立。建立账套的内容如下。

(1) 账套信息：包括账套号、账套名称、账套启用日期及账套路径。

账套号是区分不同账套数据的唯一标识。

账套名称一般用来描述账套的基本特性，可以输入核算单位简称或用该账套的用途命名。账套名称可以不唯一。

账套启用日期用于规定该企业用会计软件进行业务处理的起点，一般要指定年、月。启用日期在第一次初始设置时设定，一旦启用不可更改。在确定账套启用日期的同时，一般还要设置企业的会计期间，即确认会计月份的起始日期和结账日期。

账套路径用来指明账套在计算机系统中的存储位置。为方便操作，应用系统中一般预设一个存储位置，称其为默认路径，该路径允许操作员更改。

(2) 单位信息：包括单位名称、单位简称、地址、邮政编码、法人、通信方式等。

在以上各项信息中，单位名称是必须项，因为发票打印时要使用企业全称，其余全部使用单位简称。

(3) 核算类型：包括记账本位币、企业类型、行业性质、账套主管等。

记账本位币是企业必须明确指定的，通常系统默认为“人民币”，很多软件也提供以某种外币作为记账本位币的功能。为了满足多币种核算的要求，系统都提供设置外币及汇率的功能。

企业类型是区分不同企业业务类型的必要信息，选择不同的企业类型，系统在业务处理范围上有所不同。

行业性质表明企业所执行的会计准则，决定企业使用的一级会计科目。系统一般内置不同会计准则的一级科目供操作员使用，操作员可以根据本单位的实际需要增设或修改必要的明细核算科目。

(4) 基础信息：包括是否有外币核算；是否进行客户、供应商、存货分类。

(5) 编码方案：企业使用的各类基础档案，通常需要编码。编码方案设置可方便进行分级核算、统计和管理，一般包括科目编码、存货分类编码、地区分类编码、客户分类编码、供应商分类编码、部门编码和结算方式编码等。

编码方案又叫编码规则，包括级次和级长两部分。级次是指编码共分几级，级长是指每级编码的数字位数。编码方案的设置取决于核算单位经济业务的复杂程度、核算与统计要求。

例如：科目编码方案为4-2-2-2，表示科目编码分为四级，一级编码为4位，由财政部规定，2~4级编码为2位，由企业自定。

表2-1所示为应交税费各明细科目的编码情况。

表 2-1　应交税费各明细科目的编码情况

一级科目	二级科目	三级科目	全编码
应交税费(2221)	应交增值税(01)	进项税额(01)	22210101
		销项税额(02)	22210102
	应交所得税(02)		222102

(6) 数据精度：指定义数据的保留小数位数。

(7) 系统启用：确定系统中各模块的启用日期。

工作任务

建立账套，具体如下。

(1) 账套信息。账套号：555；账套名称：日盛公司账套；账套路径：默认；启用会计期：2020 年 01 月。

(2) 单位信息。单位名称：北京日盛科技公司；单位简称：日盛科技。

(3) 核算类型。记账本位币：人民币(RMB)；企业类型：工业；行业性质：2013小企业会计准则；要求按行业性质预置会计科目。

(4) 基础信息。该企业有外币核算，进行经济业务处理时，需要对存货、客户、供应商进行分类。

(5) 分类编码方案。科目编码级次：4-2-2-2；其他编码级次设置采用默认值。

(6) 数据精度。采用系统默认值。

(7) 系统启用。“总账”模块启用时间为“2020 年 1 月 1 日”。

工作步骤

(1) 在“系统管理”窗口，执行“账套→建立”命令，打开“添加账套”对话框。

(2) 输入账套信息。输入账套号：555；账套名称：日盛公司账套；账套路径(默认)；启用会计期：2020 年 1 月，如图 2-2 所示。

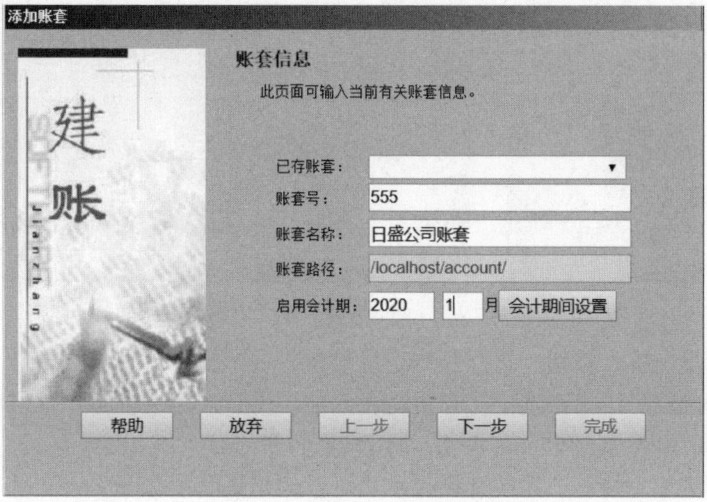

图 2-2　添加账套—账套信息

(3) 单击“下一步”按钮，进行单位信息设置。

(4) 输入单位信息。输入单位名称：北京日盛科技公司；单位简称：日盛科技。其他栏目信息可根据实际情况输入，如图 2-3 所示。

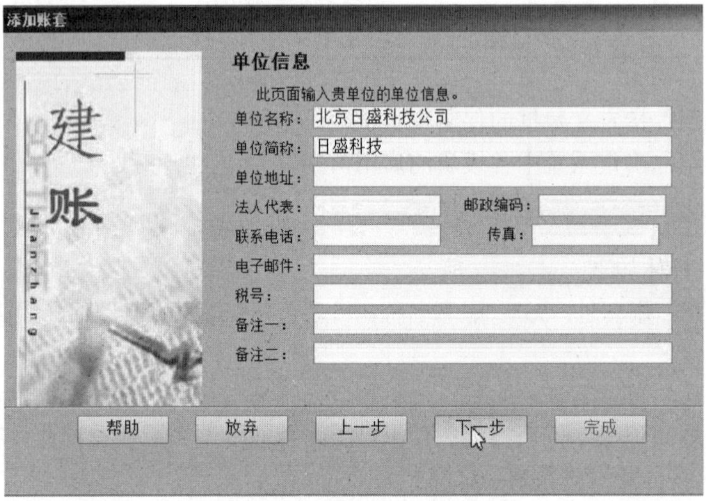

图 2-3 添加账套—单位信息

(5) 单击“下一步”按钮，进行核算类型设置。

(6) 输入核算类型。输入本币代码：RMB；本币名称：人民币；企业类型：工业；行业性质：小企业会计准则(2013 年)；单击选择“按行业性质预置科目”复选框，如图 2-4 所示。

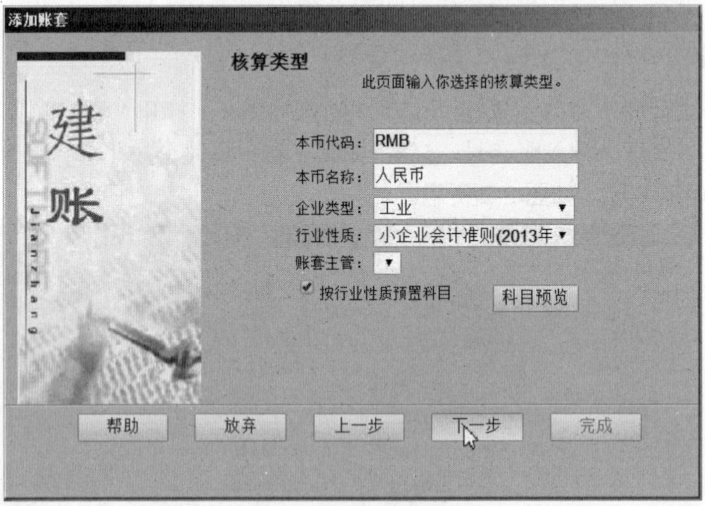

图 2-4 添加账套—核算类型

(7) 单击“下一步”按钮，进行基础信息设置。

(8) 确定基础信息。单击选中“存货是否分类”“客户是否分类”“供应商是否分类”“有无外币核算”4 个复选框，如图 2-5 所示。

(9) 单击“完成”按钮。系统弹出提示“可以创建账套了么？”。

(10) 单击“是”按钮。创建账套后，打开“分类编码方案”对话框。

(11) 确定分类编码方案。科目编码级次：4-2-2-2；其他采用默认值，如图 2-6 所示。

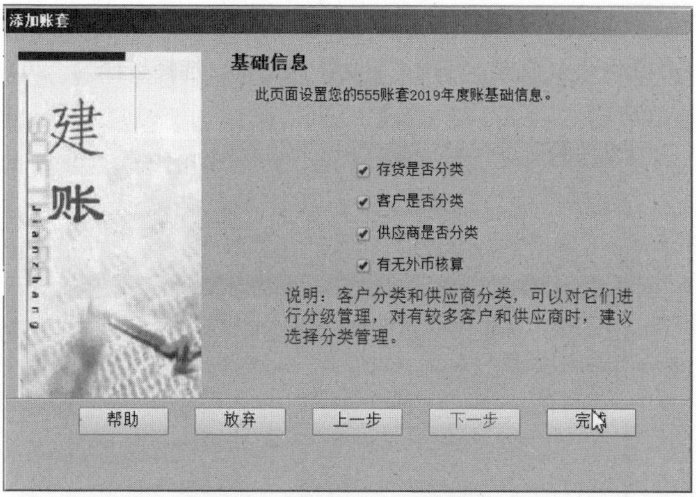

图 2-5　添加账套—基础信息

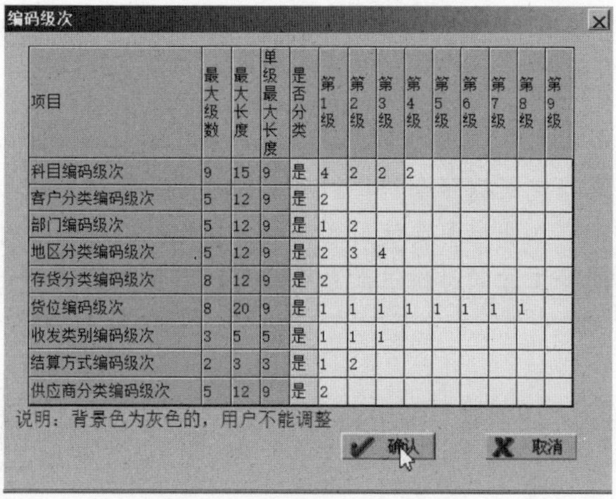
编码级次

项目	最大级数	最大长度	单级最大长度	是否分类	第1级	第2级	第3级	第4级	第5级	第6级	第7级	第8级	第9级
科目编码级次	9	15	9	是	4	2	2	2					
客户分类编码级次	5	12	9	是	2								
部门编码级次	5	12	9	是	1	2							
地区分类编码级次	5	12	9	是	2	3	4						
存货分类编码级次	8	12	9	是	2								
货位编码级次	8	20	9	是	1	1	1	1	1	1	1	1	
收发类别编码级次	3	5	5	是	1	1	1						
结算方式编码级次	2	3	3	是	1	2							
供应商分类编码级次	5	12	9	是	2								

说明：背景色为灰色的，用户不能调整

确认　取消

图 2-6　添加账套—编码级次

(12) 单击“确认”按钮，打开“数据精确度定义”对话框。

(13) 数据精度定义。所有小数位数均设置为 2 位，如图 2-7 所示。

(14) 单击“确认”按钮，创建账套成功，系统提示“是否立即启用账套？”，如图 2-8 所示。

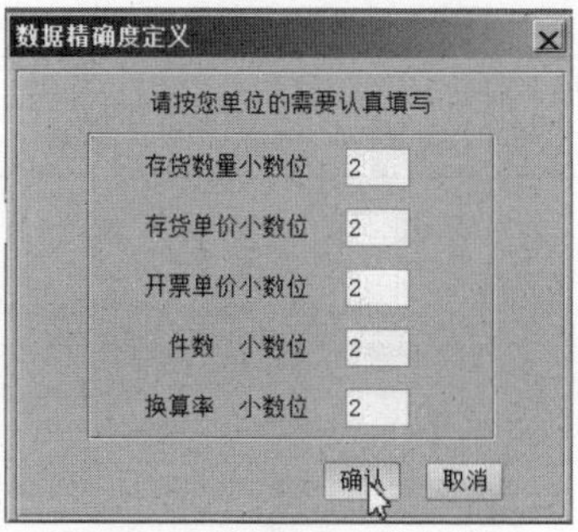

图 2-7　添加账套—数据精度

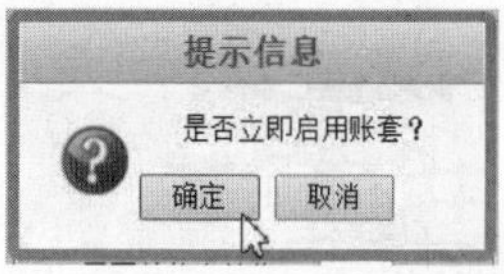

图 2-8　添加账套—是否启用账套

(15) 单击“确定”按钮，打开“系统启用”对话框。

(16) 选中“GL-总账”复选框，弹出“日历”对话框，选择日期为“2020 年 1 月 1 日”，如图 2-9 所示。

图 2-9 添加账套—设置账套启用日期

(17) 单击“退出”按钮。

注意：

- ❑ 账套路径是用来确定新建账套将要被放置的位置，系统默认，不可更改。
- ❑ 在建立账套后，可立即启用要使用的模块。在此也可以不启用，当需要使用某个模块时，可以账套主管的身份注册系统管理，启用该模块。

知识延伸

选择不同的行业性质，将决定企业用到的一级会计科目。表 2-2 所示为企业可选择的主要行业性质的特点。

表 2-2 企业可选择的主要行业性质的特点

行业性质	特点	一级科目编码	科目大类
小企业会计准则(2013年)	财政部 2013 年推出，一级科目较 2007 年新准则科目简化很多，不包括大企业和特殊行业的会计科目	4 位	5 类
2007 年新会计准则科目	根据财政部 2007 年实施的新《企业会计准则》制定，一级科目最完整，包含金融企业特殊会计科目	4 位	6 类
新会计制度	根据财政部 2000 年推出的新《企业会计制度》制定，一级科目相对完整，不含金融企业特殊会计科目	4 位	5 类

任务 3 设置操作员

知识准备

操作员指有权登录系统并对系统进行操作的人员。实施企业会计信息化软件时，需先明确指定各系统授权的操作人员，并对操作人员的使用权限进行明确规定，以避免无关人员对系统进行非法操作，同时也可以对系统所包含的各个功能模块的操作进行协调，使得流程顺畅，从而保证整个系统和会计数据的安全性和保密性。

操作员管理包括操作员的增加、修改和删除，必须以系统管理员的身份进行设置，账套主管不能设置操作员。

操作员设置的内容包括编号、姓名、口令、部门等。

工作任务

设置操作员，操作员资料如表2-3所示。

表2-3 操作员资料

编号	姓名	口令	所属部门
5501	刘方	1	财务部
5502	李强	2	财务部
5503	王瑞	3	财务部
5504	赵宁	4	销售部
5505	宋刚	5	采购部
5506	陈红	6	仓储部

工作步骤

(1) 在“系统管理”窗口，执行“权限→操作员”命令，进入“操作员管理”窗口。

(2) 单击“增加”按钮，打开“增加操作员”对话框。

(3) 按表2-3所示的资料输入操作员信息，如图2-10所示。单击“增加”按钮，提示“添加成功”，单击“确定”按钮，再增加下一位操作员，全部完成后，单击“退出”按钮返回。

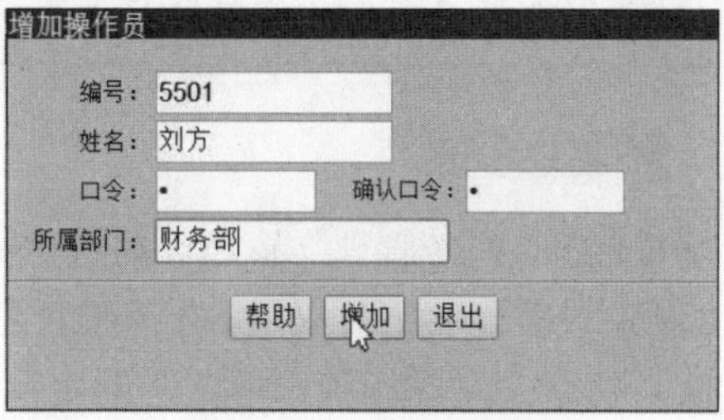

图2-10 设置操作员

注意：

- 只有系统管理员才有权限设置操作员。
- 操作员编号在系统中必须唯一，即使是不同的账套，操作员编号也不能重复。
- 所设置的操作员一旦被引用，便不能被修改和删除。

任务4 分配权限

知识准备

权限设置就是对允许登录系统的操作员规定操作权限，严禁越权操作的行为发生。

系统管理员和账套主管都有权设置操作员的权限，所不同的是，系统管理员可以指定或取消某一操作员为一个账套的主管，也可以对系统内所有账套的操作员进行授权；而账套主管的权限局限于他所管辖的账套，在该账套内，账套主管默认拥有全部操作权限，可以针对本账套的操作员进行权限设置。

一个账套可以设置多个账套主管。账套主管自动拥有所在模块的所有操作权限。

工作任务

操作员的权限设置，如表 2-4 所示。

表 2-4 操作员的权限设置

姓名	岗位	权限
刘方	账套主管	具有系统所在模块的全部权限
李强	出纳	具有“总账-出纳签字”权限、“现金管理”的全部操作权限
王瑞	会计	具有“公共目录设置”“总账”“财务报表”“往来管理”“工资管理”“固定资产”的全部操作权限
赵宁	销售员	具有“公共目录设置”“销售管理”“库存管理”“应收管理”“核算管理”的全部操作权限
宋刚	采购员	具有“公共目录设置”“采购管理”“库存管理”“应付管理”“核算管理”的全部操作权限
陈红	库管员	具有“公共目录设置”“库存管理”“核算管理”的全部操作权限

注意：

❑ 为操作方便，上述权限设置做了简化处理，与实际不完全相符。

工作步骤

(1) 在“系统管理”窗口，执行“权限→权限”命令，进入“操作员权限”窗口。

(2) 设置账套主管权限。选择账套为“555”、年度为“2020 年”，选择操作员为“刘方”，单击“账套主管”选项，单击“确定”按钮。

(3) 设置出纳操作权限。选择账套为“555”、年度为“2020 年”，选择操作员为“李强”。单击工具栏中的“增加”按钮，打开“增加权限”对话框，双击选择“总账-出纳签字”“现金管理”权限，如图 2-11 所示。

(4) 单击“确定”按钮。同理，设置其他操作员的操作权限。

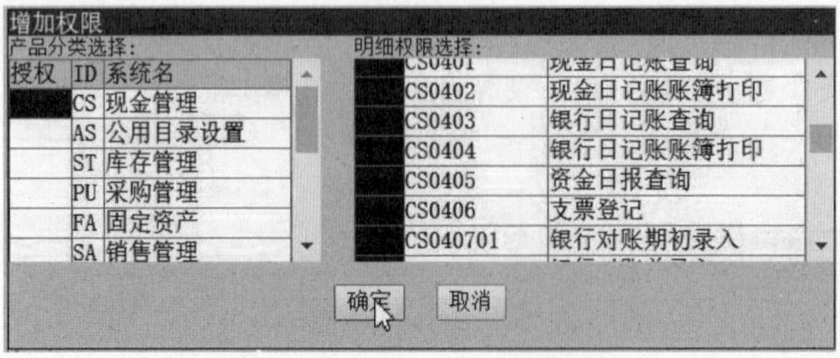

图 2-11 设置操作员的权限

任务5 备份账套

知识准备

账套备份是将系统产生的数据备份到本地硬盘或其他存储介质，也叫账套输出。只有系统管理员有权备份账套。备份的作用体现在如下几个方面。

1. 保证数据安全

任何使用计算机系统的企业，均会视安全性为第一要务。安全威胁来自众多的不可预知因素，如病毒入侵、硬盘故障、自然灾害等，这些都会造成数据丢失，对企业的影响是不可估量的。因此，应定期将系统中的数据进行备份并保存在另外的存储介质上，如移动硬盘、光盘等。一旦系统内数据损坏，可以通过引入最近一次备份的数据及时恢复到上一次备份的水平，从而保证企业日常业务的正常进行。

2. 解决集团公司数据合并问题

通过备份，集团公司子公司的账套数据可以定期输出并被引入到母公司的计算机系统中，以便进行有关账套数据的分析和合并工作。

工作任务

输出555账套数据到“C:\备份”文件夹下。

工作步骤

(1) 执行“账套→备份”命令，打开“备份账套”对话框。

(2) 在“备份账套”对话框的“选择要备份的账套”栏输入“[555]日盛公司账套”。

(3) 单击“备份导出”按钮，如图2-12所示，单击“确定”按钮。

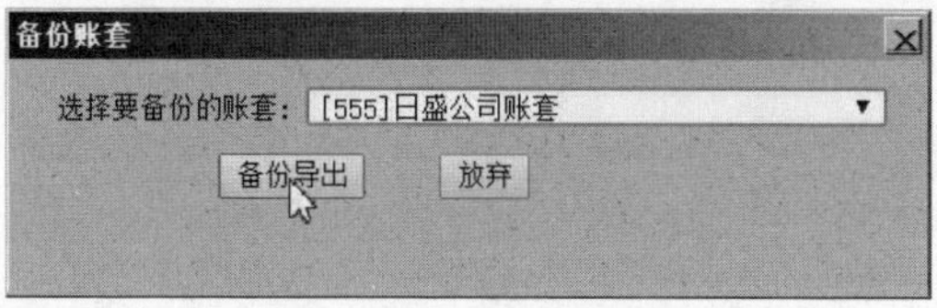

图2-12 输出账套

(4) 系统压缩完成所选账套数据后，生成默认文件名，选择备份文件夹“C:\备份”。

(5) 单击“保存”按钮，再单击“完成”按钮。

注意事项：

- 只有系统管理员(admin)才能备份账套数据。备份的账套数据名为“*.dat”。
- 账套数据必须先备份输出到本地硬盘上，然后根据需要复制到U盘或移动硬盘上，以便妥善保存。
- “C:\备份”文件夹必须事先创建好。

任务 6 恢复账套

知识准备

恢复账套也叫引入账套，是指将系统外某账套数据引入本系统中。通过备份账套备份的账套数据，必须通过恢复账套功能引入系统后才能使用，因此引入账套是输出账套的对应操作。只有系统管理员有权恢复账套。

工作任务

从“C:\备份”文件夹下引入 555 账套数据到系统中。

工作步骤

(1) 执行“账套→恢复”命令，单击“选择文件”按钮。

(2) 打开“C:\备份”，选择账套文件，引入账套如图 2-13 所示。

(3) 单击“打开”按钮，再单击“导入”按钮。系统提示“确认导入吗？”。

(4) 单击“确定”按钮。若系统中存在相同账套，则提示是否覆盖。账套恢复后，单击“完成”按钮。

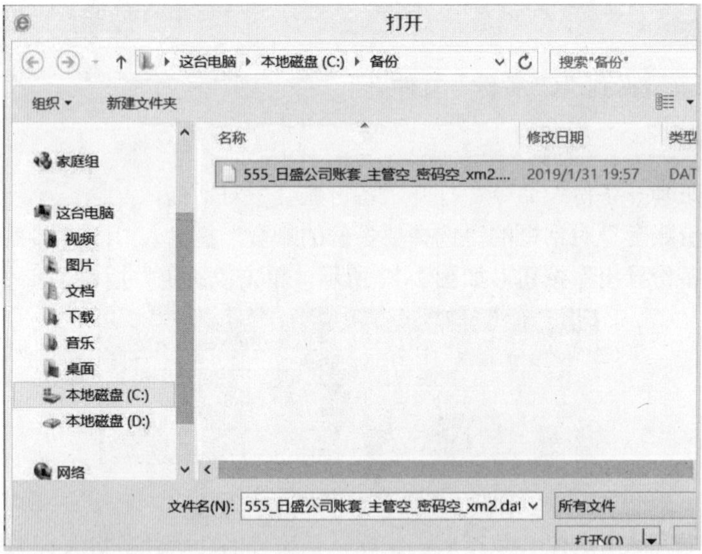

图 2-13 引入账套

任务 7 修改账套

知识准备

账套建立完成后，在未使用之前，可以根据业务需要对某些已设定的内容进行调整。修改账套需以账套主管身份进行。

工作任务

修改555账套数据，将单位简称修改为“北京日盛”。

工作步骤

(1) 在“系统管理”窗口，执行“系统→注册”命令，打开“注册〖系统管理〗”对话框。

注意：

- 如果此前是以系统管理员的身份注册进入系统管理，那么需要首先执行“系统→注销”命令，注销当前系统操作员，再以账套主管的身份登录。

(2) 输入数据：操作员“5501”；密码“1”；选择账套“555”；会计年度“2020”。

(3) 单击“确定”按钮，进入“系统管理”窗口。

(4) 执行“账套→修改”命令，打开“修改账套”对话框，可修改的账套信息以白色显示，不可修改的账套信息以灰色显示。按要求修改，修改账套如图2-14所示。

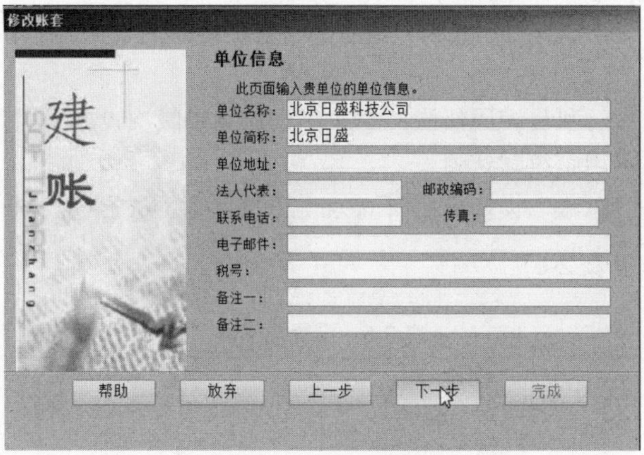

图2-14 修改账套

(5) 按建立账套的顺序继续操作，最后弹出系统提示“修改账套成功！”。

注意：

- 修改账套时，很多参数不能修改，对于不能修改的账套参数，只能将账套删除并重新建立账套。因此，在建立账套时要先确定好各参数并谨慎输入。

实训应用

实训一 系统管理

【实训目的】

1. 理解系统管理在整个系统中的作用。

2. 熟悉账套备份、账套恢复和账套修改操作。

3. 掌握建立账套、设置操作员和权限分配操作。

【实训要求】

1. 以系统管理员(admin)的身份进行建立账套、设置操作员、权限分配、账套备份和恢复操作。

2. 以账套主管郑通(编号：6601；密码：1)的身份进行账套修改操作。

【实训内容】

1. 建立账套

(1) 账套信息。账套号：666；账套名称：海达公司账套；账套路径(默认)；启用会计期：2020 年 01 月。

(2) 单位信息。单位名称：北京海达科技有限公司；单位简称：海达科技。

(3) 核算类型。记账本位币：人民币(RMB)；企业类型：工业；行业性质：2013 小企业会计准则；要求按行业性质预置会计科目。

(4) 基础信息。该企业有外币核算，进行经济业务处理时，需要对存货、客户进行分类，供应商不分类。

(5) 分类编码方案。科目编码级次：4222；其他编码级次设置采用默认值。

(6) 数据精度。采用系统默认值。

(7) 系统启用。“总账”模块启用时间为“2020 年 1 月 1 日”。

2. 设置操作员(见表 2-5)

表 2-5 设置操作员

编号	姓名	口令	所属部门
6601	郑 通	1	财务部
6602	孙 娟	2	财务部
6603	贺 敏	3	财务部
6604	田晓宾	4	销售部
6605	魏大鹏	5	采购部
6606	潘小小	6	仓储部

3. 分配权限(见表 2-6)

表 2-6 分配权限

姓名	岗位	权限
郑 通	账套主管	具有系统所在模块的全部权限
孙 娟	出纳	具有“总账-出纳签字”权限、“现金管理”的全部操作权限
贺 敏	会计	具有“公共目录设置”“总账”“财务报表”“往来管理”“工资管理”“固定资产”的全部操作权限
田晓宾	销售员	具有“公共目录设置”“销售管理”“库存管理”“应收管理”“核算管理”的全部操作权限

(续表)

姓名	岗位	权限
魏大鹏	采购员	具有“公共目录设置”“采购管理”“库存管理”“应付管理”“核算管理”的全部操作权限
潘小小	库管员	具有“公共目录设置”“库存管理”“核算管理”的全部操作权限

4. 备份账套

将“666”账套备份到“C:\备份”文件夹中。

5. 恢复账套

将“C:\备份”文件夹中的备份文件恢复到系统中。

6. 修改账套

将单位简称“海达科技”修改为“北京海达”。

巩固提高

一、单选题

1. 下面哪个有权在系统中建立企业账套？(　　)
   A. 企业老总　B. 系统管理员　C. 账套主管　D. 销售总监
2. (　　)可以作为区分不同账套数据的唯一标识。
   A. 账套号　B. 账套名称　C. 单位名称　D. 账套主管
3. (　　)自动拥有该账套的全部权限。
   A. admin　B. 账套主管　C. 财务经理　D. 系统管理员
4. 一个账套可以指定(　　)个账套主管。
   A. 1　B. 2　C. 3　D. 多
5. 若科目编码方案为4-2-1-3，则三级科目的编目为(　　)位。
   A. 1　B. 2　C. 3　D. 4

二、多选题

1. 建立单位核算账套时，必须设置的基本信息包括(　　)。
   A. 启用会计期　B. 账套名称　C. 账套号　D. 账套路径
2. 建立账套完成之后，(　　)不能修改。
   A. 账套号　B. 账套名称　C. 启用会计期　D. 账套主管
3. 增加系统操作员时，需要确定的基本信息有(　　)。
   A. 操作员编号　B. 操作员姓名　C. 所属账套　D. 操作员密码
4. 对于设置操作员密码，以下说法正确的有(　　)。
   A. 不能为空　B. 必须输入两次
   C. 可以输入数字　D. 不能修改

5. 系统管理功能包括(　　)。

A. 账套管理　　B. 操作员管理

C. 操作员权限管理　　D. 报表管理

三、判断题

1. 账套主管自动拥有所管辖账套所有模块的操作权限。(　　)
2. 单位名称是区分系统内不同账套的唯一标识。(　　)
3. 备份账套功能是指将系统外某账套数据引入本系统中。(　　)
4. 所设置的操作员一旦被引用，仍可以被修改和删除。(　　)
5. 建立账套时，如果选择“是否按行业预置科目”，则系统会自动建立企业所需的所有会计科目。(　　)

四、简答题

1. 系统管理的主要功能有哪些？
2. 系统管理员与账套主管的区别是什么？
3. 什么情况下，需要输出和引入账套？
4. 建立账套的步骤是什么？
5. 编码方案的规则包括哪些？请解释科目编码方案 4-3-2 的含义并举例说明。

项目3

基础设置

学习目标

通过本项目的学习，学员应具备如下能力：

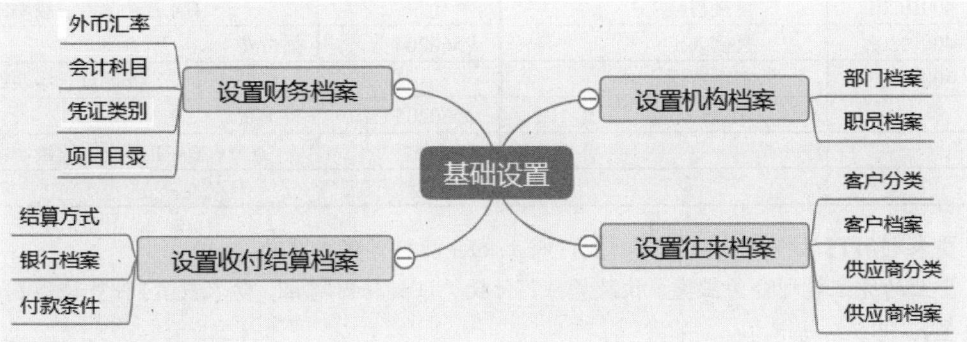

情境案例

日盛科技公司共设置了6个一级部门，分别是行政部、财务部、销售部、采购部、生产部和仓储部。该公司拥有8名员工(简化处理)。

企业的客户按业务往来关系分为长期客户和短期客户，其中长期客户现有北京元和公司和沈阳智宏公司两家公司；该企业的供应商按提供的货物分为原料供应商和其他供应商，其中原料供应商现有北京顺达公司和上海明辉公司两家公司。

企业进行美元外币核算，汇率为1∶6.5。

企业手工方式下，大部分会计核算使用一级会计科目，少部分会计核算使用明细科目。企业手工会计核算部分科目如表3-1所示。

表 3-1 企业手工会计核算部分科目

科目编码	科目名称	科目编码	科目名称
…	…	…	…
1122	应收账款	2202	应付账款
112201	北京元和	220201	北京顺达
112202	沈阳智宏	220202	上海明辉
…	…	…	…
1221	其他应收款	5602	管理费用
122101	张涛	560201	工资
122102	刘方	56020101	行政部
…	…	56020102	财务部
4001	生产成本	56020103	销售部
400101	ERP 多媒体应用课件	56020104	采购部
40010101	直接材料	56020105	仓储部
40010102	直接人工	560202	办公费
40010103	制造费用		……(同工资设置三级明细)
400102	程序设计多媒体课件	560203	差旅费
40010201	直接材料		……(同工资设置三级明细)
40010202	直接人工	560204	招待费
40010203	制造费用		……(同工资设置三级明细)
…	…	560205	折旧费
			……(同工资设置三级明细)
		…	…

要求利用T3软件的辅助核算功能，将上述会计科目体系优化。

企业的凭证类型分为三类，收款凭证、付款凭证和转账凭证，要求设置3种凭证类别的限制类型。

企业较少使用现金结算，大多时候使用票据结算的支票结算和汇兑结算。

任务学习

企业开展信息化，一般选择通用商品化的通用软件。软件安装完成之后，其中是不包括任何数据的。但用计算机系统处理企业日常业务需要用到大量的基础信息，如员工、部门、科目等，因此应根据企业的实际情况，结合计算机系统技术信息设置的要求，做好基础档案的整理准备，并正确地录入系统中，作为系统运行的基本条件。

基础档案是指计算机系统运行必须的基础数据。财务部分基础档案包括机构档案、往来单位档案、财务档案、收付结算档案等；业务部分基础档案包括存货档案和业务档案。本项目只介绍财务部分基础档案的设置。

任务 1 注册信息门户

知识准备

T3 软件信息门户是进行会计信息化应用的统一入口。进入信息门户后，可进行基础设置、总账、财务报表、工资、固定资产、采购、销售、库存、核算等模块的相应操作。

工作任务

以账套主管刘方的身份注册信息门户。输入或选择如下信息：操作员“5501”；密码“1”；账套“[555]日盛公司账套”；会计年度“2020”；操作日期“2020-01-01”。

工作步骤

(1) 双击信息门户图标，打开“注册〖控制台〗”对话框。

(2) 输入或选择数据。输入用户名“5501”；密码“1”；账套“[555]日盛公司账套”；会计年度“2020”；日期“2020-01-01”，如图 3-1 所示。

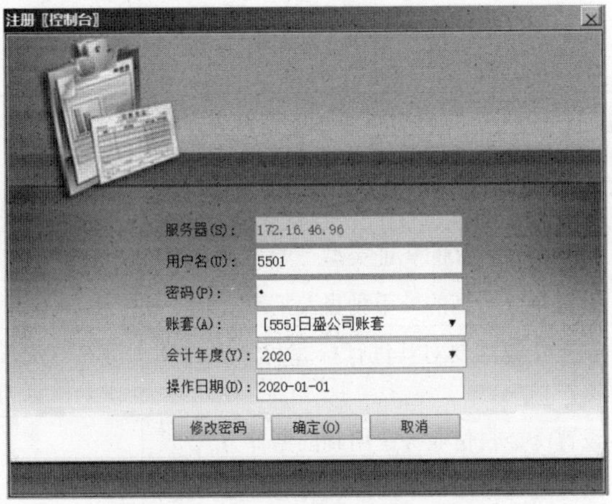

图 3-1 启动和注册企业信息门户

(3) 单击“确定”按钮，进入 T3 软件主界面，如图 3-2 所示。

图 3-2 T3 软件主界面

知识延伸

计算机信息处理的特点主要表现在数据处理速度快、精确度高、分析统计汇总方便等方面，而基础档案是计算机汇总统计的依据。按照 T3 软件的要求，需要准备的基础档案如表 3-2 所示。

表 3-2　基础档案整理

基础档案分类	基础档案目录	档案用途	前提条件
机构设置	部门档案	设置与企业财务核算和管理有关的部门	先设置部门编码方案
	职员档案	设置企业的各个职能部门中需要对其核算和业务管理的职工信息	先设置部门档案，才能在其下增加职员
往来单位	客户分类	便于进行业务数据的统计、分析	先对客户分类，然后确定编码方案
	客户档案	便于进行客户管理和业务数据的录入、统计、分析	先建立客户分类档案
	供应商分类	便于进行业务数据的统计、分析	先对供应商分类，然后确定编码方案
	供应商档案	便于进行供应商管理和业务数据的录入、统计、分析	先建立供应商分类档案
	地区分类	针对客户/供应商所属地区进行分类，便于进行业务数据的统计、分析	
财务	会计科目	设置企业核算的科目目录	先设置科目编码方案及外币
	凭证类别	设置企业核算的凭证类型	
	外币	设置企业用到的外币种类及汇率	
	项目目录	设置企业需要对其进行核算和管理的对象、目录	可将存货、成本对象、现金流量直接作为核算的项目目录
收付结算	结算方式	设置资金收付业务中用到的结算方式	
	付款条件	设置企业与往来单位协议规定的收、付款折扣优惠方法	
	开户银行	设置企业在收付结算中对应的开户银行信息	
存货	存货分类	便于进行业务数据的统计、分析	先对存货分类，然后确定编码方案
	存货档案	便于存货核算、统计、分析和实物管理	
业务	仓库档案	设置企业存放存货的仓库信息	
	收发类别	设置企业的入库、出库类型	
	采购类型	设置企业在采购存货时的各项业务类型	先设置好收发类别为收的收发类别
	销售类型	设置企业在销售存货时的各项业务类型	先设置好收发类别为发的收发类别
	产品结构	用于设置企业各种产品的组成内容，以利于配比出库、成本计算	先设置存货、仓库档案

任务2 设置机构档案

任务 2.1 设置部门档案

知识准备

部门是指与企业财务核算或业务管理相关的职能单位。设置部门档案的目的在于按部门进行数据汇总和分析。部门档案需按照已定义好的部门编码级次原则输入部门相关信息。部门档案中包含部门编码、名称、负责人、部门属性等信息。

工作任务

设置部门档案，如表 3-3 所示。

表 3-3 设置部门档案

部门编码	部门名称	部门属性
1	行政部	行政管理
2	财务部	财务管理
3	销售部	市场营销
4	采购部	采购供应
5	生产部	生产组装
6	仓储部	物料存储

工作步骤

(1) 执行“基础设置→机构设置→部门档案”命令，打开“部门档案”窗口。

(2) 在“部门档案”窗口中，单击“增加”按钮。

(3) 输入部门信息。输入部门编码：1；部门名称：行政部；部门属性：行政管理，如图 3-3 所示。

(4) 单击“保存”按钮。同理，增加其他部门档案信息。

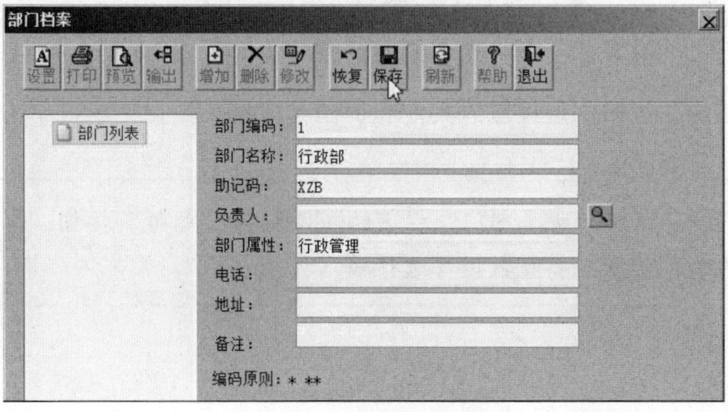

图 3-3 设置部门档案

任务 2.2 设置职员档案

知识准备

职员档案主要用于记录本单位职员个人的信息资料，设置职员档案可以方便地进行个人往来核算和管理等操作。职员档案包括职员编号、名称、所属部门及职员属性等。

工作任务

设置职员档案，如表 3-4 所示。

表 3-4 设置职员档案

职员编号	职员名称	所属部门	职员属性
101	张涛	行政部	总经理
201	刘方	财务部	会计主管
202	李强	财务部	出纳
203	王瑞	财务部	会计
301	赵宁	销售部	部门经理
401	宋刚	采购部	部门经理
501	孙伟	生产部	部门经理
601	陈红	仓储部	部门经理

工作步骤

(1) 执行“基础设置→机构设置→职员档案”命令，打开“职员档案”窗口。

(2) 在“职员档案”窗口中单击“增加”按钮。

(3) 输入并选择职员信息。输入职员编号：101；职员名称：张涛；职员属性：总经理，如图 3-4 所示。

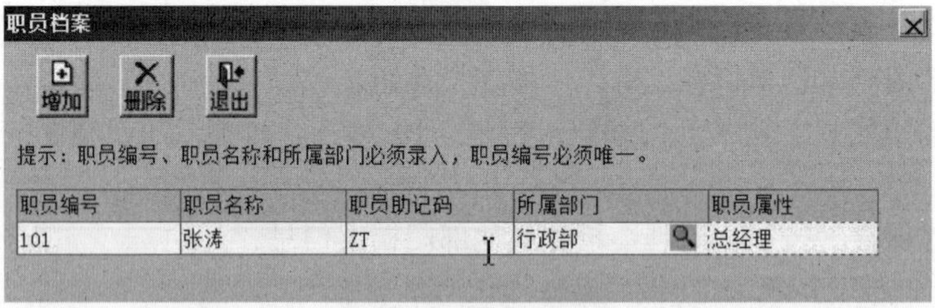

图 3-4 设置职员档案

(4) 单击“增加”按钮，继续输入其他职员档案信息。设置完毕，单击“退出”按钮。

注意：

- “职员档案”窗口“所属部门”栏下的图标为“参照”按钮，单击此按钮可打开相应的参照数据，参照数据可选择输入。

任务3 设置往来单位档案

任务3.1 设置客户分类

知识准备

在企业中如果往来客户较多，为了便于对客户进行分类统计和汇总，可以对客户进行分类，客户分类设置主要是设置客户类别编码和类别名称。客户分类编码必须按编码方案中的编码原则进行设置。已经使用的客户分类不能删除，非末级客户分类也不能删除。

工作任务

设置客户分类，如表3-5所示。

表3-5 设置客户分类

分类编码	分类名称
01	长期客户
02	短期客户

工作步骤

(1) 执行“基础设置→往来单位→客户分类”命令，打开“客户分类”窗口。
(2) 在“客户分类”窗口中，单击“增加”按钮。
(3) 输入数据。输入类别编码：01；类别名称：长期客户，如图3-5所示。

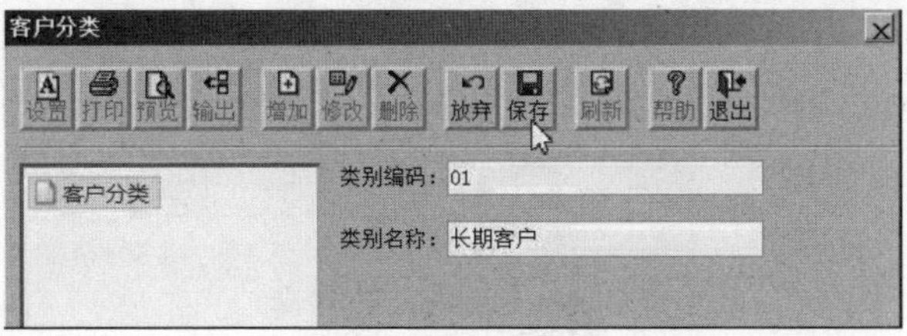

图3-5 设置客户分类

(4) 单击“保存”按钮。同理，增加其他客户分类信息。

注意：
- 在建立账套时如果选择了“客户分类”，则在此必须进行客户分类，否则将不能输入客户档案。

任务3.2 设置客户档案

知识准备

企业如果需要进行往来管理，就必须建立客户档案。建立客户档案直接关系到企业对客户数据的统计、汇总和查询等分类处理。客户档案中包含了客户的基本信息、联系信息、信用信息和其他信息。如果用户设置了客户分类，则客户档案必须在末级客户分类中设置；如果未进行客户分类，客户档案则应在客户分类的“无分类”项下设置客户档案。

工作任务

设置客户档案，如表3-6所示。

表3-6 设置客户档案

客户编码	客户名称	客户简称	所属分类码	税号	开户银行	银行账号
001	北京元和公司	北京元和	01	326738730703053890	工行北京昌平支行	38909757242411
002	沈阳智宏公司	沈阳智宏	01	890173523184832526	建行沈阳天河支行	59210417353725

工作步骤

(1) 执行“基础设置→往来单位→客户档案”命令，打开“客户档案”窗口。

(2) 在“客户档案”窗口中，选中“01 长期客户”，单击“增加”按钮，打开“客户档案卡片”对话框。

(3) 输入客户档案信息。输入客户编号：001；客户名称：北京元和公司；客户简称：北京元和；所属分类码：01；税号：326738730703053890；开户银行：工行北京昌平支行；银行账号：38909757242411，如图3-6所示。

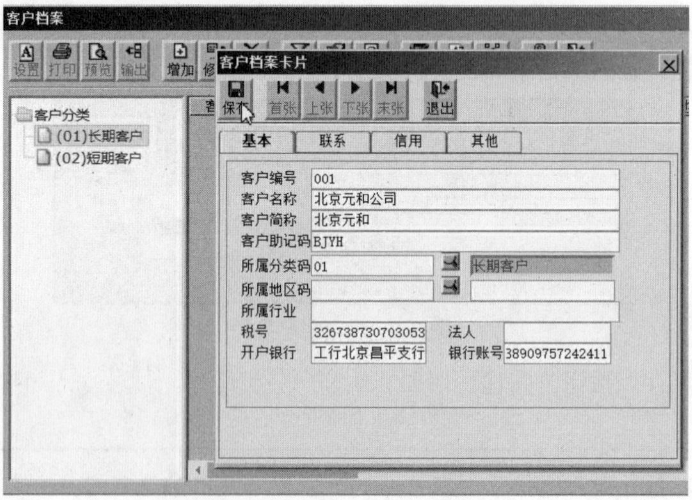

图3-6 设置客户档案

(4) 单击“保存”按钮。同理，增加其他客户档案信息。

知识延伸

客户档案包括“基本”“联系”“信用”和“其他”页签。其中主要栏目说明如下。

1. “基本”页签中主要栏目说明

客户编号：客户编号必须输入且内容必须唯一，可以用数字或字符(含汉字或空格)表示。

客户名称：客户名称可以是汉字或英文字母，最多可写30个汉字或60个字符，不能为空。客户名称一般用于销售发票的打印。

客户简称：客户简称可以是汉字或英文字母，最多可写15个汉字或30个字符，不能为空。客户简称用于业务单据和账表的屏幕显示，如屏幕显示的销售发货单的客户栏目中显示的内容为客户简称。

所属分类码：系统根据增加客户前所选择的客户分类自动填写。

所属地区码：输入客户所属地区的代码。输入系统中已存在代码时，自动转换成地区名称，显示在该栏目的编辑框内。

所属行业：输入客户所归属的行业，该栏目可以为空。

税号：输入客户的税号，用于销售发票的税号栏内容的屏幕显示和打印输出，可以为空。

法人：输入客户单位法人代表的姓名，可以为空。

开户银行、银行账号：开户银行输入客户开户银行的名称，如果客户的开户银行有多个，在此处输入该单位与本单位发生业务往来最常用的开户银行，可以为空；银行账号输入客户在其开户银行中的账号，银行账号应对应于开户银行栏目所填写的内容。

2. “信用”页签中主要栏目说明

应收余额：应收余额指客户当前的应收账款的余额。销售管理系统启用后，应收余额由系统自动维护。

扣率：输入客户在一般情况下可以享受的购货折扣率，可用于销售单据中折扣的缺省取值。

信用等级：按照自行设定的信用等级分级方法，依据客户在应收款项方面的表现，输入客户的信用等级。

信用期限：可作为计算客户超期应收款项的计算依据，其度量单位为“天”。

付款条件：可用于销售单据中付款条件的缺省取值，输入系统中已存在代码时，自动转换成付款条件表示，也可以参照输入。

任务3.3 设置供应商分类

知识准备

在企业中如果供应商往来单位较多，为了便于对供应商进行分类统计和汇总，可以对供应商进行分类，供应商分类设置主要是设置供应商类别编码和类别名称。供应商分类编码必须按编码方案中的编码原则进行设置。已经使用的供应商分类不能删除，非末级供应商分类也不能删除。

工作任务

设置供应商分类，如表3-7所示。

表3-7 设置供应商分类

分类编码	分类名称
01	原料供应商
02	其他供应商

工作步骤

(1) 执行“基础设置→往来单位→供应商分类”命令，打开“供应商分类”窗口。

(2) 在“供应商分类”窗口中，单击“增加”按钮。

(3) 输入供应商分类信息。输入类别编码：01；类别名称：原料供应商，如图 3-7 所示。

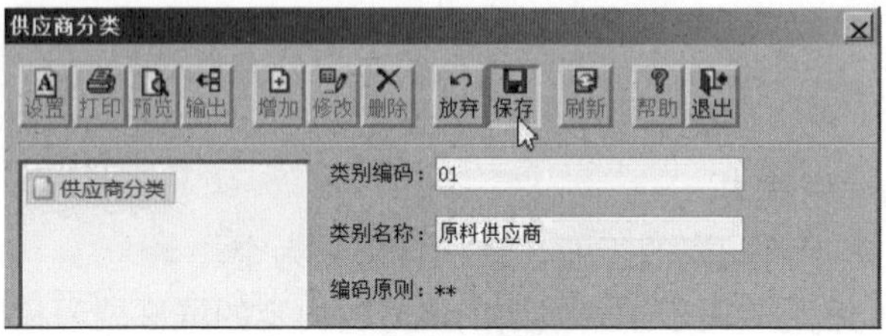

图 3-7　设置供应商分类

(4) 单击“保存”按钮。同理，增加其他供应商分类信息。

任务 3.4　设置供应商档案

知识准备

企业如果需要进行往来管理，那么必须将企业中供应商的详细信息录入供应商档案中。建立供应商档案直接关系到对供应商数据的统计、汇总和查询等分类处理。如果用户设置了供应商分类，供应商档案必须在末级供应商分类中设置，如果未进行供应商分类，供应商档案则应在供应商分类的“无分类”项下设置供应商档案。

供应商档案信息分为基本、联系、信用、其他 4 个页签。其每一页签的内容说明与客户档案的内容相似，这里不再赘述。

工作任务

设置供应商档案，如表 3-8 所示。

表 3-8　设置供应商档案

供应商编码	供应商名称	供应商简称	所属分类码	税号	开户银行	银行账号
001	北京顺达公司	北京顺达	01	340938732489059021	工行北京海淀支行	3072757246708
002	上海明辉公司	上海明辉	01	873234093490218905	农行上海静安支行	7572307643209
003	北京如风快递公司	北京如风	02	247838732489052521	工行北京清河支行	9021757245437

工作步骤

(1) 执行“基础设置→往来单位→供应商档案”命令，打开“供应商档案”窗口。

(2) 在“供应商档案”窗口中，选择“01 原料供应商”，单击“增加”按钮，打开“供应商档案卡片”对话框。

(3) 输入供应商档案信息。输入供应商编号：001；供应商名称：北京顺达公司；供应商简称：北京顺达；所属分类码：01；税号：340938732489059021；开户银行：工行北京海淀支行；银行账号：3072757246708，如图 3-8 所示。

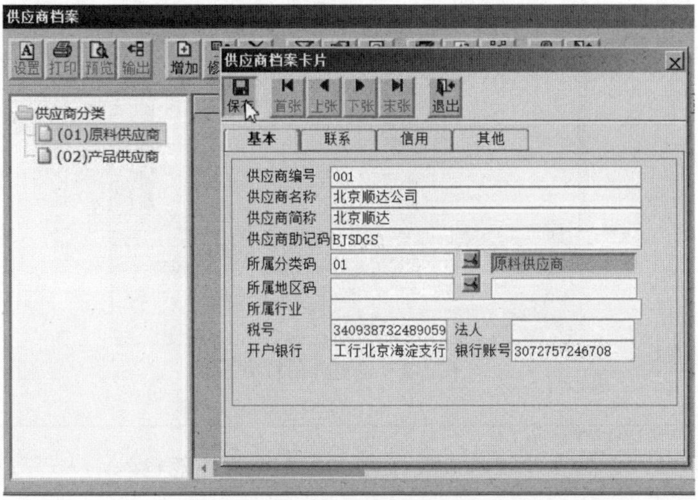

图 3-8 设置供应商档案

(4) 单击“保存”按钮。同理，增加其他供应商档案信息。

任务 4 设置财务档案

任务 4.1 设置外币汇率

知识准备

如果企业业务结算涉及外币，那么在“填制凭证”中所用的外币及汇率应先在此进行定义，以便制单时调用，减少录入汇率的次数和差错。当汇率变化时，应预先在此进行定义，否则，制单时不能正确录入汇率，对于使用固定汇率(即使用月初或年初汇率)作为记账汇率的用户，在填制每月的凭证前，应预先在此录入该月的记账汇率，否则在填制该月外币凭证时，将会出现汇率为零的错误；月末时应输入调整汇率，以便进行本月汇兑损益处理。对于使用变动汇率(即使用当日汇率)作为记账汇率的用户，在填制该天的凭证前，应预先在此录入该天的记账汇率。

工作任务

设置外币及汇率：币符为 USD；币名为“美元”；固定汇率为 1∶6.5。

工作步骤

(1) 执行“基础设置→财务→外币种类”命令，打开“外币设置”窗口。

(2) 在“外币设置”窗口中，输入币符：USD；币名：美元。

(3) 单击“确认”按钮。

(4) 在“2020.01”栏中输入6.5，如图3-9所示，按Enter键确认后，退出。

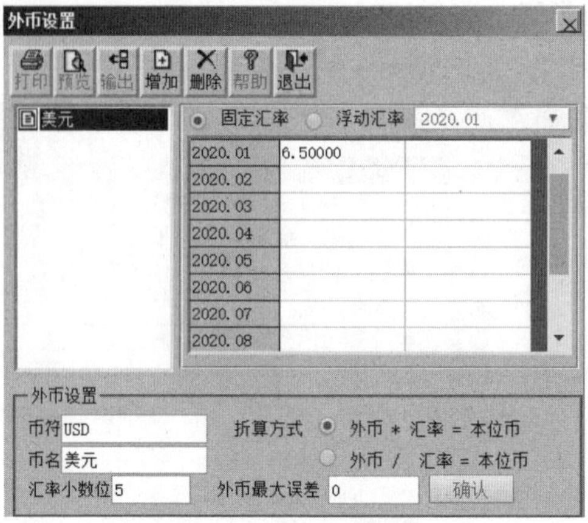

图 3-9 设置外币种类

注意：

❑ 输入汇率时，小数点必须采用英文方式，否则将不能输入。

任务 4.2 设置会计科目

1. 增加会计科目

知识准备

账簿选项设置完成之后，就可以将已整理好的会计科目录入到系统中。一般来说，为了充分体现计算机管理的优势，在企业原有的会计科目基础上，应对以往的一些会计科目的结构进行调整。

1) 设置会计科目一般应遵循以下原则

(1) 会计科目的设置必须满足会计报表编制的要求，凡是报表中需要从总账系统中取得数据的项目，必须设立相应的科目。

(2) 会计科目的设置必须保持科目与科目之间的协调与统一。例如，不能只有下级科目，而没有上级科目。

(3) 会计科目的设置要保持相对稳定，会计年度中不能删除；如果科目已被使用，则不能增加其下一级明细科目。系统中一级会计科目名称应符合国家会计制度的规定。

(4) 设置会计科目要考虑到与子系统的衔接。在总账系统中，只有末级会计科目才允许有发生额，才能接收各个子系统转入的数据，因此，应将各个子系统中的核算科目设置为末级科目。

2) 增加的会计科目的内容

在建立账套时一般会选择预置科目，这样系统中就自动加载了行业一级会计科目，因此企业需要增加的主要是明细科目。增加会计科目时需要输入以下内容。

(1) 科目编码：科目编码必须采用全编码，按其级次的先后次序建立且必须唯一。科目编码只能由数字(0~9)、英文字母(A～Z 及 a～z)及减号(-)、正斜杠(/)表示，其他字符(如 &、空格等)禁止使用。

(2) 科目名称：分为科目中文名称和科目英文名称，可以是汉字、英文字母或数字，也可以是减号(-)、正斜杠(/)，不能输入其他字符。科目中文名称最多可输入 10 个汉字，科目英文名称最多可输入 100 个英文字母。科目中文名称和科目英文名称不能同时为空。输入名称时，只输入本级科目名称。

(3) 科目类型：选择“2013 小企业会计准则”时，科目类型为资产、负债、所有者权益、成本、损益五类。科目类型与科目编码的第一位数字对应。

(4) 账页格式：定义该科目在账簿打印时的默认打印格式。系统提供了金额式、外币金额式、数量金额式、外币数量式 4 种账页格式供选择。一般情况下，有外币核算的科目可设为外币金额式，有数量核算的科目可设为数量金额式，既有外币又有数量核算的科目可设为外币数量式，既无外币又无数量核算的科目可设为金额式。

(5) 助记码：用于帮助记忆科目，在需要录入科目的地方输入助记码，系统可自动将助记码转换成科目名称。这样既可加快录入速度，也可减少汉字的录入量。

(6) 外币核算：用于设定有外币核算的会计科目的外币名称。一个科目只能核算一种外币，有外币核算要求的科目才允许也必须选定外币币名，如果此科目核算的外币币种没有定义，可以单击外币币种下拉选择框旁边的“参照”按钮，进入“外币种类”中进行定义。

(7) 数量核算：用于设定有数量核算的会计科目的数量计量单位。计量单位可以是任何汉字或字符，如千克、件、吨等。

(8) 科目性质(余额方向)：一般情况下，资产类科目的科目性质为借方，负债类科目的科目性质为贷方。科目性质只能在一级科目设置，下级科目的科目性质与其上一级科目的性质相同。已有数据的科目不能再修改科目性质。

(9) 辅助核算：定义本科目是否有其他核算要求。系统除完成一般的总账、明细账核算外，还提供了部门核算、个人往来核算、客户往来核算、供应商往来核算、项目核算 5 种专项核算功能供选用。辅助核算必须设在末级科目上，但为了查询或出账方便，有些科目也可以在末级和上级同时设辅助核算。

这里需要注意的是：一个科目可以同时设置两种专项核算，如“管理费用”既想核算各部门的使用情况，也想了解各项目的使用情况，那么，可以同时设置为部门核算和项目核算；个人往来核算不能与其他专项核算一同设置，客户与供应商核算不能一同设置。

(10) 日记账、银行账：用于说明本科目是否有银行账、日记账的核算要求。有日记账核算要求的会计科目应设置日记账，以便做到日清月结；要进行银行对账的银行科目应设置为银行账，以便进行银行对账。

(11) 受控系统：可以选择某科目受控于某一模块，如应收账款科目可以选择受控于应收系统，表示该科目只能在应收系统使用，其他系统不能使用，则应收账款为应收系统的受控科目，应收系统为应收账款的受控系统。

工作任务

增加会计科目，如表 3-9 所示。

表 3-9　增加会计科目

科目编码	科目名称	辅助核算	方向
100201	工行存款	银行账、日记账	借
100202	中行存款	银行账、日记账、外币核算(美元)	借
140301	空白光盘	数量核算(单位：张)	借
140302	其他原料		借
22210102	转出未交增值税		贷
22210107	进项税额转出		贷
400101	直接材料	项目核算	借
400102	直接人工	项目核算	借
400103	制造费用	项目核算	借
530105	捐赠收入		贷
560305	贴现息		借
571106	对外捐赠		借

工作步骤

(1) 执行“基础设置→财务→会计科目”命令，进入“会计科目”窗口，显示所有预置的一级会计科目。

(2) 单击“增加”按钮，进入“新增科目”窗口。输入科目编码“100201”、科目中文名称“工行存款”；选择“日记账”“银行账”复选框，如图 3-10 所示。

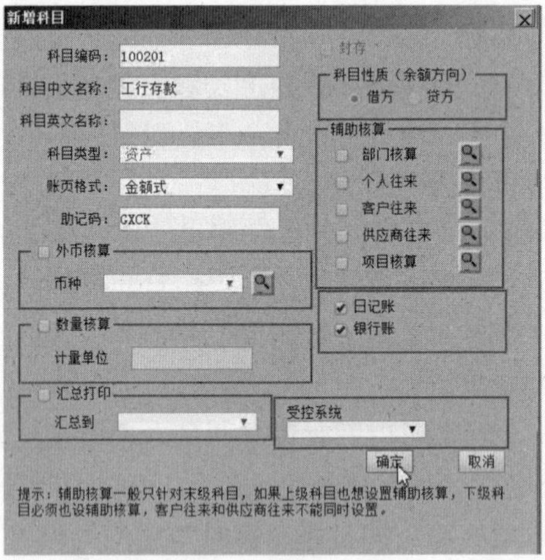

图 3-10　增加会计科目

(3) 单击“确定”按钮。继续单击“增加”按钮，输入表 3-9 中其他明细科目的相关内容。

(4) 全部输入完成后，单击关闭按钮退出。

注意：

- 增加的会计科目编码长度及每段位数要符合编码规则。
- 科目一经使用，就不能再增设下级科目，只能增加同级科目。
- 由于建立会计科目的内容较多，很多辅助核算内容对后面凭证的输入操作会产生影响，因此在建立会计科目时要谨慎，并反复检查。

知识延伸

一般来说，为了充分体现计算机管理的优势，在企业原有的会计科目基础上，应对以往的一些科目结构进行优化调整，充分发挥计算机账务处理子系统提供的辅助核算功能，深化、强化企业的会计核算和会计管理工作。

当企业规模不大，往来业务较少时，可采用和手工方式一样的科目结构及记账方法，即将往来单位、个人、部门、项目通过设置明细科目来进行核算管理；而对于一个往来业务频繁，清欠、清理工作量大，核算要求较严格的企业来说，应该采用总账模块提供的辅助核算功能进行管理，即将这些明细科目的上级科目设为末级科目并设为辅助核算科目，然后将这些明细科目设为相应的辅助核算目录。一个科目设置了辅助核算后，它所发生的每一笔业务将会登记在总账和辅助明细账上。

例如，未使用辅助核算功能的科目设置如表 3-10 所示。

表 3-10　未使用辅助核算功能的科目设置

科目编码	科目名称	科目编码	科目名称
1122	应收账款	1604	在建工程
112201	北京石化公司	160401	办公楼
112202	天津销售分公司	160402	宿舍楼
1221	其他应收款		
122101	差旅费应收款	5602	管理费用
12110101	王坚	560201	办公费
12210102	李默	56020101	A 部门
122102	私人借款	56020102	B 部门
12210201	王坚		
12210202	李默		

那么，在使用总账模块的辅助核算功能进行核算后，可将科目设置为如表 3-11 所示。

表 3-11　使用辅助核算功能的科目设置

科目编码	科目名称	辅助核算
1122	应收账款	客户往来
1221	其他应收款	
122101	差旅费应收款	个人往来
122102	私人借款	个人往来
1604	在建工程	项目核算
5602	管理费用	
560201	办公费	部门核算

2. 修改会计科目

知识准备

当增加的明细科目有错误时，可进行科目修改。对于已经存在的一级会计科目也可通过修改功能补充科目的相应属性。

如果某一会计科目已经被使用，即该科目已经被制过单或已经录入了期初余额，则不能修改该科目的编码、类型、余额方向。

工作任务

修改会计科目，如表 3-12 所示。

表 3-12 修改会计科目

科目编码	科目名称	辅助核算	方向
1001	库存现金	日记账	借
1121	应收票据	客户往来/受控应收系统	借
1122	应收账款	客户往来/受控应收系统	借
1123	预付账款	供应商往来/受控应付系统	借
1221	其他应收款	个人往来	借
2201	应付票据	供应商往来/受控应付系统	贷
2202	应付账款	供应商往来/受控应付系统	贷
2203	预收账款	客户往来/受控应收系统	贷
560101	办公费		借
560103	差旅费		借
560104	折旧费		借
560105	运输费		借
560106	水电费		借
560107	职工薪酬		借
560201	办公费	部门核算	借
560202	差旅费	部门核算	借
560203	招待费	部门核算	借
560209	职工薪酬		借
560210	折旧费		借

工作步骤

(1) 在“会计科目”窗口中，单击要修改的会计科目“1001 库存现金”。

(2) 单击“修改”按钮，进入“修改科目”窗口。

(3) 选中“日记账”复选框，如图 3-11 所示。

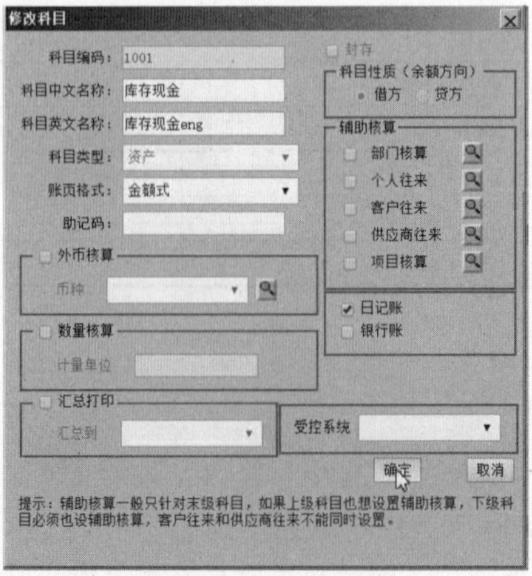

图 3-11 修改会计科目

(4) 单击“确定”按钮。按任务资料修改其他科目的辅助核算属性，修改完成后，单击“返回”按钮。

知识延伸

如果某些会计科目目前暂时不需用或者不适合企业科目体系的特点，可以在未使用之前将其删除。删除会计科目有严格的限制条件。如果某一会计科目已经被使用，即该科目已经被制过单或已经录入了期初余额，则不能直接删除该科目，应当先删除所有涉及该科目的凭证，并将该科目及其下级科目余额清零后才能进行删除的操作。对于非末级科目也不能进行删除操作。

3. 指定会计科目

知识准备

指定会计科目是指定出纳的专管科目，一般指现金科目和银行存款科目。指定科目后，才能执行出纳签字，从而实现现金、银行管理的保密性，才能查看现金、银行存款日记账。

指定会计科目还可以用来指定与现金流量有关的科目。现金流量表的编制有两种方法：一种是利用总账中的现金流量辅助核算；另一种是利用专门的现金流量表软件编制现金流量表。

工作任务

指定会计科目：将“1001 现金”科目指定为现金总账科目；将“1002 银行存款”科目指定为银行总账科目。

工作步骤

(1) 在“会计科目”窗口中，执行“编辑→指定科目”命令，进入“指定科目”窗口。

(2) 单击“现金总账科目”单选按钮。

(3) 单击选中“1001 库存现金”科目，单击“>”按钮，将“1001 库存现金”科目由待选科目选入已选科目。

(4) 单击“银行总账科目”单选按钮，将“1002 银行存款”科目由待选科目选入已选科目，如图 3-12 所示。

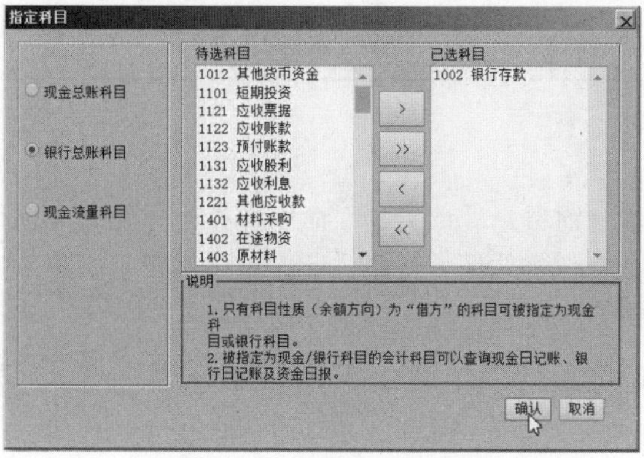

图 3-12　指定会计科目

(5) 单击“确认”按钮。

注意：

- 在指定“现金科目”“银行科目”之前，应在建立“现金”“银行存款”会计科目时选中“日记账”复选框。

任务 4.3 设置凭证类别

知识准备

系统提供 5 种常用分类方式供选择：记账凭证；收款、付款、转账凭证；现金、银行、转账凭证；现金收款、现金付款、银行收款、银行付款、转账凭证；自定义凭证类别。

某些类别的凭证在制单时对科目有一定限制，通常系统有以下 5 种限制类型供选择。

(1) 借方必有：制单时，此类凭证借方至少有一个限制科目有发生额。

(2) 贷方必有：制单时，此类凭证贷方至少有一个限制科目有发生额。

(3) 凭证必有：制单时，此类凭证无论借方还是贷方至少有一个限制科目有发生额。

(4) 凭证必无：制单时，此类凭证无论借方还是贷方不可有一个限制科目有发生额。

(5) 无限制：制单时，此类凭证可使用所有合法的科目。

例如，在会计实务中，“收款凭证”的借方必须是现金或银行存款科目。在计算机方式下，可将“收款凭证”的限制类型设置为“借方必有”，限制科目为现金和银行存款科目。这样做的好处是，在填制一张收款凭证时，若借方出现的不是现金或银行存款科目，则凭证不能保存。

在录入凭证之前，应进行凭证类别的设置；已使用的凭证类别不能删除，也不能修改类别字；若限制科目为非末级科目，则在制单时，其所有下级科目都将受到同样的限制。

工作任务

设置凭证类别，如表 3-13 所示。

表 3-13 设置凭证类别

凭证类别	限制类型	限制科目
收款凭证	借方必有	1001,1002
付款凭证	贷方必有	1001,1002
转账凭证	凭证必无	1001,1002

工作步骤

(1) 执行“基础设置→财务→凭证类别”命令，打开“凭证类别预置”对话框。

(2) 单击“收款凭证 付款凭证 转账凭证”单选按钮，如图 3-13 所示。

(3) 单击“确定”按钮，进入“凭证类别”窗口。

(4) 单击收款凭证“限制类型”栏的下三角按钮，选择“借方必有”；在“限制科目”栏输入“1001,1002”。

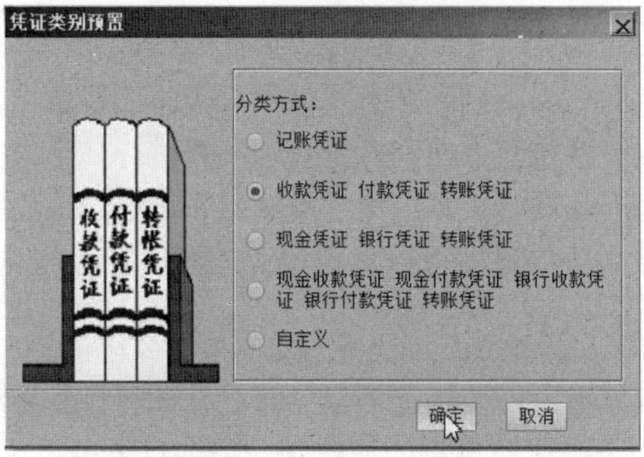

图 3-13　设置凭证类别—选择凭证类别

(5) 同理，设置付款凭证的限制类型“贷方必有”、限制科目“1001,1002”；转账凭证的限制类型“凭证必无”、限制科目“1001,1002”，如图 3-14 所示。

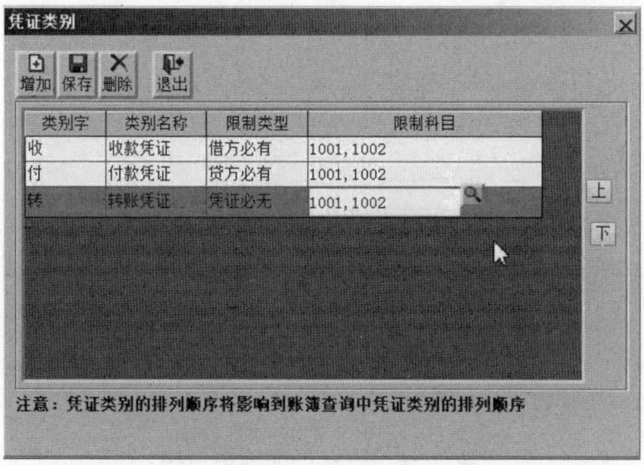

图 3-14　设置凭证类别—设置限制类型及科目

(6) 设置完成后，单击“保存”按钮，退出。

任务 4.4　设置项目目录

知识准备

一个企业中，项目种类可能多种多样，如在建工程、对外投资、技术改造等。为了满足企业的实际需要，在总账系统中，借助于计算机处理数据的特点，设计了项目核算与管理功能。

项目核算是账务系统辅助核算管理的一项重要功能，企业可以将具有相同特性的一类项目定义成一个项目大类，一个项目大类可以核算多个项目，企业可以对这些项目进行分级管理。借助项目管理，可以方便地实现按项目归集收入和成本，而且为这些成本费用及收入情况的管理提供了快速、方便的辅助手段。

要实现项目核算及管理就必须在设置会计科目时，根据需要将进行项目核算的科目(如在建工程、主营业务收入、生产成本等)设置为项目辅助核算类会计科目，而后在项目档案设置中具体设置项目大类、指定核算科目、定义项目分类、定义项目目录等。

1. 设置项目大类

项目大类即项目核算的分类类别。在设置项目大类时应注意，项目大类是该类项目的总称，而不是会计科目名称。系统允许在同一企业中同时进行几个大类的项目核算，例如，某单位将其第一类项目设为产品项目核算，第二类项目设为在建工程核算，这两类项目核算的内容是不同的。通过项目大类的设置可以确定企业需要进行哪几类项目核算。

2. 指定核算科目

指定核算科目就是具体指定需要进行项目核算的会计科目。系统约定，一个项目大类可以指定多个会计科目，一个会计科目只能指定到一个项目大类。

3. 定义项目分类

为了便于统计，可以对同一项目大类下的项目进行进一步划分，这就需要进行项目分类定义。

4. 定义项目目录

定义项目目录是将各个项目大类中的具体项目输入系统，具体输入的内容取决于项目中所定义的栏目中拟定义的栏目名称或数据。

系统中所提供的“维护”功能主要用于录入各个项目的名称及定义的其他数据，因此平时项目目录若有变动应及时在本功能中进行调整。在每年年初应将已结算或不用的项目删除。

工作任务

设置产品项目目录，如表3-14所示。

表3-14　设置产品项目目录

设置步骤	设置内容
项目大类	产品类
核算科目	直接材料(400101) 直接人工(400102) 制造费用(400103)
项目分类	1. 学习类软件 2. 游戏类软件
项目名称	101 ERP应用多媒体课件(所属分类：1) 102 程序设计多媒体课件(所属分类：1)

工作步骤

1. 设置项目大类

(1) 执行“基础设置→财务→项目目录”命令，进入“项目档案”窗口。

(2) 默认“普通项目”，单击“增加”按钮，打开“项目大类定义_增加”对话框。

(3) 输入新项目大类名称为“产品类”，如图3-15所示。

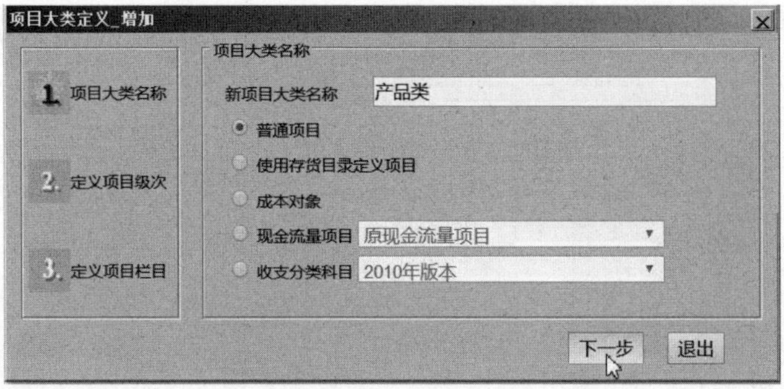

图 3-15　设置项目目录—项目大类

(4) 单击“下一步”按钮，其他设置均采用系统默认值。最后单击“完成”按钮，返回“项目档案”窗口。

2. 指定核算科目

(1) 在“项目档案”窗口中，选择“核算科目”。

(2) 在“项目大类”文本框中输入“产品类”。

(3) 分别选择要参加核算的科目：“400101 直接材料”“400102 直接人工”“400103 制造费用”。

(4) 单击“↓”按钮，将待选科目选入已选科目，如图 3-16 所示。单击“确定”按钮，提示保存成功。

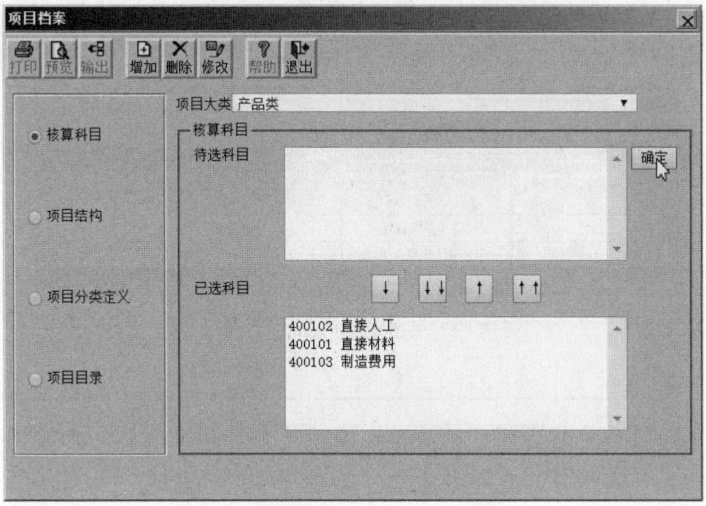

图 3-16　设置项目目录—核算科目

3. 定义项目分类

(1) 在“项目档案”窗口中，选择“项目分类定义”。

(2) 单击右下角的“增加”按钮，输入分类编码“1”、分类名称“学习类软件”，如图 3-17 所示。

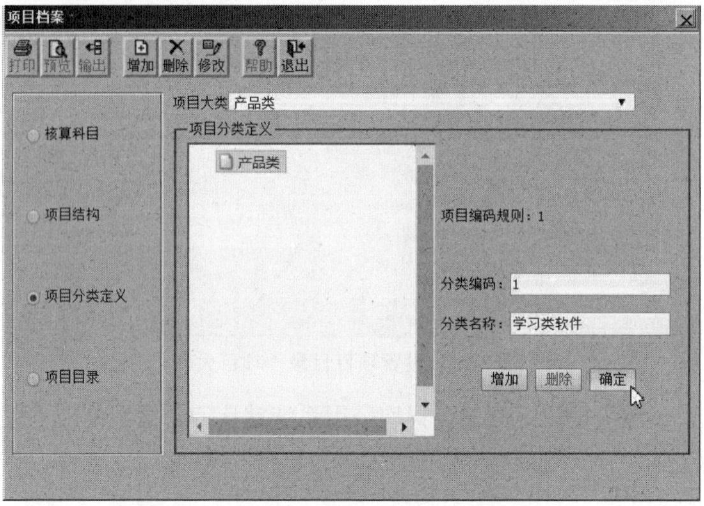

图 3-17　设置项目目录—项目分类

(3) 单击“确定”按钮。同理定义“2 游戏类软件”项目分类。

4. 定义项目目录

(1) 在“项目档案”窗口中，选择“项目目录”。

(2) 单击“维护”按钮，进入“项目目录维护”窗口。

(3) 单击“增加”按钮，输入项目编号“101”、项目名称“ERP 应用多媒体课件”；选择所属分类码“1”。

(4) 同理，继续增加“102 程序设计多媒体课件”项目档案，如图 3-18 所示。

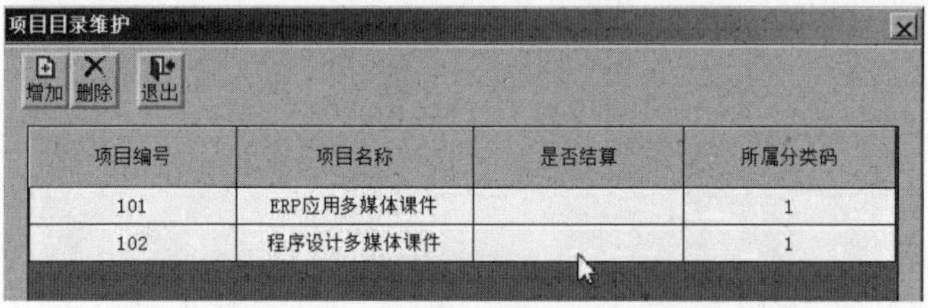

图 3-18　设置项目目录—项目目录

注意：

- 项目大类的名称是该类项目的总称，而不是会计科目名称，如在建工程按具体工程项目核算，其项目大类名称应为“工程项目”而不是“在建工程”。
- 一个项目大类可指定多个科目，一个科目只能指定一个项目大类。
- 为了便于统计，可对同一项目大类下的项目进行进一步划分，即定义项目分类。若无分类，也必须定义项目分类为“无分类”。
- 标识结算后的项目将不能再使用。

任务 5 设置收付结算档案

任务 5.1 设置结算方式

知识准备

该功能用来建立和管理在经营活动中所涉及的货币结算方式。它与财务结算方式一致，如现金结算、支票结算等。设置结算方式主要是为了便于银行对账和票据管理。

设置结算方式需设置结算方式编码及结算方式名称，结算方式最多可以分为2级。票据管理的标志可以根据实际情况进行选择。

工作任务

设置结算方式，如表3-15所示。

表3-15 设置结算方式

结算方式编码	结算方式名称	票据管理
1	现金结算	否
2	票据结算	否
201	支票	否
202	银行汇票	否
3	汇兑	否
4	其他	否

工作步骤

(1) 执行"基础设置→收付结算→结算方式"命令，打开"结算方式"窗口。

(2) 在"结算方式"窗口中，单击"增加"按钮。

(3) 输入结算方式信息。输入类别编码：1；类别名称：现金结算，如图3-19所示。

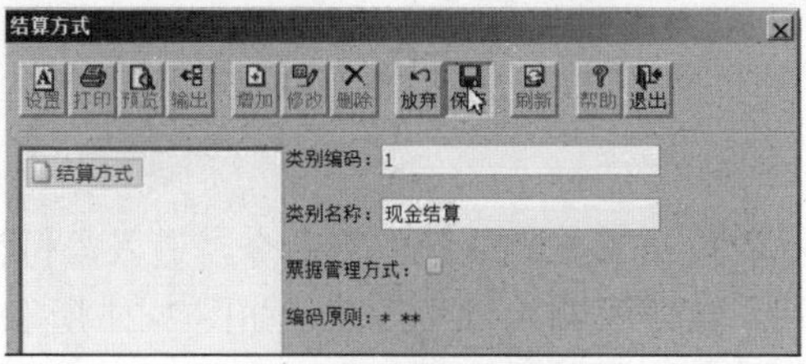

图3-19 设置结算方式

(4) 单击"保存"按钮。同理，增加其他结算方式信息。

任务 5.2 设置开户银行

知识准备

开户银行用于设置企业在收付结算中对应的开户银行信息。开户银行信息主要包括编号、开户银行、银行账号等。

工作任务

设置开户银行的编码为“01”；名称为“工商银行北京分行上地支行”；账号为“24678885688932”。

工作步骤

(1) 执行“基础设置→收付结算→开户银行”命令，打开“开户银行”窗口。

(2) 在“开户银行”窗口中，输入编码：01；开户银行：工商银行北京分行上地支行；账号：24678885688932，如图 3-20 所示。

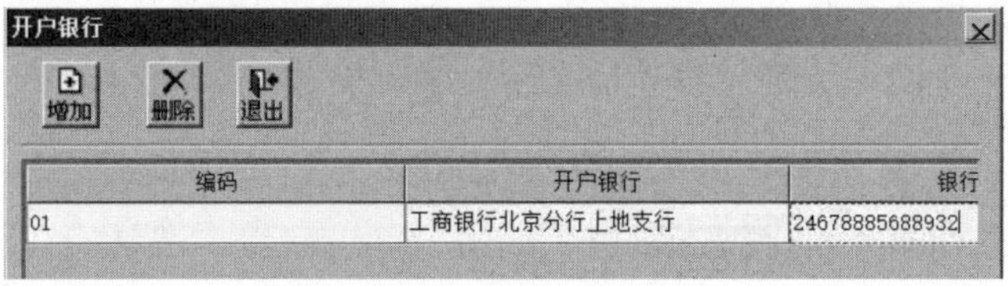

图 3-20 设置开户银行

(3) 单击“退出”按钮。

任务 5.3 设置付款条件

知识准备

付款条件也叫现金折扣，用来设置企业在经营过程中与往来单位协议规定的收、付款折扣优惠方法。这种折扣条件通常可表示为“5/10,2/20,n/30”，意思是客户在 10 天内偿还货款，可得到 5%的折扣；在 20 天内偿还货款，可得到 2%的折扣；在 30 天内偿还货款，则需按照全额支付货款；在 30 天以后偿还货款，则不仅要按全额支付货款，还可能要支付延期付款的利息或违约金。

工作任务

设置付款条件为“2/10,1/20,n/30”；编码为“01”。

工作步骤

(1) 执行“基础设置→收付结算→付款条件”命令，进入“付款条件”窗口。

(2) 单击“增加”按钮，按要求输入付款条件，如图 3-21 所示。

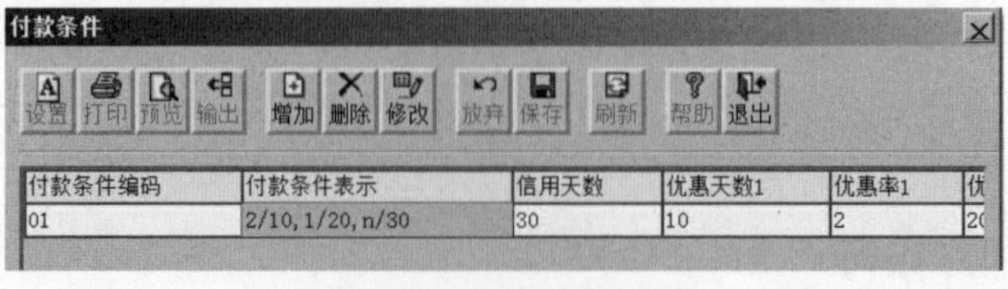

图 3-21 设置付款条件

实训应用

实训二　基础档案设置

【实训目的】

1. 理解基础档案在会计信息化应用中的作用。

2. 熟悉部门档案、职员档案、客户和供应商分类、客户和供应商档案、外币汇率、结算方式、付款条件和开户银行等档案的设置。

3. 掌握会计科目、凭证类别、项目档案的设置。

【实训要求】

以账套主管郑通(编号：6601；密码：1)的身份进行基础设置操作。

【实训内容】

1. 设置部门档案(见表3-16)

表3-16　设置部门档案

部门编码	部门名称	部门编码	部门名称
1	企管办	4	销售处
2	财务处	5	生产处
3	采购处	6	仓管处

2. 设置职员档案(见表3-17)

表3-17　设置职员档案

职员编号	职员姓名	所属部门	职员属性	职员编号	职员姓名	所属部门	职员属性
101	汪　涵	企管办	总经理	401	孟晓菲	销售处	处长
201	郑　通	财务处	处长	402	田晓宾	销售处	销售员
202	贺　敏	财务处	会计	501	赵晓宁	生产处	生产工人
203	孙　娟	财务处	出纳	502	陈　红	生产处	生产工人
301	张海涛	采购处	处长	601	马　芳	仓管处	处长
302	魏大鹏	采购处	采购员	602	潘小小	仓管处	库管员

3. 设置客户分类(见表3-18)

表3-18　设置客户分类

客户分类编码	客户分类名称
01	批发商
02	代理商
03	零散客户

4. 设置客户档案(见表 3-19)

表 3-19 设置客户档案

客户编号	客户名称	客户简称	所属分类码	税号	开户银行	账号
001	北方管理软件学院	软件学院	01	151324675894451223	工行北京清河支行	11015892349290
002	上海创远软件公司	创远公司	01	349429839101141256	工行上海浦东支行	22100032341823
003	天津图书城	天津图书	02	120324324234211378	工行天津河西支行	10210499852671

5. 设置供应商档案(见表 3-20)

表 3-20 设置供应商档案

供应商编号	供应商名称	供应商简称	所属分类码	税号	开户银行	账号
001	北京大华印刷厂	北京大华	00	110108534875344890	工行北京小营支行	10543982199780
002	沈阳联诚电子城	沈阳联诚	00	110843543722553206	工行沈阳东街支行	43828943234632
003	北京速达快递公司	北京速达	00	335643509652559021	工行北京东升支行	90288909134207

6. 设置外币汇率

本企业采用固定汇率核算外币，外币只涉及欧元一种，欧元币符为 EUR，2020 年 1 月初汇率为 8.0。

7. 设置会计科目(见表 3-21)

表 3-21 设置会计科目

科目编码	科目名称	辅助核算	方向
1001	库存现金	日记账	借
100201	人民币户	银行账、日记账	借
100202	欧元户	银行账、日记账、外币(欧元)	
1121	应收票据	客户往来/受控应收系统	借
1122	应收账款	客户往来/受控应收系统	借
1123	预付账款	供应商往来/受控应付系统	借
1221	其他应收款	个人往来	借
140301	空白光盘	数量核算(单位：张)	借
140302	包装纸	数量核算(单位：包)	借
2201	应付票据	供应商往来/受控应付系统	贷
2202	应付账款	供应商往来/受控应付系统	贷

(续表)

科目编码	科目名称	辅助核算	方向
2203	预收账款	客户往来/受控应收系统	贷
400101	直接材料	项目核算	借
400102	直接人工	项目核算	借
400103	制造费用	项目核算	借
530105	捐赠收入		贷
560101	办公费		借
560102	差旅费		借
560103	折旧费		借
560104	职工薪酬		借
560105	水电费		借
560106	运输费		借
560107	广告费		借
560108	其他		借
560201	办公费	部门核算	借
560202	差旅费	部门核算	借
560203	折旧费		借
560204	职工薪酬		借
560205	招待费		借
560206	水电费		借
560207	税金		借
560208	其他		借
560305	贴现息		借
571106	罚没支出		借
571107	对外捐赠		借

说明：

将1001指定为现金科目；将1002指定为银行科目。管理费用明细科目设置后将多余的明细科目删除。

8. 设置凭证类别(见表 3-22)

表 3-22 设置凭证类别

凭证分类	限制类型	限制科目
收款凭证	借方必有	1001,1002
付款凭证	贷方必有	1001,1002
转账凭证	凭证必无	1001,1002

9. 设置项目目录(见表 3-23)

表 3-23　设置项目目录

设置步骤	设置内容
项目大类	产品类
核算科目	直接材料(400101) 直接人工(400102) 制造费用(400103)
项目分类	1. 教学课件 2. 工具软件
项目名称	Java 语言多媒体课件(所属分类：1) Python 语言多媒体课件(所属分类：1)

10. 设置结算方式(见表 3-24)

表 3-24　设置结算方式

结算方式编码	结算方式名称	票据管理
1	现金结算	否
2	支票结算	否
201	现金支票	否
202	转账支票	否
3	银行汇票	否
4	商业汇票	否
401	商业承兑汇票	否
402	银行承兑汇票	否
5	汇兑	否
6	其他	否

11. 设置付款条件(见表 3-25)

表 3-25　设置付款条件

编码	信用天数	优惠天数 1	优惠率 1	优惠天数 2	优惠率 2	优惠天数 3	优惠率 3
01	20	10	1				

12. 设置开户银行

设置开户银行的编码为“01”，名称为“工行北京中关村分理处”，账号为“83165879627890”。

巩固提高

一、单选题

1. 下列企业基础信息的设置，顺序错误的是(　　)。

A. 会计科目→凭证类别　　　　B. 部门档案→职员档案

C. 客户分类→客户档案　　　　　　　D. 会计科目→外币

2. 若会计科目的编码方案为3-2-2，则下列正确的编码为(　　)。

A. 1010101　　　B. 102002　　　C. 101101　　　D. 102021

3. “2013小企业会计准则”中规定的一级科目编码的第一位表示“负债类”科目的编号是(　　)。

A. 1　　　B. 2　　　C. 3　　　D. 4

4. “管理费用”科目通常设置的辅助核算是(　　)。

A. 个人往来　　　B. 部门核算　　　C. 项目核算　　　D. 客户往来

5. 对于收款凭证，通常选择(　　)限制类型。

A. 借方必有　　　B. 贷方必有　　　C. 凭证必有　　　D. 凭证必无

二、多选题

1. 在财务软件中，建立会计科目时，输入的基本内容包括(　　)。

A. 科目编码　　　B. 科目名称　　　C. 科目类型　　　D. 账页格式

2. 下列关于会计科目编码的描述，正确的是(　　)。

A. 会计科目编码必须采用全编码　　　B. 一级会计科目编码由财政部统一规定

C. 设置会计科目应从明细科目开始　　　D. 科目编码可以不用设定

3. 账页格式一般有(　　)。

A. 金额式　　　B. 外币金额式　　　C. 数量金额式　　　D. 数量外币式

4. 下列关于会计科目的描述中，错误的有(　　)。

A. 要修改和删除某会计科目，应先选中该会计科目

B. 科目一经使用，即已经输入凭证，则不允许修改或删除该科目

C. 有余额的会计科目可直接修改

D. 删除会计科目应从一级科目开始

5. 系统提供的凭证限制类型包括(　　)。

A. 借方必有　　　B. 贷方必有　　　C. 凭证必有　　　D. 凭证必无

三、判断题

1. 职员档案主要用于本单位职员的个人信息资料，设置职员档案可以方便地进行个人往来核算和管理等操作。(　　)

2. 凭证类别的限制类型必须设置。(　　)

3. 科目一经使用，仍然可以增加下级科目。(　　)

4. 删除会计科目时应先删除上一级科目，然后再删除本级科目。(　　)

5. 科目一经使用，即已经输入凭证，则不允许修改或删除该科目。(　　)

四、简答题

1. 按照财务业务一体化管理软件的要求，财务部分和业务部分的基础档案分别包括哪些？

2. 会计科目设置的内容有哪些？

3. 指定会计科目的作用有哪些？

4. T3 会计信息化软件中，会计科目的辅助核算功能具有哪些优势？通常说的五大辅助核算是指什么？哪些会计科目会设置这些辅助核算？

5. 简述建立项目档案的步骤。

6. T3 会计信息化软件中通常可设置哪些凭证类别？“收、付、转”3 种凭证类别通常需设置的限制类型和限制科目是什么？

7. 某服装加工企业设有销售一部和销售二部两个销售部门；加工男装和女装两类服装，其中男装分为西服和衬衫两种产品，女装分为风衣和长裙两种产品。请结合上述资料，按要求回答以下问题。

(1) 企业需要对各个销售部门和各种产品的销售收入与销售成本进行核算与统计分析，请说明应该对哪些科目设置辅助核算及设置何种辅助核算。

(2) 为了达到以上核算与管理要求，应该设置哪些基础档案？

项目 4

总 账 管 理

学习目标

通过本项目的学习，学员应具备如下能力：

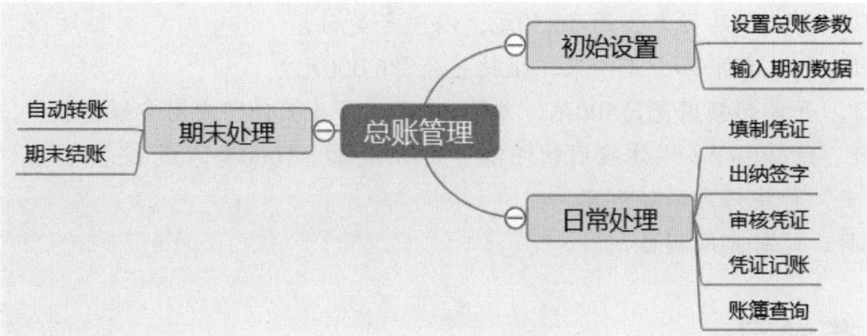

情境案例

2020年1月1日，日盛科技财务部账套主管刘方带领相关岗位人员进行T3软件总账模块初始设置工作。整理相关数据如下。

1. 部分财务会计制度规定

收付款凭证必须出纳签字；所有凭证必须审核签字。

2. 2020 年 1 月 1 日资产负债表期初余额(见表 4-1)

表 4-1　2020 年 1 月 1 日资产负债表期初余额

资产	期初余额	权益	期初余额
库存现金	7 800	短期借款	300 000
银行存款	3 260 000	应付账款	29 000
应收票据	92 800		
应收账款	104 400		
其他应收款	6 000	实收资本	4 000 000
原材料	120 000	利润分配	907 000
库存商品	570 000		
生产成本	450 000		

(续表)

资产	期初余额	权益	期初余额
固定资产	750 000		
累计折旧	(贷)125 000		
合计	5 236 000	合计	5 236 000

3. 1月发生的经济业务

(1) 3日，财务部李强从工行提取现金5 000元，作为备用金(现金支票号：41237890)。

(2) 5日，收到太平洋集团投资资金50 000美元，汇率1:6.5(转账支票号：45789021)。

(3) 7日，采购部宋刚采购空白光盘6 000张，每张5元，材料直接入库，货款以银行存款支付(转账支票号：89023415)(适用税率：13%)。

(4) 10日，销售部赵宁售给北京元和公司ERP多媒体软件1000套，每套200元，货款未收，发票号为89026541(适用税率：13%)。

(5) 12日，支付上月从北京顺达购买光盘的货税款16 950元，收到转账支票一张(转账支票号23679032)。

(6) 14日，行政部购买办公用品850元，以现金支付。

(7) 16日，行政部张涛出差归来，报销差旅费6 000元。

(8) 18日，开发部领用光盘500张，单价5元，用于生产ERP应用多媒体软件。

(9) 31日，结转ERP多媒体应用软件销售成本(数量：1000套，成本：80元)。

(10) 31日，计提短期借款利息。

(11) 31日，结转期间损益。

任务学习

总账管理模块是会计信息化软件的核心系统，适合于各行各业进行账务核算及管理工作。总账系统既可独立运行，也可同其他系统协同运转。

总账管理模块的功能包括总账初始设置、总账日常业务处理和总账期末业务处理三部分。

- 总账初始设置包括设置总账参数、输入期初数据等内容。
- 总账日常业务处理包括填制凭证、出纳签字、审核凭证、记账、账簿查询等相关内容。其中，填制凭证、审核凭证、记账是总账日常业务中必须按顺序进行的三项工作，应重点把握。
- 总账期末处理包括期末自动转账、对账及试算平衡、期末结账等功能。其中，自动转账和期末结账应重点掌握。

任务1 总账初始设置

任务1.1 设置总账参数

知识准备

首次使用总账管理系统时，需要确定反映企业具体核算要求的各种参数。通过选项设置定义总账管理系统的输入控制、处理方式、数据流程、输出格式等。总账管理系统中按控制内容将总账选项归并为凭证、账簿、会计日历和其他4类内容。

1. 凭证

1) 制单控制

制单控制限定了在填制凭证时系统应对哪些操作进行控制，主要包括如下内容。

- 制单序时控制：选中该项意味着填制凭证时，随凭证编号的递增凭证日期按由小到大的顺序排列。
- 支票控制：若选择此项，在制单时录入了未在支票登记簿中登记的支票号，系统将提供登记支票登记簿的功能。
- 资金及往来赤字控制：若选择此项，则在制单时，当现金、银行科目的最新余额出现负数时，系统将予以提示。
- 制单权限控制到科目：系统允许设置有制单权限的操作员可以使用某些特定科目制单。
- 允许修改、作废他人填制的凭证：选择该项，当前操作员可以修改或作废非本人填制的凭证。
- 可以使用其他系统受控科目：某系统的受控科目其他系统是不能用来制单的，如客户往来科目一般为应收系统的受控科目，总账系统是不能使用此类科目进行制单的。

2) 凭证控制

- 打印凭证页脚姓名：设置在打印凭证时是否自动打印制单人、出纳、审核人、记账人的姓名。
- 凭证审核控制到操作员：有些时候，希望对审核权限做进一步细化，如只允许某操作员审核其本部门操作员填制的凭证而不能审核其他部门操作员填制的凭证时，则应选择此选项。
- 出纳凭证必须经由出纳签字：若选择了此项，则含有现金、银行科目的凭证必须由出纳人员通过“出纳签字”功能对其核对签字后才能记账。

3) 凭证编号方式

系统在填制凭证功能中一般按照凭证类别按月自动编制凭证编号，即“系统编号”，但有的企业需要系统允许在制单时手工录入凭证编号，即“手工编号”。

4) 外币核算

如果企业有外币业务，则应选择相应的汇率方式为固定汇率或浮动汇率。选择固定汇率，日常业务按月初汇率处理，月末进行汇兑损益调整；选择浮动汇率，日常业务按当日汇率折算本位币金额，月末无须进行调整。

2. 账簿

- 打印位数宽度：定义正式账簿打印时摘要、金额、外币、数量、汇率、单价各栏目的宽度。

- 明细账查询权限控制到科目：有些时候，希望对查询和打印权限做进一步细化，如只允许某操作员查询或打印某科目明细账而不能查询或打印其他科目的明细时，则应选择此选项。
- 凭证、账簿套打：打印凭证、正式账簿时是否使用套打纸进行打印。套打纸是指用友公司为总账系统专门印制的带格线的各种凭证、账簿。选择套打纸打印，无须打印表格线，打印速度快且美观。

3. 会计日历

在会计日历标签中，可以查看各会计期间的起始日期与结束日期，以及启用会计年度和日期。此处仅能查看会计日历的信息，如需修改请到系统管理中进行。

4. 其他

- 数量、单价小数位设置：决定在制单或查账时系统对于数量、单价小数位的显示形式。
- 部门/个人/项目排序方式：决定在查询相关账目时，是按编码排序还是按名称排序。

工作任务

设置总账参数“出纳凭证必须经由出纳签字”。

工作步骤

以账套主管刘方身份登录信息门户。输入或选择如下信息：操作员“5501”；密码“1”；账套“555 日盛公司账套”；会计年度“2020”；日期“2020-01-01”。

(1) 执行“总账→设置→选项”命令，打开“选项”对话框。

(2) 单击“凭证”选项卡，单击选择“出纳凭证必须经由出纳签字”选项，如图4-1所示。

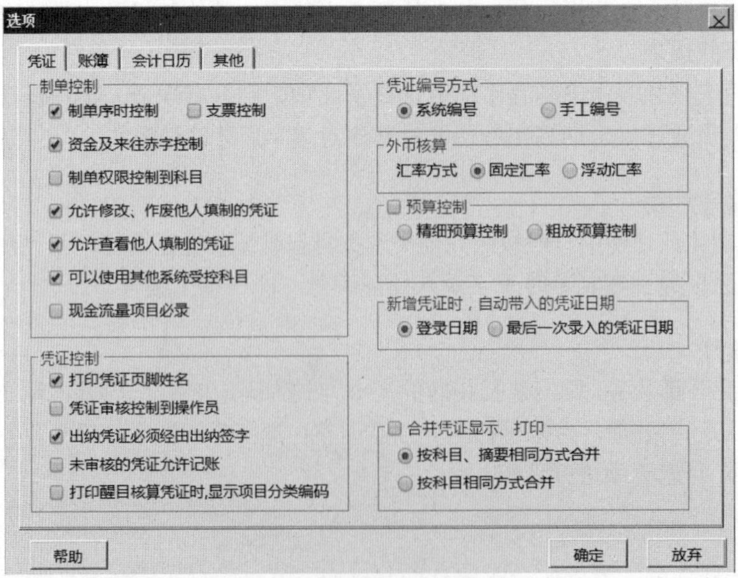

图4-1　设置总账参数

(3) 单击“确定”按钮。

任务 1.2　输入期初数据

知识准备

企业账套建立之后，还需要在系统中建立基础档案和各账户的余额数据，才能继续手工业务处理进程。各账户余额数据的准备与总账启用的会计期间相关。

1. 期初数据的内容

总账管理模块需要输入的期初数据包括期初余额和累计发生额。企业建账时间不同，所输入的期初数据也有所不同。

1) 年初建账(1 月建账)

如果选择年初建账，只需要准备各账户上年年末的余额作为新一年的期初余额即可，且年初余额和月初余额是相同的。例如，某企业选择 2019 年 1 月启用总账，则只需要整理该企业 2018 年 12 月末各账户的期末余额作为 2019 年 1 月初的期初余额，因为本年没有累计数据发生，因此月初余额同时也是 2019 年年初余额。

2) 年中建账(2～12 月建账)

如果选择年中建账，不仅要准备各账户启用会计期间上一期的期末余额作为启用期的期初余额，还要整理自本年度开始截至启用期的各账户累计发生数据。例如，某企业 2019 年 8 月开始启用总账子系统，那么，应将该企业 2019 年 7 月末各科目的期末余额及 1～7 月的累计发生额整理出来，作为计算机系统的期初数据录入总账模块中，系统将自动计算年初余额。

2. 录入期初数据

1) 无辅助核算科目期初余额录入

余额和累计发生额的录入要从最末级科目开始，上级科目的余额和累计发生数据由系统自动计算。如果某科目为数量、外币核算，应录入期初数量、外币余额，而且必须先录入本币余额，再录入数量、外币余额。若期初余额有外币、数量余额，则必须有本币余额。红字余额用负号输入。

2) 有辅助核算科目期初余额录入

在录入期初余额时，对于设置为辅助核算的科目，系统会自动为其开设辅助账页。相应地，在输入期初余额时，这类科目总账的期初余额是由辅助账的期初明细汇总而来的，即不能直接输入总账期初数。

3. 进行试算平衡

期初数据输入完毕后应进行试算平衡。如果期初余额试算不平衡，可以填制、审核凭证，但不能进行记账处理。因为企业信息化时，初始设置工作量大、占用时间比较长，为了不影响日常业务的正常进行，故允许在初始化工作未完成的情况下进行凭证的填制。

凭证一经记账，期初数据便不能再修改。

工作任务

1. 输入无辅助核算科目期初余额(见表 4-2)

表 4-2 无辅助核算科目期初余额

科目名称	期初余额(借)	科目名称	期初余额(贷)
库存现金(1001)	7 800	短期借款(2001)	300 000
工行存款(100201)	3 000 000		
中行存款(100202)	(人民币)260 000 (美元)40 000	实收资本(3001)	4 000 000
空白光盘(140301)	(数量：20000)100 000	未分配利润(310415)	902 650
其他原料(140302)	20 000		
库存商品(1405)	570 000		
固定资产(1601)	750 000		
累计折旧(1602)	(贷)125 000		

2. 输入有辅助核算科目期初余额

会计科目：1221 其他应收款　　余额：借 6 000 元

日期	部门	个人	摘要	方向	期初余额
2019-12-25	行政部	张涛	出差借款	借	6 000

会计科目：1121 应收票据　　余额：借 90 400 元

日期	客户	摘要	方向	金额
2019-12-21	北京元和	销售商品	借	90 400

会计科目：1122 应收账款　　余额：借 101 700 元

日期	客户	摘要	方向	金额
2019-12-24	沈阳智宏	销售商品	借	101 700

会计科目：2202 应付账款　　余额：贷 28 250 元

日期	供应商	摘要	方向	金额
2019-12-26	北京顺达	购买商品	贷	16 950
2019-12-31	上海明辉	应付暂估	贷	11 300

会计科目：4001 生产成本　　余额：借 450 000 元

科目名称	ERP 应用多媒体软件	程序设计多媒体软件	合计
直接材料(400101)	65 000	55 000	120 000
直接人工(400102)	150 000	100 000	250 000
制造费用(400103)	50 000	30 000	80 000
合计	265 000	185 000	450 000

3. 试算平衡

资产合计=权益合计=5 230 900。

工作步骤

1. 输入无辅助核算科目期初余额

(1) 执行“总账→设置→期初余额”命令，进入“期初余额录入”窗口。

(2) 输入“1001 库存现金”科目的期初余额 7 800，按 Enter 键确认，如图 4-2 所示。

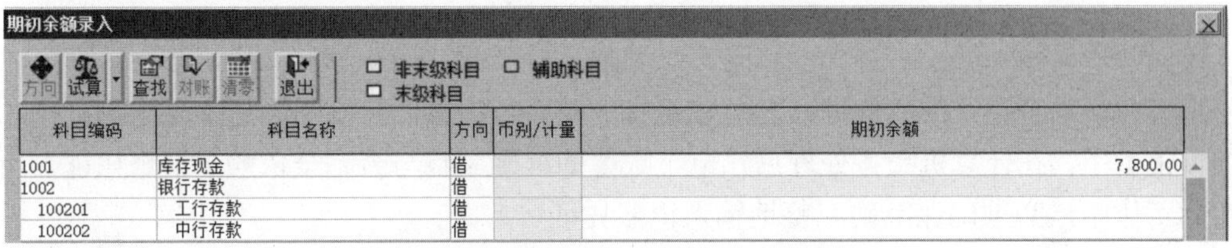

图 4-2 输入无辅助核算科目期初余额

(3) 同理，输入资料中其他无辅助核算科目的期初余额。

2. 输入有辅助核算科目期初余额

(1) 执行“总账→设置→期初余额”命令，进入“期初余额录入”窗口。

(2) 双击“其他应收款”的期初余额栏，进入“个人往来期初”窗口。

(3) 单击“增加”按钮。输入资料中的“其他应收款”的辅助核算信息，如图 4-3 所示。

图 4-3 输入辅助核算科目期初余额

(4) 单击“退出”按钮，辅助核算初始余额自动汇总到总账科目中。

(5) 同理，输入资料中其他辅助核算科目的期初余额。

3. 试算平衡

(1) 输完所有科目余额后，在“期初余额录入”窗口，单击“试算”按钮，打开“期初试算平衡表”对话框。

(2) 单击“确认”按钮。若期初余额不平衡，则修改期初余额直到平衡为止，如图4-4所示。

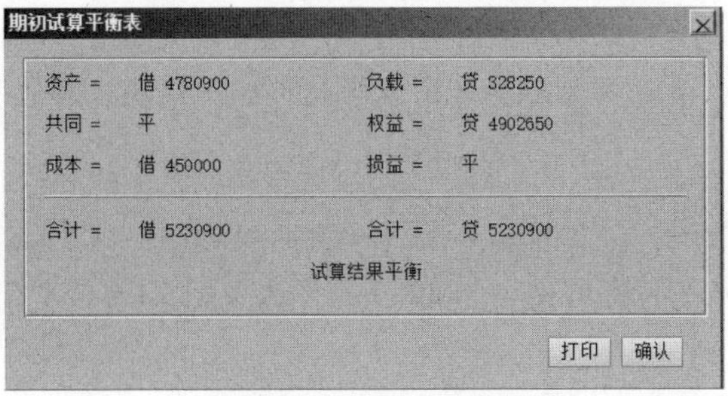

图 4-4 试算平衡

任务 2 总账日常业务处理

任务 2.1 填制凭证

知识准备

记账凭证是登记账簿的依据，是总账系统的主要数据来源，而填制凭证又是最基础和频繁的日常工作。在计算机账务处理后，电子账簿的准确完整与否完全依赖于记账凭证，所以在实际工作中，必须确保准确完整地输入记账凭证。

记账凭证一般包括两部分：一是凭证头部分，包括凭证类别、凭证编号、凭证日期和附单据数等；二是凭证体部分，包括摘要、科目、辅助核算信息和金额等。

1) 凭证头

(1) 凭证类别：可以输入凭证类别字，也可以参照输入。

(2) 凭证编号：一般情况下，由系统按凭证类别按月自动编制，即每类凭证每月都从0001号开始。如果在总账参数中设置凭证编号方式为“手工编号”，则用户可在此处手工录入凭证编号。

(3) 制单日期：即填制凭证的日期。凭证日期应大于等于总账模块启用日期，小于等于系统日期。

(4) 附单据数：输入当前凭证所附原始单据张数。

2) 凭证体

(1) 摘要：输入本笔分录的业务说明，要求简洁明了且不能为空。凭证中的每个分录行都必须有摘要，各行摘要可以不同。

(2) 科目：输入或参照输入末级科目编码，系统自动将其转换为中文名称。也可以直接输入中文科目名称、英文科目名称或助记码。

(3) 辅助核算信息：对于设置了辅助核算的科目，系统提示输入相应的辅助核算信息。

(4) 金额：即该笔分录的借方或贷方本币发生额，金额不能为零，但可以是红字，红字金额以负数形式输入。凭证上的借方金额合计要与贷方金额合计相等，否则不能保存。

工作任务

说明：

以下9笔业务会计分录重点体现会计信息化软件的不同操作特点，没有涵盖该月的全部业务。

1. 业务 1—银行科目

3 日，财务部李强从工行提取现金 5 000 元，作为备用金(现金支票号：41237890)(付款凭证摘要：提现)。

借：库存现金(1001)　　　　5 000

　　贷：银行存款/工行存款(100201)　　　　5 000

2. 业务 2—外币核算

5 日，收到太平洋集团投资资金 50 000 美元，汇率 1:6.5(转账支票号：45789021)(收款凭证摘要：收到投资)。

借：银行存款/中行存款(100202)　　325 000
　　贷：实收资本(3001)　　325 000

3. 业务 3—数量核算

7 日，采购部宋刚采购空白光盘 6000 张，每张 5 元，材料直接入库，货款以银行存款支付(转账支票号：89023415)(适用税率：13%)(付款凭证摘要：购空白光盘)。

借：原材料/空白光盘(140301)　　30 000
　　应交税费/应交增值税/进项税额(22210101)　　3 900
　　贷：银行存款/工行存款(100201)　　33 900

4. 业务 4—客户往来核算

10 日，销售部赵宁售给北京元和公司 ERP 多媒体软件 1000 套，每套 200 元，货款未收，发票号为 89026541(适用税率：13%)(转账凭证摘要：销售软件)。

借：应收账款(1122)　　226 000
　　贷：主营业务收入(5001)　　200 000
　　　　应交税费/应交增值税/销项税额(22210106)　　26 000

5. 业务 5—供应商往来核算

12 日，支付上月从北京顺达购买光盘的货税款 16 950 元，开出转账支票一张(转账支票号：23679032)(转账凭证摘要：支付欠货款)。

借：应付账款(2202)　　16 950
　　贷：银行存款/工行存款(100201)　　16 950

6. 业务 6—部门核算

14 日，行政部购买办公用品 850 元，以现金支付(转账凭证摘要：购办公用品)。

借：管理费用/办公费(560201)　　850
　　贷：库存现金(1001)　　850

7. 业务 7—个人往来核算

16 日，行政部张涛出差归来，报销差旅费 6 000 元。其中，火车票共计 1 090 元，计算可抵扣增值税为 90 元(1 090/(1+9%)*9%=90)(转账凭证摘要：报销差旅费)。

借：管理费用/差旅费(560202)　　5 910
　　应交税费/应交增值税/进项税额(22210101)　　90
　　贷：其他应收款(1221)　　6 000

8. 业务 8—项目核算

18 日，开发部领用光盘 500 张，单价 5 元，用于生产 ERP 应用多媒体软件(转账凭证摘要：领用空白光盘)。

借：生产成本/直接材料(400101)　　　　2 500
　　贷：原材料/空白光盘(140301)　　　　2 500

9. 业务9

31日，结转ERP多媒体应用软件销售成本(数量：1000套，成本：80元)(转账凭证摘要：结转销售成本)。

借：主营业务成本(5401)　　　　80 000
　　贷：库存商品(1405)　　　　80 000

工作步骤

若系统时间不到2020-01-31，请调整系统时间为“2020-01-31”。

以会计王瑞身份登录信息门户。输入或选择如下信息：操作员“5503”；密码“3”；账套“555 日盛公司账套”；会计年度“2020”；日期“2020-01-31”。

1. 业务1—银行科目

(1) 执行“总账→凭证→填制凭证”命令，进入“填制凭证”窗口。

(2) 单击“增加”按钮，增加一张空白凭证。

(3) 选择凭证类型“付”；输入制单日期“2020/01/03”。

(4) 输入摘要“提现”；输入科目名称“1001”，借方金额“5 000”，按Enter键；摘要自动带到下一行。

(5) 输入科目名称“100201”，按Enter键，按资料输入银行结算信息，如图4-5所示，单击“确认”按钮，输入贷方金额“5 000”。

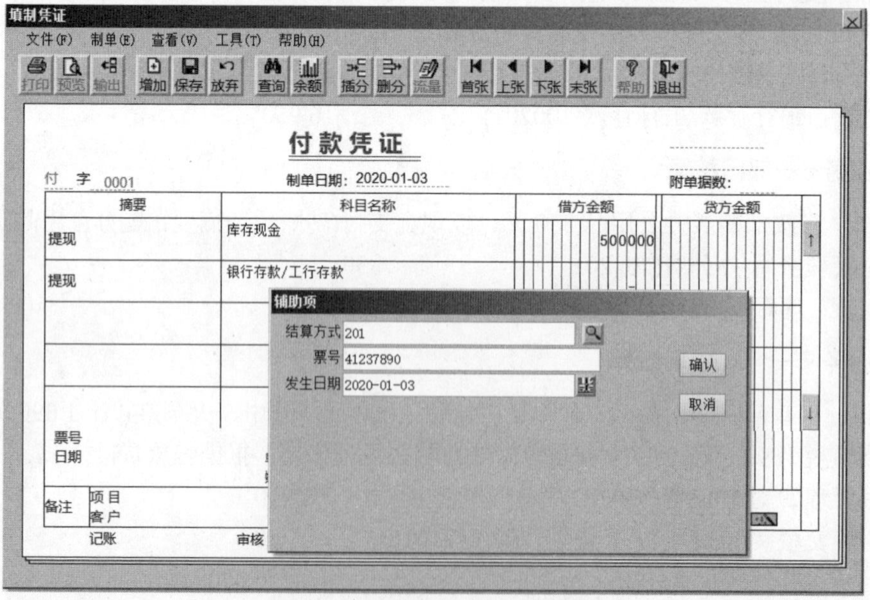

图4-5　增加凭证—凭证信息

(6) 单击“保存”按钮。系统提示“保存成功！”，单击“确定”按钮。

注意：

- ❑ 凭证一旦保存，其凭证类别、凭证编号不能修改。
- ❑ 科目编码必须是末级的科目编码，既可以手工直接输入，也可利用右边的“参照”按钮选择输入。
- ❑ 金额不能为“零”；红字以“-”号表示。

2. 业务2—外币核算

此业务银行存款科目涉及外币核算，填制凭证时，输入外币金额，根据月初记账汇率自动计算人民币金额，如图4-6所示。

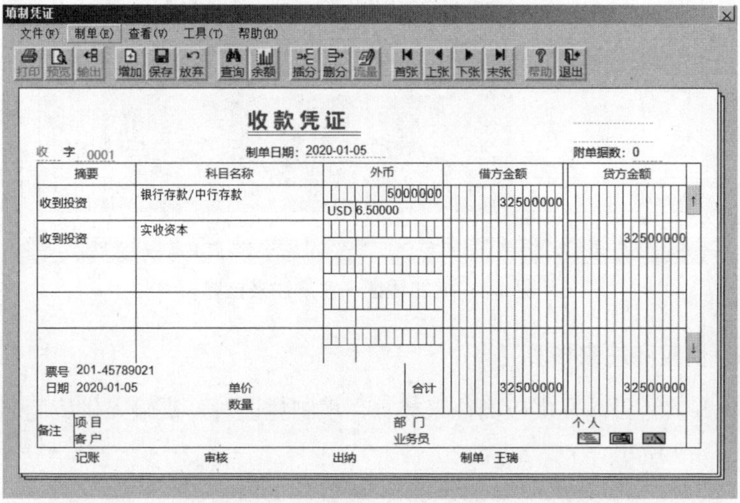

图4-6 增加凭证—外币核算

3. 业务3—数量核算

此业务原材料科目涉及数量核算，填制凭证时，需输入数量和单价，自动计算人民币金额，如图4-7所示。

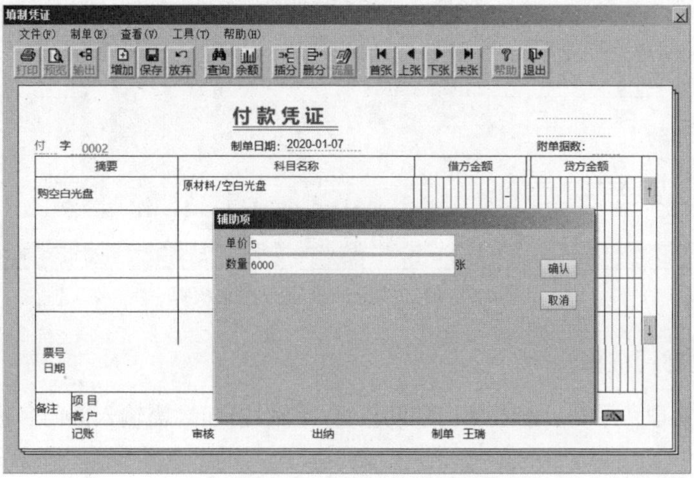

图4-7 增加凭证—数量核算

4. 业务 4—客户往来核算

此业务应收账款科目涉及客户往来核算，填制凭证时，需输入客户名称、发票号等相关信息，如图 4-8 所示。

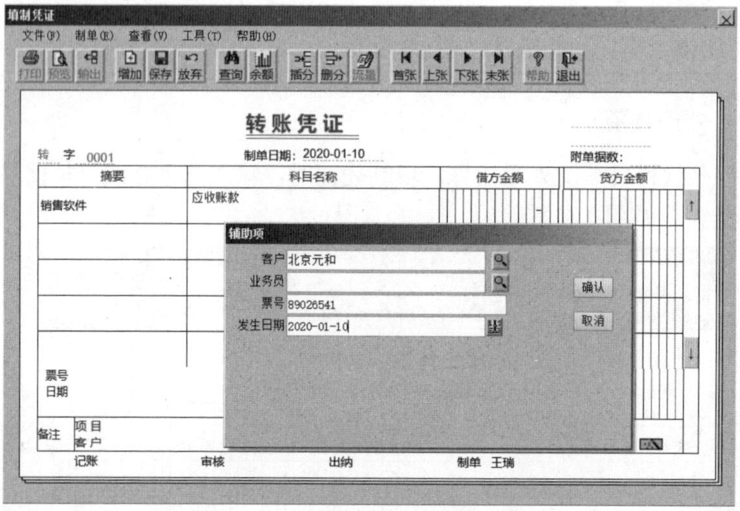

图 4-8 增加凭证—客户往来核算

5. 业务 5—供应商往来核算

此业务应付账款科目涉及供应商往来核算，填制凭证时，需输入供应商名称、发票号等相关信息，如图 4-9 所示。

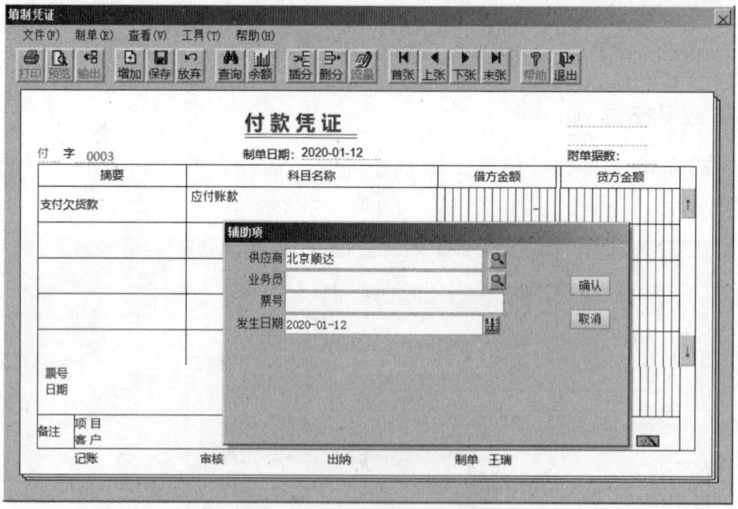

图 4-9 增加凭证—供应商往来核算

6. 业务 6—部门核算

此业务借方管理费用科目涉及部门辅助核算，填制凭证时，需输入部门名称信息，如图 4-10 所示。

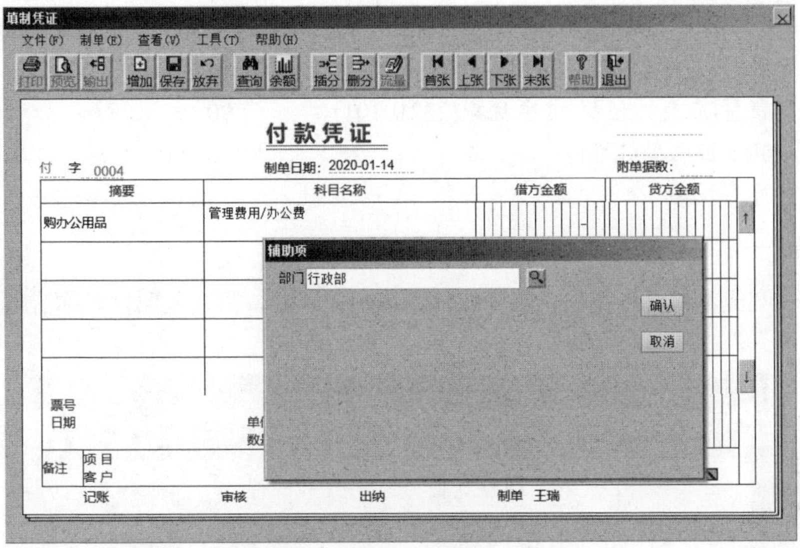

图 4-10　增加凭证—部门核算

7. 业务 7—个人往来核算

此业务贷方其他应收款科目涉及个人往来辅助核算，填制凭证时，需输入部门名称、个人名称等相关信息，如图 4-11 所示。

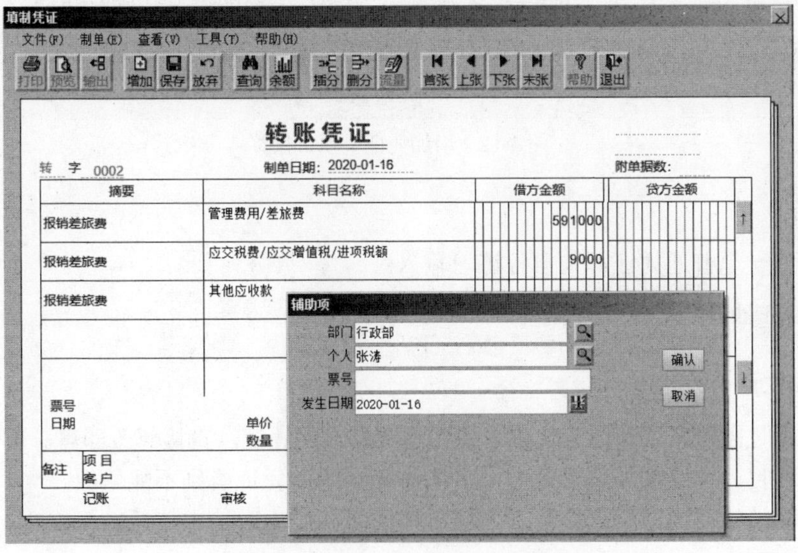

图 4-11　增加凭证—个人往来核算

说明：

(1) 若出差归来，实际报销金额为5 210元，可抵扣进项税90元，则会计分录如下。

借：管理费用/差旅费　　5 210

　　库存现金　　700

　　应交税费/应交增值税/进项税额(22210101)　　90

　　贷：其他应收款(1221)　　6 000

(2) 若出差归来，实际报销金额为6 110元，可抵扣进项税90元，则会计分录如下。

借：管理费用/差旅费　　6 110
　　应交税费/应交增值税/进项税额(22210101)　　90
　　贷：其他应收款(1221)　　6 000
　　　　库存现金　　200

8. 业务8—项目核算

此业务生产成本科目涉及项目辅助核算，填制凭证时，需输入项目名称信息，如图4-12所示。

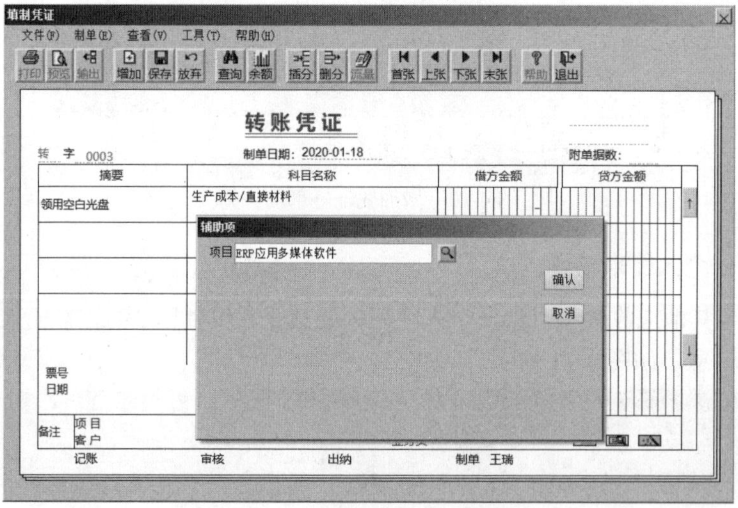

图4-12　增加凭证—项目核算

9. 业务9

此业务为一笔普通凭证，请自行练习输入。

知识延伸

1. 修改凭证

修改凭证时需要在填制凭证状态下找到需要修改的凭证，直接修改即可。可修改的内容包括摘要、科目、辅助项、金额及方向、增删分录等，凭证类别不能修改。

未经审核的错误凭证可直接修改；已审核的凭证应先取消审核后，再修改。

2. 删除凭证

如果出现凭证重复录入或凭证上出现不便修改的错误时，可以将凭证从系统中删除。删除凭证的步骤如下。

(1) 在填制凭证窗口，执行“制单→作废/恢复”命令，将要删除的错误凭证打上作废标记。

(2) 在填制凭证窗口，执行“制单→作废/恢复”命令，选择已作废凭证，将其从凭证库中彻底删除。

3. 查询凭证

总账模块提供了强大的信息查询功能。

1) 丰富灵活的查询条件

总账模块既可设置凭证类别、制单日期等一般查询条件，也可设置摘要、科目等辅助查询条件，各查询条件也可组合设置。

2) 联查明细账、辅助明细及原始单据

当光标位于凭证某分录科目时，选择“联查明细账”命令，系统将显示该科目的明细账。如果该科目有辅助核算，选择“查看辅助明细”命令，则系统将显示该科目的辅助明细账。若当前凭证是由外币系统制单生成，选择“联查原始单据”命令，则系统将显示生成这张凭证的原始单据。

任务 2.2 出纳签字

知识准备

出纳签字对涉及库存现金及银行存款科目的凭证(即收款和付款凭证)，必须经由出纳员进行审核签字，目的是保证收付款凭证金额的准确性，加强对收付款凭证的管理。

在总账管理模块中，出纳签字不是必须进行的操作。

若总账管理模块需要出纳签字，要先进行如下两步操作。

(1) 在总账模块的选项中设置“出纳凭证必须经由出纳签字”选项。

(2) 在总账模块初始化的科目设置中已经将“现金”指定为“现金总账科目”、“银行存款”指定为“银行总账科目”。

出纳签字前，通常需更换操作员。

工作任务

对所有收付款凭证进行出纳签字。

工作步骤

以出纳李强身份登录信息门户。执行“文件→重新注册”命令，输入或选择如下信息：操作员“5502”；密码“2”；账套“555 日盛公司账套”；会计年度“2020”；日期“2020-01-31”。

(1) 执行“总账→凭证→出纳签字”命令，打开“出纳签字”查询条件对话框。

(2) 确定查询条件，单击“确认”按钮，进入“出纳签字”的凭证列表窗口。

(3) 单击“确定”按钮，进入“出纳签字”的签字窗口。

(4) 单击“签字”按钮，提示签字成功，凭证底部的“出纳”处自动签上出纳人姓名，如图 4-13 所示。

(5) 单击“下张”按钮，或执行“出纳→成批出纳签字”命令，将剩余出纳凭证进行出纳签字。最后单击“退出”按钮。

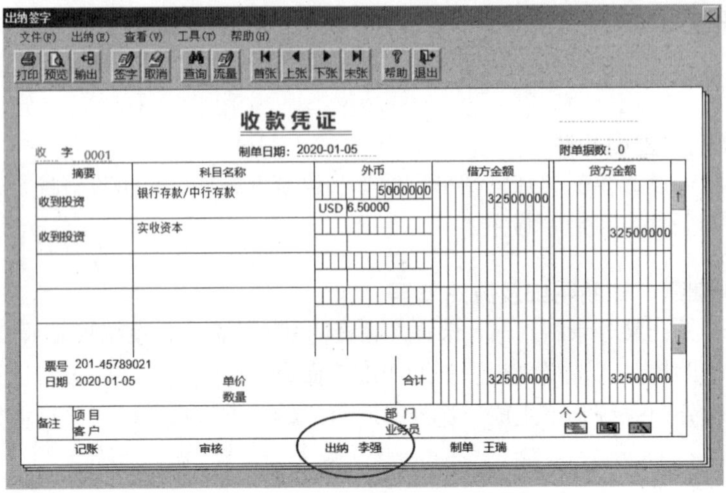

图 4-13　出纳签字

注意：

- 凭证填制人和出纳签字人可以为不同的人，也可以为同一个人。最好更换为不同的操作员，否则失去签字的意义。
- 涉及指定为现金科目和银行科目的凭证才需出纳签字。
- 凭证一经签字，就不能被修改、删除，只有取消签字后才可以修改或删除，取消签字只能由出纳人自己进行。
- 出纳签字并非审核凭证的必要步骤。若在设置总账参数时，不选择“出纳凭证必须经由出纳签字”，则可以不执行“出纳签字”功能。
- 可以执行“出纳→成批出纳签字”功能对所有出纳凭证进行出纳签字。

任务 2.3　审核凭证

知识准备

审核是指由具有审核权限的操作员按照会计制度的规定，对制单人填制的每一张记账凭证进行合法性检查的操作，其目的是防止舞弊。

会计核算涉及国家、企业和个人的切身经济利益，而记账凭证的准确性是进行正确核算的基础，因此，无论是在计算机上根据已审核的原始凭证编制记账凭证，还是直接将手工编制并审核的凭证输入系统，都需要在手工的录入操作处理后，经过他人的审核后，才能作为正式凭证进行记账处理。

根据会计内部控制的要求，审核人和制单人不能为同一个人。

工作任务

对所有凭证进行审核签字。

工作步骤

以账套主管刘方的身份登录信息门户。执行“文件→重新注册”命令，输入或选择如下信息：操作员“5501”；密码“1”；账套“555 日盛公司账套”；会计年度“2020”；日期“2020-01-31”。

(1) 执行“总账→凭证→审核凭证”命令，打开“凭证审核”查询条件对话框。

(2) 确定查询条件，单击“确认”按钮，进入“凭证审核”的凭证列表窗口。

(3) 单击“确定”按钮，进入“凭证审核”的审核凭证窗口。

(4) 检查要审核的凭证，无误后，单击“审核”按钮，系统提示审核成功，凭证底部的“审核”处自动签上审核人姓名，如图 4-14 所示。

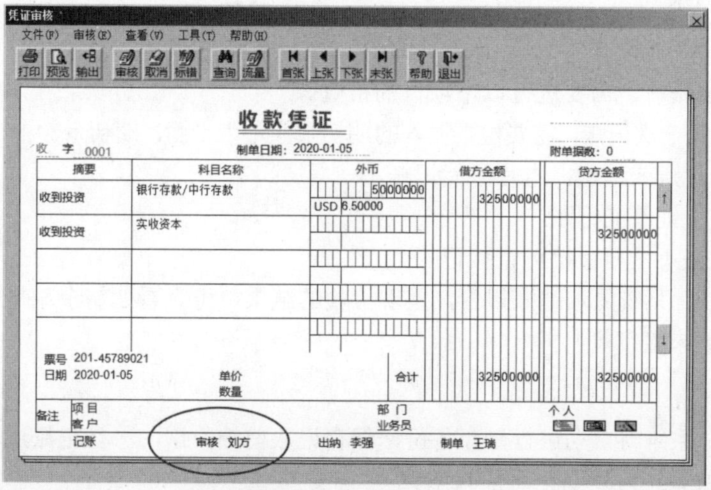

图 4-14 审核凭证

(5) 单击“下张”按钮，或执行“审核→成批审核签字”命令，对剩余凭证进行审核签字。最后单击“退出”按钮。

注意：

- ❑ 审核人必须具有审核权。
- ❑ 审核人和制单人不能是同一个人。
- ❑ 凭证一经审核，不能被修改、删除，只有取消审核签字后才可修改或删除。

知识延伸

出纳签字和审核签字的区别，如表 4-3 所示。

表 4-3 出纳签字和审核签字的区别

审核项	是否必须	凭证类别	设置选项
出纳签字	非必须	收款、付款	需设置“出纳凭证必须经由出纳签字”
审核签字	必须	全部	不需设置

任务 2.4 凭证记账

知识准备

在总账管理模块中，记账凭证经审核后就可以执行记账了。手工处理时，记账是人工将审核后的凭证平行登记到总账、明细账和日记账等账簿中。在 T3 软件中，记账时按照预先设定的程序自动进行，记账向导引导记账过程。

1) 选择本次记账范围

选择本次记账范围即确定本次需要记账的凭证范围，包括期间、类别、记账范围。确定记账范围时可以单击“全选”按钮选择所有未记账凭证，可以输入连续编号范围，如“1-9”表示对该类别第 1~9 号凭证进行记账，也可以输入不连续的编号，如“3,7”表示仅对第 3 张和第 7 张凭证记账。

2) 记账报告

系统自动记账前，需要进行以下项目的检查。

- 如果是第一次记账，需要检查输入的期初余额是否平衡，期初余额不平，不允许记账。
- 上月未记账或结账，本月不能记账。
- 未审核凭证不能记账。
- 作废凭证不需要审核可直接记账。

检查完成后，系统显示记账报告，呈现检验的结果，可查看期初余额是否平衡、哪些凭证未审核或出纳未签字等。

3) 记账

记账之前，系统将自动进行硬盘备份，保存记账前的数据，一旦记账过程异常中断，可以利用该备份将系统恢复到记账前状态。

记账过程由系统自动完成，每月可记账多次。

工作任务

对所有已审核凭证进行记账。

工作步骤

(1) 执行“总账→凭证→记账”命令，进入“记账”窗口。

(2) 在“记账—选择本次记账范围”对话框中，单击“全选”按钮，选择所有要记账的凭证，如图 4-15 所示。

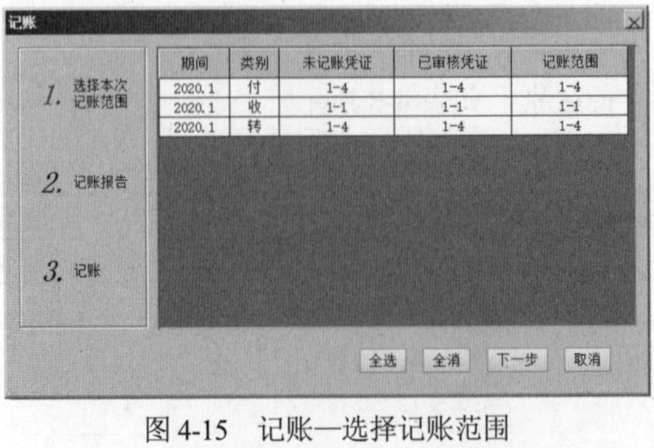

图 4-15 记账—选择记账范围

(3) 单击“下一步”按钮。

(4) 显示记账报告，如图 4-16 所示。单击“下一步”按钮。

图 4-16　记账—显示记账报告

(5) 单击“记账”按钮，打开“期初试算平衡表”对话框，如图 4-17 所示。

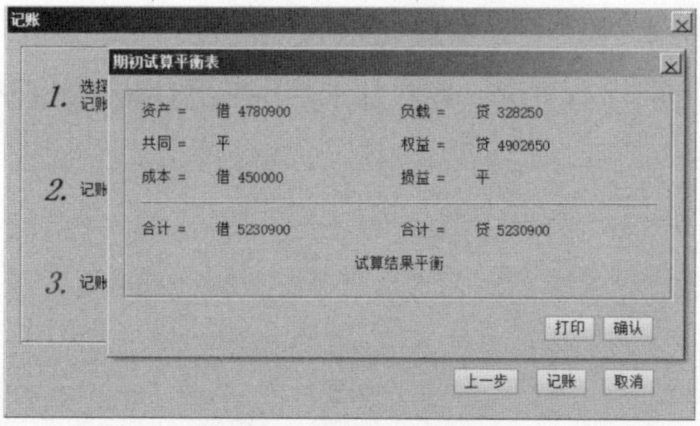

图 4-17　记账—试算平衡

(6) 单击“确认”按钮，系统开始进行记账。登记完后，弹出“记账完毕”信息提示对话框。

(7) 单击“确定”按钮，记账完毕。

注意：

- ❑ 第一次记账时，若期初余额试算不平衡，不能记账。
- ❑ 上月未记账，本月不能记账。
- ❑ 未审核凭证不能记账，记账范围应小于等于已审核范围。

知识延伸

执行“总账→凭证→恢复记账前状态”命令，可以取消记账。

任务 2.5　账簿查询

知识准备

总账模块提供丰富的账务查询功能，既可以查询基本会计账簿，也可以查询辅助核算账簿。

1. 基本会计账簿查询

1) 总账

查询总账时，可单独显示某科目的年初余额、各月发生额合计、全年累计发生额和月末余额。

2) 余额表

发生额余额表可以同时显示各科目的期初余额、本期发生额、累计发生额及期末余额。

3) 明细账

明细账以凭证为单位显示各账户的明细发生情况，包括日期、凭证号、摘要、借方发生额、贷方发生额及余额。

4) 日记账

可查询现金日记账、银行日记账。

2. 辅助核算账簿查询

辅助核算账簿查询包括个人往来、客户往来、供应商往来、部门核算、项目核算等辅助账簿查询。

工作任务

1. 查询总账

2. 查询余额表

3. 查询明细账

工作步骤

1. 查询总账

执行“总账→账簿查询→总账”命令，输入相应科目编码，查询总账信息。

2. 查询余额表

执行“总账→账簿查询→余额表”命令，单击“确定”按钮，查询余额表信息，如图4-18所示。

发生额及余额表

月份：2019.1-2019.1

科目编码	科目名称	期初余额		本期发生		期末余额	
		借方	贷方	借方	贷方	借方	贷方
1001	库存现金	7800.00		5000.00	850.00	11950.00	
1002	银行存款	3260000.00		325000.00	57200.00	3527800.00	
1121	应收票据	92800.00				92800.00	
1122	应收账款	104400.00		232000.00		336400.00	
1221	其他应收款	6000.00			6000.00		
1403	原材料	120000.00		30000.00	2500.00	147500.00	
1405	库存商品	570000.00			80000.00	490000.00	
1601	固定资产	750000.00				750000.00	
1602	累计折旧		125000.00				125000.00
资产小计		4911000.00	125000.00	592000.00	146550.00	5356450.00	125000.00
2001	短期借款		300000.00				300000.00
2202	应付账款		29000.00	17400.00			11600.00
2221	应交税费			4800.00	32000.00		27200.00
负债小计			329000.00	22200.00	32000.00		338800.00
3001	实收资本		4000000.00		325000.00		4325000.00
3104	利润分配		907000.00				907000.00
权益小计			4907000.00		325000.00		5232000.00
4001	生产成本	450000.00		2500.00		452500.00	
成本小计		450000.00		2500.00		452500.00	
5001	主营业务收入				200000.00		200000.00
5401	主营业务成本			80000.00		80000.00	
5602	管理费用			6850.00		6850.00	
损益小计				86850.00	200000.00	86850.00	200000.00
合计		5361000.00	5361000.00	703550.00	703550.00	5895800.00	5895800.00

图4-18 查询余额表信息

3. 查询明细账

执行“总账→账簿查询→明细账”命令，查询明细账信息。

任务3 总账期末处理

任务3.1 自定义转账

知识准备

大部分期末转账业务有一定的共性，凭证的摘要、借贷方科目固定不变，金额来源或计算方法也相对稳定，那么将凭证的摘要、会计科目、借贷方向、金额的计算公式预先存储在计算机中，生成该转账凭证时进行调用，就称为自动转账分录。

T3 软件系统提供 5 种类型的自动转账：自定义转账、对应结转、销售成本结转、汇兑损益结转、期间损益结转。

任何自动转账分录的应用都包括转账定义和转账生成两部分。

下面先来看自定义转账。

自定义转账是适用范围最广的一种转账方式，可以自由定义转账凭证的模板，即根据需要自己定义凭证的借贷方科目及借贷方金额生成的公式。可以完成的转账业务主要有：

- “费用分配”的结转，如工资费用分配等。
- “费用分摊”的结转，如制造费用分摊等。
- “税金计算”的结转，如增值税结转等。
- “提取各项费用”的结转。
- 各项辅助核算的结转。

自动转账凭证通常在建账初期定义，每月月末只需执行转账生成即可快速生成自动凭证。生成的转账凭证为未记账凭证，必须经过审核和记账才能登记到账簿中。

工作任务

1. 自定义转账定义

转账序号：0001；转账说明：计提短期借款利息；凭证类别：转账凭证。会计科目分录如下。

借：财务费用(560301)　　JG()　　(取对方科目结果)

　　贷：应付利息(2231)　　QM(2001,月,贷,,,,,,2)*0.08/12 (“短期借款”期末余额*8%/12)

2. 自定义转账生成

3. 将生成的转账凭证审核、记账

工作步骤

以会计王瑞身份重新登录信息门户。执行“文件→重新注册”命令，输入或选择如下信

息：操作员“5503”；密码“3”；账套“555 日盛公司账套”；会计年度“2020”；日期“2020-01-31”。

1. 自定义转账定义

(1) 执行“总账→期末→转账定义→自定义结转”命令，进入“自动转账设置”窗口。

(2) 单击“增加”按钮，打开“转账目录”设置对话框。

(3) 输入转账序号“001”，转账说明“计提短期借款利息”；选择凭证类别“转 转账凭证”，如图 4-19 所示。

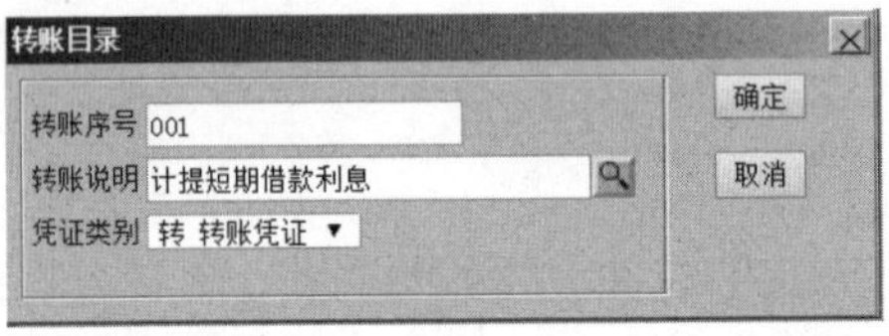

图 4-19 设置自定义转账凭证—转账目录

(4) 单击“确定”按钮，继续定义转账凭证分录信息。

(5) 确定分录的借方信息。选择科目编码“560301”，方向“借”，输入金额公式“JG()”。

(6) 单击“增行”按钮。

(7) 确定分录的贷方信息。选择科目编码“2231”，方向“贷”，输入金额公式“QM(2001,月,贷,,,,,,2)*0.08/12”。

(8) 单击“保存”按钮，如图 4-20 所示。单击“退出”按钮。

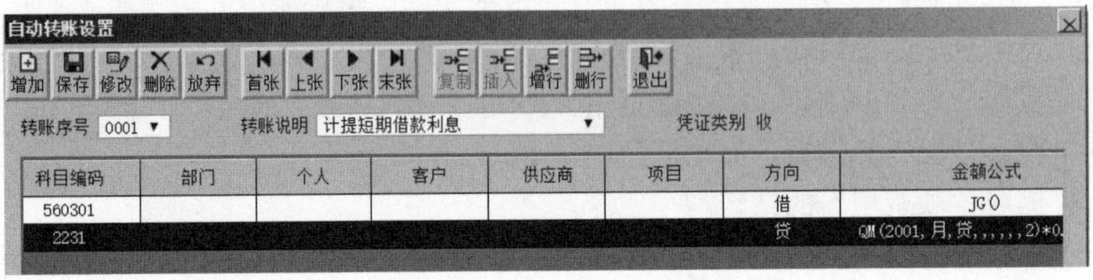

图 4-20 设置自定义转账凭证—凭证模板

注意：

- ❑ 输入转账计算公式有两种方法：一是直接输入计算公式；二是以引导方式录入计算公式。

2. 自定义转账生成

(1) 执行“总账→期末→转账生成”命令，进入“转账生成”窗口。

(2) 单击“自定义转账”单选按钮。单击“全选”按钮。

(3) 单击“确定”按钮，生成转账凭证。修改凭证类别为“转”。

(4) 单击“保存”按钮，系统自动将当前凭证追加到未记账凭证中，如图 4-21 所示。

注意：

- ❑ 进行转账生成之前，先将相关经济业务的记账凭证登记入账。
- ❑ 转账凭证每月只需生成一次，不要重复生成。

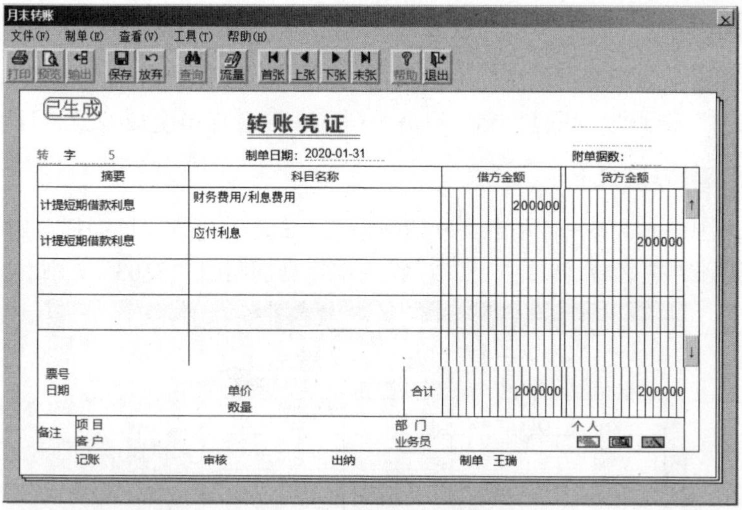

图 4-21 生成自定义转账凭证

3. 将生成的自定义转账凭证审核、记账

以账套主管刘方身份重新登录信息门户。执行“文件→重新注册”命令，输入或选择如下信息：操作员“5501”；密码“1”；账套“555 日盛公司账套”；会计年度“2020”；日期“2020-01-31”。

(1) 执行“总账→凭证→审核凭证”命令，将生成的自定义转账凭证审核。

(2) 执行“总账→凭证→记账”命令，将生成的自定义转账凭证记账。

任务 3.2 期间损益结转

知识准备

期间损益结转是指在会计期末将损益类科目的余额结转到本年利润科目中，从而及时反映企业利润的盈亏情况。期间损益结转主要是损益类科目的结转。此功能在信息化应用中非常方便，可大大提高工作效率。

通常在建账初期进行期间损益结转的设置，每月末进行期间损益结转的生成。生成的期间损益结转凭证要进行审核和记账。

需要说明的是，转账生成有一定的顺序要求，若后面生成的凭证需要引用前面凭证的数据，则前面的凭证必须先生成，如计提利息的自定义转账凭证必须在期间损益结转凭证之前生成。

工作任务

1. 期间损益转账定义

将所有损益类科目账户结转到“本年利润”账户中。

2. 期间损益转账生成

3. 将生成的期间损益结转凭证审核、记账

工作步骤

以会计王瑞身份重新登录信息门户。执行“文件→重新注册”命令，输入或选择如下信息：操作员“5503”；密码“3”；账套“555 日盛公司账套”；会计年度“2020”；日期“2020-01-31”。

1. 期间损益转账定义

(1) 执行“总账→期末→转账定义→期间损益”命令，进入“期间损益结转设置”窗口。

(2) 选择凭证类别“转 转账凭证”，输入本年利润科目“3103”，如图 4-22 所示。

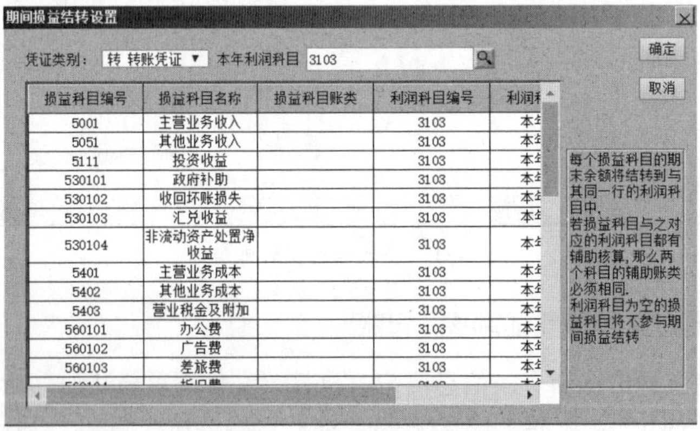

图 4-22 设置期间损益结转凭证

(3) 单击“确定”按钮。

2. 期间损益转账生成

(1) 执行“总账→期末→转账生成”命令，进入“转账生成”窗口。

(2) 单击“期间损益结转”单选按钮。

(3) 单击“全选”按钮，再单击“确定”按钮，生成转账凭证。

(4) 单击“保存”按钮，系统自动将当前凭证追加到未记账凭证中，如图 4-23 所示。

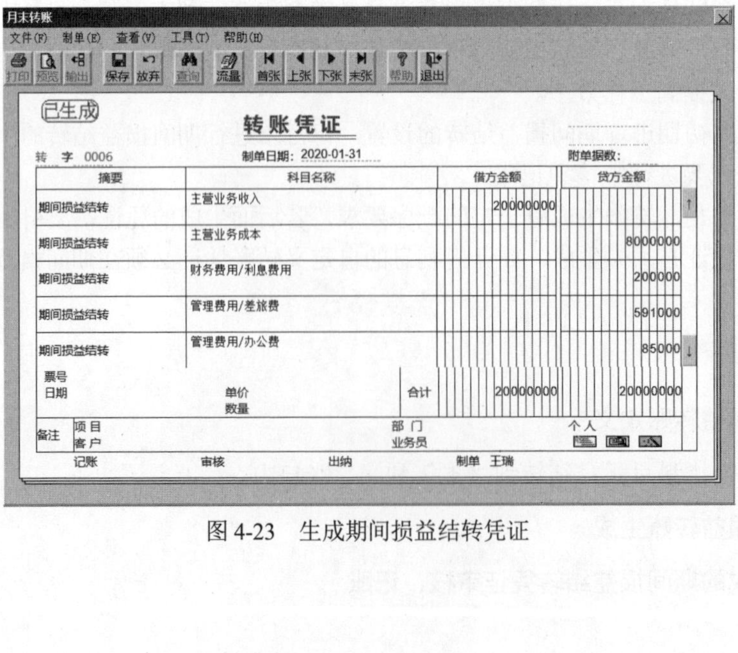

图 4-23 生成期间损益结转凭证

3. 将生成的自定义转账凭证审核、记账

以账套主管刘方身份重新登录信息门户。执行“文件→重新注册”命令，输入或选择如下信息：操作员“5501”；密码“1”；账套“555 日盛公司账套”；会计年度“2020”；日期“2020-01-31”。

(1) 执行“总账→凭证→审核凭证”命令，将生成的自定义转账凭证审核。

(2) 执行“总账→凭证→记账”命令，将生成的自定义转账凭证记账。

任务 3.3 结账

知识准备

结账指已经完成本月全部业务处理，月末计算各账户发生额、期末余额并结转至下月作为下月期初余额。

结账应由有结账权的人进行，每月只能结账一次，结账必须按月连续进行。

结账时系统自动检查：

(1) 本月凭证是否全部入账，有未记账凭证的月份不能结账。

(2) 上月是否结账，上月未结账，则本月不能结账。如果是在年中某个月份启用系统，则必须先把以前月份的空账进行结账处理后，才能进行本月结账处理。

(3) 对账是否正确，如果账账不符，则不能结账。

(4) 其他模块是否已结账，如果同时启用了其他模块，且其他模块未结账，则总账不能结账。

工作任务

完成日盛公司 2020 年 1 月的结账工作。

工作步骤

(1) 执行“总账→期末→结账”命令，进入“月末结账”窗口。

(2) 单击要结账的月份“2020.01”，如图 4-24 所示。

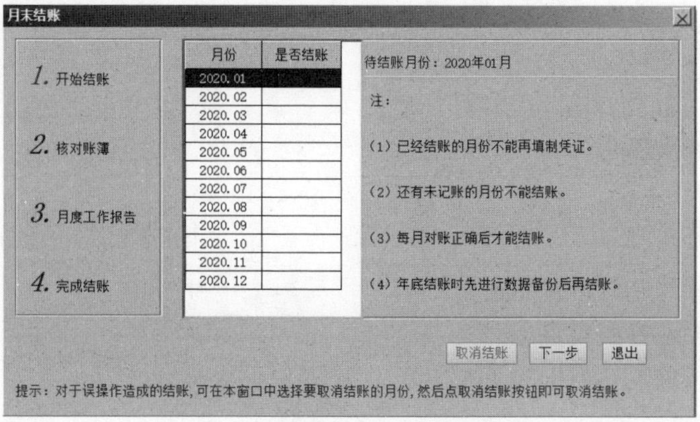

图 4-24 期末结账—选择结账月份

(3) 单击“下一步”按钮，再单击“对账”按钮，系统对要结账的月份进行账账核对。

(4) 对账完毕，继续单击“下一步”按钮，系统显示“2020 年 01 月工作报告”，如图 4-25 所示。

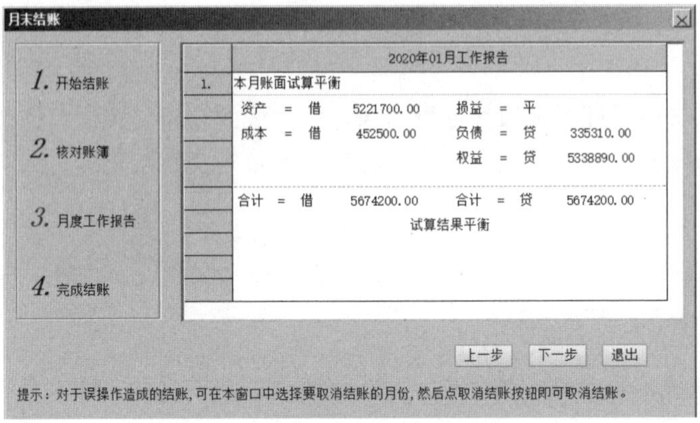

图 4-25　期末结账—显示记账报告

(5) 查看工作报告后，单击“下一步”按钮。

(6) 单击“结账”按钮，若符合结账要求，系统将进行结账，否则不予结账。

注意：

- ❑ 结账只能由有结账权限的人进行。
- ❑ 本月还有未记账凭证时，则本月不能结账。
- ❑ 结账必须按月连续进行，上月未结账，则本月不能结账。
- ❑ 若总账与明细账对账不符，则不能结账。
- ❑ 如果与其他模块联合使用，其他模块未全部结账，则本月不能结账。

知识延伸

对于误操作造成的结账或结账后发现有本月未录入的记账凭证，可在结账窗口中选择要取消结账的月份，然后单击“取消结账”按钮即可取消结账。

实训应用

实训三　总账初始设置

【实训目的】

1. 理解总账模块初始设置的意义。
2. 熟悉总账模块参数设置。
3. 掌握总账模块期初数据的录入。

【实训要求】

以账套主管郑通(编号：6601；密码：1)的身份进行总账初始设置操作。

【实训内容】

1. 设置总账控制参数

设置总账参数“出纳凭证必须经由出纳签字”。

2. 输入基本科目期初余额(见表4-4)

表4-4 基本科目期初余额

科目名称	期初余额(借)	科目名称	期初余额(贷)
库存现金(1001)	9 600	短期借款(2001)	400 000
人民币户(100201)	2 600 000		
欧元户(100202)	(人民币)340 000 (欧元)42 500	实收资本(3001)	3 000 000
空白光盘(140301)	(数量：25000)100 000	利润分配(310415)	1 156 540
包装纸(140302)	(数量：2000)40 000		
库存商品(1405)	650 000		
固定资产(1601)	260 860		
累计折旧(1602)	(贷)47 120		

3. 输入辅助核算科目期初余额

会计科目：1221 其他应收款　　余额：借 5 000 元

日期	部门	个人	摘要	方向	期初余额
2019-12-24	企管办	汪涵	出差借款	借	5 000

会计科目：1121 应收票据　　余额：借 72 320 元

日期	客户	摘要	方向	金额
2019-12-18	软件学院	销售商品	借	72 320

会计科目：1122 应收账款　　余额：借 113 000 元

日期	客户	摘要	方向	金额
2019-12-22	创远公司	销售商品	借	113 000

会计科目：2202 应付账款　　余额：贷 27 120 元

日期	供应商	摘要	方向	金额
2019-12-27	沈阳联诚	购买商品	贷	9 040
2019-12-31	北京大华	应付暂估	贷	18 080

会计科目：4001 生产成本　　余额：借 440 000 元

科目名称	Java 语言多媒体软件	Python 语言多媒体软件	合计
直接材料(400101)	20 000	30 000	50 000
直接人工(400102)	130 000	150 000	280 000
制造费用(400103)	50 000	60 000	110 000
合计	200 000	240 000	440 000

4. 试算平衡

资产合计=权益合计=4 583 660。

实训四　总账日常业务处理

【实训目的】

1. 熟悉总账模块出纳签字、账簿查询操作。
2. 掌握总账模块填制凭证、审核凭证、记账等操作。

【实训要求】

1. 以会计贺敏(编号 6603；密码：3)的身份进行填制凭证和凭证查询操作。
2. 以出纳孙娟(编号 6602；密码：2)的身份进行出纳签字，并进行现金、银行存款日记账和资金日报表的查询及支票登记。
3. 以账套主管郑通(编号：6601；密码：1)的身份进行审核、记账和账簿查询操作。

【实训内容】

1. 经济业务 1

2 日，企管办汪涵出差归来，报销差旅费 4 432.5 元，可抵扣进项税 67.5 元(其中火车票 817.5 元，计算可抵扣进项税=817.5/1.09*0.09=67.5)，归还借款 500 元。

借：管理费用/差旅费(560202)　　4 432.5
　　应交税费/应交增值税/进项税额(22210101)　　67.5
　　库存现金(1001)　　500
　　贷：其他应收款(1221)　　5 000

2. 经济业务 2

5 日，采购处魏大鹏从沈阳联诚采购空白光盘 8000 张，每张 5 元，材料直接入原料库，款项尚未支付，取得增值税专用发票一张(票号：56789214)(适用税率：13%)。

借：原材料/空白光盘(140301)　　40 000
　　应交税费/应交增值税/进项税额(22210101)　　5 200
　　贷：应付账款(2202)　　45 200

3. 经济业务 3

6 日，销售处向大地广告公司支付广告费 6 000 元，增值税 360 元，取得增值税专用发票(票号：45679012)，开出转账支票一张支付广告费(票号：23426781)。

借：销售费用/广告费(560107)　　6 000
　　应交税费/应交增值税/进项税额(22210101)　　360
　　贷：银行存款/人民币户(100201)　　6 360

4. 经济业务 4

8日，收到转账支票(票号：67253410)一张，为大恒投资公司投资500 000欧元，汇率为1:8.0。

借：银行存款/欧元户(100202)　　4 000 000
　　贷：实收资本(3001)　　4 000 000

5. 经济业务5

10日，销售处售给天津图书城Java语言多媒体课件800套，每套160元，开出增值税专用发票(票号：78426503)一张，适用税率为13%。以电汇方式收到该货款。

借：银行存款/人民币户(100201)　　144 640
　　贷：主营业务收入(5001)　　128 000
　　　　应交税费/应交增值税/销项税额(22210106)　　16 640

6. 经济业务6

13日，以电汇方式收到上月销售给创远公司的货款113 000元。

借：银行存款/人民币户(100201)　　113 000
　　贷：应收账款(1122)　　113 000

7. 经济业务7

15日，财务处购买办公用品760元，以现金支付，收到增值税普通发票(票号：33567821)一张。

借：管理费用/办公费(560201)　　760
　　贷：库存现金(1001)　　760

8. 经济业务8

22日，接受卫生局罚款2 300元，开出转账支票(票号：34921011)支付罚款。

借：营业外支出/罚没支出(571106)　　2 300
　　贷：银行存款/人民币户(100201)　　2 300

9. 经济业务9

18日，生产处领用光盘800张，单价4元，用于生产Python语言多媒体课件。

借：生产成本/直接材料(400101)　　3 200
　　贷：原材料/空白光盘(140301)　　3 200

10. 经济业务10

31日，结转Java语言多媒体课件销售成本(数量：800套，成本：50元)。

借：主营业务成本(5401)　　40 000
　　贷：库存商品(1405)　　40 000

11. 出纳签字

将收付款凭证出纳签字。

12. 审核凭证

将所有凭证审核签字。

13. 记账

将所有已审核凭证记账。

14. 账簿查询

(1) 查询“1001 库存现金”总账。
(2) 查询所有总账科目余额表。
(3) 查询“140301 空白光盘”明细账。

实训五 总账期末处理

【实训目的】

1. 理解自动转账的意义和应用特点。
2. 熟悉自定义转账凭证、期间损益结转的设置与生成。
3. 掌握结账操作及注意事项。

【实训要求】

1. 以会计贺敏(编号 6603；密码：3)的身份进行自动转账设置与生成操作。
2. 以账套主管郑通(编号：6601；密码：1)的身份进行审核、记账、结账操作。

【实训内容】

1. 自定义转账设置与生成

转账序号：0001；转账说明：计提短期借款利息；凭证类别：转账凭证。会计分录如下。
借：财务费用(560301)　JG()　(取对方科目结果)
　　贷：应付利息(2231)　QM(2001,月,贷,,,,,,2)*0.09/12 (“短期借款”期末余额*9%/12)

2. 期间损益结转设置与生成

将所有损益类科目账户结转到“本年利润”账户中。

3. 审核和记账

以合适的时间对生成的凭证审核、记账。

4. 结账

1 月 31 日，对海达公司账套结账。

巩固提高

一、单选题

1. 期初余额录入是将手工会计资料录入计算机的过程之一。余额和累计发生额的录入要从(　　)科目开始。

A. 一级　　B. 二级　　C. 三级　　D. 最末级

2. 若总账选项中设置了“出纳凭证必须经由出纳签字”，则下列出现(　　)科目的凭证必须经由出纳签字。

A. 应收账款　　B. 应付账款　　C. 银行存款　　D. 其他应收款

3. 期初余额试算不平衡，将不能(　　)。

A. 填制凭证　　B. 审核凭证　　C. 查询凭证　　D. 记账

4. 下列不属于凭证头内容的是(　　)。

A. 凭证类别　　B. 凭证编号　　C. 制单日期　　D. 摘要

5. 下列关于彻底删除一张未审核凭证的操作正确的是(　　)。

A. 可直接删除　　B. 可将其作废

C. 先作废，再整理凭证断号　　D. 先整理凭证断号，再作废

6. 下列关于审核操作，错误的说法是(　　)。

A. 审核人必须具有审核权

B. 作废凭证不能被审核，也不能被标错

C. 审核人和制单人可以是同一个人

D. 凭证一经审核，不能被直接修改、删除

7. 记账操作每月可进行(　　)。

A. 一次　　B. 二次　　C. 三次　　D. 多次

8. 下列关于结账操作，说法错误的是(　　)。

A. 结账只能由有结账权限的人进行

B. 结账后，不能输入凭证

C. 本月还有未记账凭证时，则本月不能结账

D. 结账必须按月连续进行，上月未结账，则本月不能结账

9. 结账操作每月可进行(　　)。

A. 一次　　B. 二次　　C. 三次　　D. 多次

10. 下列关于记账操作，说法错误的是(　　)。

A. 上月未记账或结账，本月不能记账

B. 每次记账都需要检查输入的期初余额是否平衡，期初余额不平，不允许记账

C. 未审核凭证不能记账

D. 记账时可以对部分已审核凭证记账

二、多选题

1. 下列关于期初余额的描述中，正确的有(　　)。

A. 所有科目都必须输入期初余额

B. 红字余额应输入负号

C. 期初余额试算不平衡，不能记账，但可以填制凭证

D. 如果已经记过账，则可以修改期初余额

2. 某企业为4月建账，其输入期初数据包括(　　)。

A. 1月初期初余额　　B. 4月初期初余额

C. 1～3 月借贷方发生额　　D. 1～3 月借贷方余额

3. 填制凭证时，凭证体包括的内容有(　　)。

A. 摘要　　B. 科目　　C. 金额　　D. 附单据数

4. 填制凭证时，确定科目的办法有(　　)。

A. 可输入科目编码　　B. 可输入科目名称

C. 可输入助记码　　D. 可选择输入

5. 凭证一旦保存，下列(　　)不能修改。

A. 凭证类别　　B. 凭证编号　　C. 摘要　　D. 辅助信息

6. 下列关于凭证审核和记账的操作，说法错误的是(　　)。

A. 凭证审核通常需重新注册更换操作员，由具有审核权限的操作员来进行

B. 凭证只能逐张审核，不能成批审核

C. 记账操作每月可多次进行

D. 上月未记账，本月同样可以记账

7. 日常业务处理的任务中，(　　)是必须进行的操作。

A. 填制凭证　　B. 审核凭证　　C. 记账　　D. 出纳签字

8. 结账前要进行的检查包括(　　)。

A. 检查本月业务是否全部记账，有未记账凭证不能结账

B. 月末结账必须全部生成并已记账，否则本月不能结账

C. 检查上月是否已结账，如果上月未结账，则本月不能结账

D. 核对总账与明细账、主体账与辅助账、总账系统与其他子系统的数据是否已经一致，如果不一致，则不能结账

三、判断题

1. 输入期初余额时，上级科目的余额和累计发生数据需要手工输入。(　　)
2. 计算机方式下，只能采用自动凭证编号方式。(　　)
3. 期初余额录入完毕，试算不平衡，将不能填制凭证。(　　)
4. 期间损益结转时将所有损益类科目结转到利润分配账户中。(　　)
5. 填制凭证时，金额不能为“零”，红字以“－”号表示。(　　)
6. 会计制度规定，审核与制单不能为同一人。(　　)
7. 只有审核后的凭证才能执行记账操作。(　　)
8. 结账工作由计算机自动进行数据处理，每月可多次进行。(　　)
9. 生成的自动转账凭证不需审核、记账。(　　)
10. 出纳签字和审核签字是对所有凭证进行签字。(　　)

四、简答题

1. 总账系统提供的主要功能包括哪些？
2. 什么是制单控制？凭证中都有哪些制单控制参数可以设置？请解释其含义。
3. 请解释年初建账和年中建账在期初数据录入方面的不同点。
4. 凭证填制的内容包括哪些？

5. 请说说出纳签字和审核签字有哪些区别?

6. 系统记账前和结账前包括哪些检查工作?

7. 什么是自动转账分录?系统提供了哪几种转账定义功能?

8. XYZ 公司账套中，钱峰(会计)具有“总账”的全部权限，王辉(账套主管)具有本账套的全部权限。

该公司目前出纳凭证不需出纳签字，所有凭证均已审核记账，部分会计科目期末余额如表 4-5 所示。

表 4-5 XYZ 公司部分会计科目期末余额

科目	方向	余额
短期借款	贷	300 000
主营业务收入	贷	50 000
主营业务成本	借	20 000
管理费用	借	4 000

请结合上述资料，按要求回答以下问题:

(1) 表 4-6 中的业务均需通过自动转账生成，请根据要求，填写信息。

表 4-6 填写自动转账生成业务信息

业务	自动转账类型	设置要点	凭证信息(含金额)
计提短期借款利息 (根据短期借款期末余额计算，年利率为 8%)			
结转期间损益			

(2) 请回答应由什么身份，进行什么操作才能生成表 4-6 中所有业务的凭证，并全部审核记账?

项目 5

报 表 管 理

学习目标

通过本项目的学习，学员应具备如下能力：

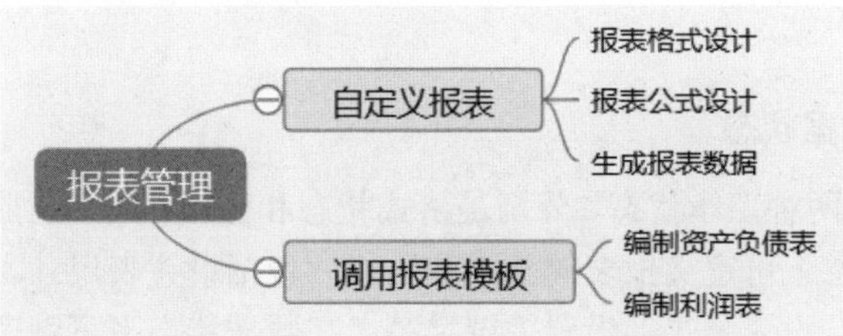

情境案例

日盛科技公司完成了总账管理的相关工作，准备编制财务报表。

1. 业务分工

账套主管刘方负责编制财务报表，会计王瑞参与学习编制报表。

2. 自定义报表

由于大家对报表编制工作不是很熟悉，因此决定由账套主管刘方带领大家先练习编制一张货币资金表并试着设计报表公式。报表格式如下。

	A	B	C
1	货币资金表		
2	编制单位：日盛公司	×××年	×××月
3	项目	期初数	期末数
4	库存现金		
5	银行存款		
6	合计		

3. 利用模板编制报表

(1) 编制资产负债表。

(2) 编制利润表。

任务学习

会计报表是综合反映企业一定时期的财务状况、经营成果和现金流量信息的书面文件，是企业经营活动的总结。作为企业财务会计报告核心内容的会计报表，它为企业内部各管理部门及外部相关部门提供了最为重要的会计信息，有利于报表使用者进行管理和决策。

T3 报表模块既可编制对外报表，又可编制各种内部报表。它的主要任务是设计报表格式和报表公式，通过公式可以自动从总账模块或其他模块中取得各种数据，同时也可对报表进行审核、汇总、生成各种分析图，并按预定格式输出各种会计报表。其中，设置关键字、定义计算公式、生成报表数据、利用模板编制财务报表是重点内容。

任务 1 自定义报表

任务 1.1 报表基本概念

知识准备

1. 格式状态和数据状态

T3 报表系统具有两种工作状态，分别是格式状态和数据状态。当前状态在屏幕左下角用红字表示。在格式状态下可定义报表的格式和公式，包括设置表尺寸、定义行高列宽、设置单元属性、组合单元、设置公式、设置关键字等。在数据状态下可管理报表的数据，如输入数据、增加或者删除表页、报表重算、报表审核、舍位平衡、数据透视、汇总、合并报表。

单击左下角红字按钮，可进行两种状态的切换。

2. 单元

单元是组成报表的最小单位，单元名称由所在行、列标识。与 Excel 中单元格的表示方法一样。单元类型有数值单元、字符单元和表样单元 3 种。

- 数值单元用于存放报表的数值型数据。可在数据状态下输入或由单元中存放的计算公式运算生成。建立一个新表时，所有单元的类型默认为数值型。
- 字符单元用于存放报表的字符型数据。其内容可以是汉字、字母、数字及各种键盘可输入的符号组成的一串字符。可在数据状态下输入或由计算公式生成。
- 表样单元存储报表的格式，是定义一个没有数据的空表所需的所有文字、符号或数字。一旦单元被定义为表样，那么在其中输入的内容对所有表页都有效。表样单元在格式状态下输入和修改，在数据状态下不允许修改。

3. 表页

每一张表页是由许多单元组成的。一个报表中的所有表页具有相同的格式，但其中的数据可以不同。例如，一张利润表，有 3 张表页，每张表页都具有相同的利润表格式，但每张表页的数据是不一样的，第 1 页生成的是 1 月份的利润表数据，第 2 页生成的是 2 月份的利润表数据。

报表中表页的序号在表页的下方以标签的形式出现，称为“页标”。表页的表达方式为@页号，例如：当前表的第2页，可以表示为@2。

4. 关键字

在T3报表中，关键字是连接一张空表和有数据报表的纽带，也可以通过关键字来唯一标识一个表页，用于在大量表页中快速选择表页。通常可以将引起报表数据发生变化的项目定义为关键字，如一张报表中，可以将年、月、日定义为关键字。

通常关键字可以有以下几种。

(1) 单位名称：该报表表页编制单位的名称。

(2) 单位编号：该报表表页编制单位的编号。

(3) 年：该报表表页反映的年度。

(4) 季：该报表表页反映的季度。

(5) 月：该报表表页反映的月份。

(6) 日：该报表表页反映的日期。

除了以上常见的关键字之外，系统通常还会提供一个自定义关键字功能，方便用户灵活定义并运用这些关键字。

关键字的显示位置在格式状态下设置，关键字的值则在数据状态下录入，每张报表可以定义多个关键字。

5. 函数

在报表模块中，函数的作用是从各种地方取数，是自动生成报表数据的关键，因此函数是计算公式中的重要构成要素。

1) 自总账取数的函数(账务函数)

账务函数通常用来采集总账中的数据，因此使用较为频繁。账务函数的基本格式为：函数名(“科目编码”,会计期间,[“方向”],[账套号],[会计年度],[编码1],[编码2])。

- ❑ 科目编码也可以是科目名称，可用双引号括起来，也可不加。
- ❑ 会计期间可以是“年”“季”“月”等变量，也可以是具体表示年、季、月的数字。
- ❑ 方向即“借”或“贷”，可以省略。
- ❑ 账套号为数字，缺省时默认为当前账套。会计年度即数据取数的年度，可以省略。
- ❑ 编码1、编码2与科目编码的核算账类有关，可以取科目的辅助账，如职员编码、项目编码等，如无辅助核算则省略。

账务取数函数主要有如表5-1所示的几类。

表5-1 账务取数函数

总账函数	金额式	数量式	外币式
期初额函数	QC( )	sQC( )	wQC( )
期末额函数	QM( )	sQM( )	wQM( )
发生额函数	FS( )	sFS( )	wFS( )
累计发生额函数	LFS( )	sLFS( )	wLFS( )
条件发生额函数	TFS( )	sTFS( )	wTFS( )

(续表)

总账函数	金额式	数量式	外币式
对方科目发生额函数	DFS( )	sDFS( )	wDFS( )
净额函数	JE( )	sJE( )	wJE( )
汇率函数	HL( )		

2) 统计函数

统计函数一般用来完成报表数据的统计工作，如报表中的“合计”项等。常用统计函数有数据合计 PTOTAL()、平均值 PAVG()、最大值 PMAX()、最小值 PMIN()。

3) 本表他页取数函数

本表他页取数函数用于从同一报表文件的其他表页中采集数据。

4) 从其他报表取数

从其他报表取数是指当前表页的数据来自于其他报表。

工作任务

启动财务报表，创建一个报表文件存放在“考生文件夹”下，文件名为“货币资金表.rep”。

工作步骤

以账套主管刘方身份登录信息门户。输入或选择如下信息：操作员“5501”；密码“1”；账套“555 日盛公司账套”；会计年度“2020”；日期“2020-01-31”。

(1) 单击左侧“财务报表”菜单项，在“新建报表”窗口中单击“取消”按钮，进入“新报表”窗口，如图 5-1 所示。

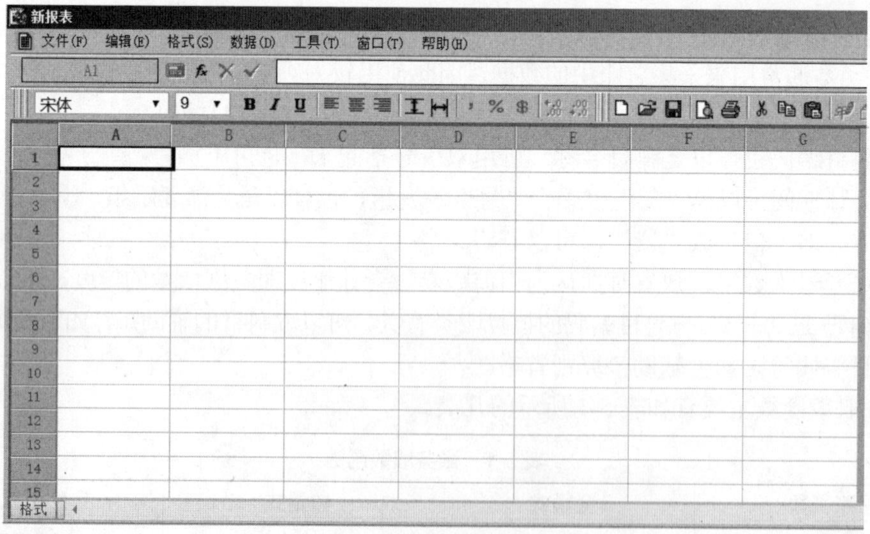

图 5-1 新建财务报表

(2) 执行“文件→保存”命令，默认保存位置“考生文件夹”，输入文件名“货币资金表.rep”，单击“保存”按钮。

(3) 单击报表左下角的“格式”按钮，可进行“格式”和数据状态的切换。

任务 1.2　设置报表格式

知识准备

报表格式就是一张空白表格所具有的样子。报表格式设计需在格式状态进行，整个报表文件的所有表页格式都相同。报表格式设计主要包括报表尺寸定义、组合单元定义、画表格线、报表项目定义、设置行高列宽、单元属性定义和关键字设置等内容。

1. 设置表尺寸

表尺寸指的是报表的总行数和总列数，表尺寸决定了报表外观的大小。企业需要根据要编制报表的实际需要来设计表尺寸。

2. 设置组合单元

组合单元是将多个相邻的单元组合成一个单元，有些内容如标题、编制单位、日期及货币单位等信息可能一个单元容纳不下，所以为了实现这些内容的输入和显示，需要定义组合单元。

3. 画表格线

表格创建之后，在报表打印输出时是没有任何表格线条的，为了满足查询和打印的需要，还需要在适当的位置上画表格线。画表格线通常是通过“区域画线”的功能来实现的，画线的类型包括“网线”“横线”“竖线”“框线”“正斜线”“反斜线”。

4. 输入报表项目

报表表间项目是指报表的固定文字内容，主要包括表头、表体项目、表尾项目等。报表项目输入后单元类型为表样单元。

5. 设置行高列宽

此功能用于调整报表行高和列宽，使报表更美观。

6. 设置单元属性

单元格属性(格式)包括单元格类型、对齐方式、字体及颜色等。其中，单元格类型一般分为数值型、字符型和表样型 3 种。

7. 设置关键字

关键字是可以引起报表数据发生变化的项目，是报表中特殊的格式，可以用于唯一标识一张表页，用于在大量表页中快速定位或选择表页，以此为依据从总账中取数。

关键字主要有 6 种：单位名称、单位编号、年、季、月、日，另外，还包括自定义关键字。可以根据报表的实际要求任意设置相应的关键字。

关键字的设置和取消在格式状态下进行，而输入关键字的具体值是在数据状态下进行的。

工作任务

设计如下报表格式。

	A	B	C
1	**货币资金表**		
2	编制单位：日盛公司	×××年	×××月
3	**项目**	**期初数**	**期末数**
4	**库存现金**		
5	**银行存款**		
6	**合计**		

说明：

年、月设置为关键字。

工作步骤

单击报表左下角的“格式”按钮，将当前状态设置为“格式”状态。

(1) 执行“格式→表尺寸”命令，设置表尺寸为6行3列。

(2) 选择区域“A1：C1”，执行“格式→组合单元”命令，合并单元格。

(3) 选择区域“A3：C6”，执行“格式→区域画线”命令，将表格画线。

(4) 按资料要求，输入报表项目(注意：最好在编辑栏中输入、修改和删除报表项目)。

(5) 根据需要，调整报表行高和列宽。

(6) 执行“格式→单元属性”命令，设置报表项目的字体、字号、对齐等内容。

(7) 执行“数据→关键字→设置”命令，在B2单元格中设置“年”关键字，在C2单元格中设置“月”关键字。

(8) 执行“文件→保存”命令，将设置好的报表格式再次保存到“货币资金表.rep”文件中。

(9) 报表格式设置完毕，如图5-2所示。

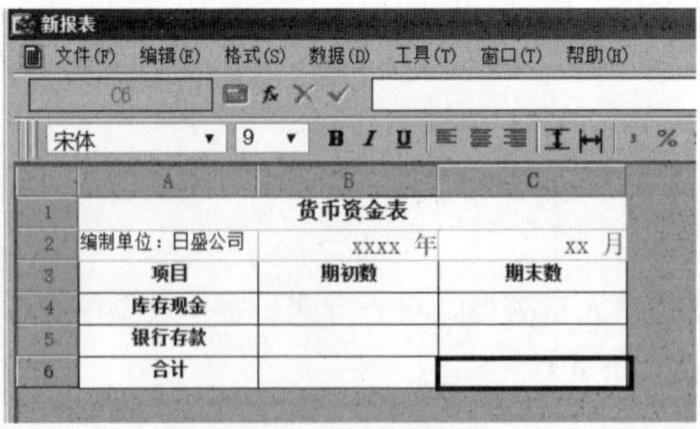

图5-2 设置报表格式

任务1.3 设置报表公式

知识准备

由于各种报表之间存在着密切的数据间的逻辑关系，所以，报表中各种数据的采集、运算和钩稽关系的检测就用到了不同的公式。报表公式主要有计算公式、审核公式和舍位平衡公式。

1. 计算公式

计算公式决定报表数据的来源，是自动生成报表数据的关键。其工作过程是从软件系统的账簿、凭证等地方采集数据，直接填入表中相应的单元或经过简单计算填入相应的单元。

由于计算公式可以直接定义在报表单元中，这样的公式也称为“单元公式”。

计算公式的输入方式包括引导输入和直接输入两种。

2. 审核公式

审核公式用于审核验证数据的正确性。财务报表中的数据往往存在一定的钩稽关系，如资产负债表中的资产合计应等于负债及所有者权益合计。在实际工作中，为了确保报表数据的准确性，可以利用这种报表之间或报表内的钩稽关系对报表的编制进行数据正确性检查，用于该种用途的公式称为审核公式。

3. 舍位平衡公式

对于报表数字金额较大的企业，如果报表数据以“元”为单位报送，报表使用者阅读起来就很困难。这种情况下，就需要把以“元”为单位的报表转换为以“千元”“万元”为单位的报表。在转换过程中，原报表的平衡关系可能被破坏，因此需要进行调整，使之仍然符合原有的平衡关系。报表经舍位之后，用于重新调整平衡关系的公式称为舍位平衡公式。

工作任务

设置报表计算公式。

B4=QC("1001","月","借",,"年",,,,"否")

C4=QM("1001","月","借",,"年",,,,"否")

B5=QC("1002","月","借",,"年",,,,"否")

C5=QM("1002","月","借",,"年",,,,"否")

B6=B4+B5

C6=C4+C5

说明：

公式中的标点符号均为英文方式下的标点符号。

工作步骤

1. 引导输入公式

(1) 在“格式”状态下，选中“B4”单元格。

(2) 单击“fx”按钮或执行“数据→编辑公式→单元公式”按钮，打开“定义公式”对话框。

(3) 单击“函数向导”按钮，打开“函数向导”对话框。

(4) 在函数分类列表框中选择“账务函数”，在右边的函数名列表中选中“期初(QC)”，如图5-3所示。

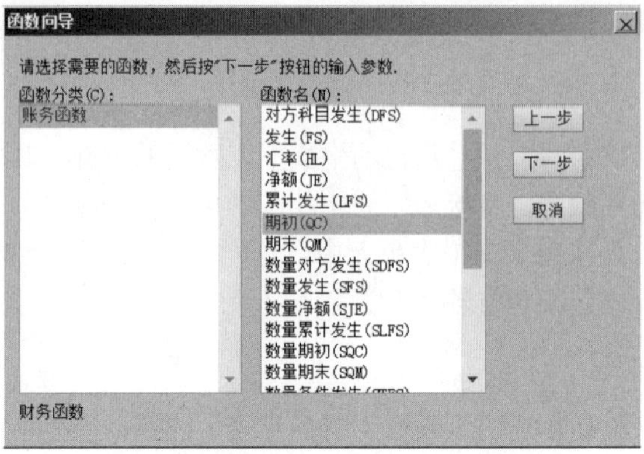

图 5-3 引导输入计算公式—选择函数

(5) 单击“下一步”按钮，打开“财务函数”对话框。

(6) 在“财务函数”对话框中修改科目编码为“1001”， 如图 5-4 所示，其他参数默认。单击“确定”按钮，返回。

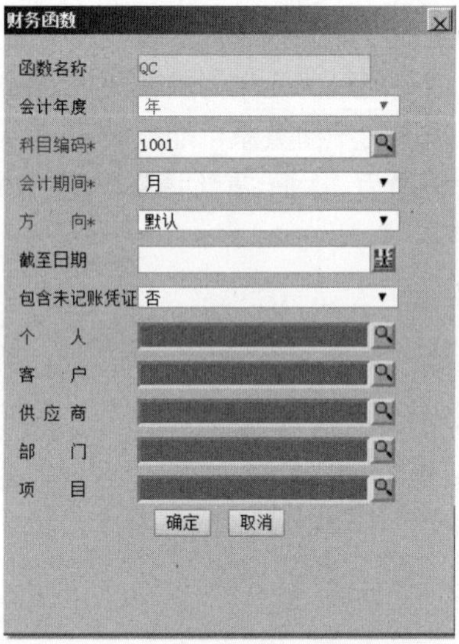

图 5-4 引导输入计算公式—确定科目

(7) 单击“确定”按钮，返回“定义公式”对话框，单击“确认”按钮。

2. 直接输入计算公式

(1) 在“格式”状态下，选中“C4”单元格。

(2) 执行“数据→编辑公式→单元公式”命令或单击“fx”按钮，打开“定义公式”对话框。

(3) 在“定义公式”对话框内直接输入公式：QM("1001","月","借",,"年",,,,"否")，如图 5-5 所示。

(4) 单击“确认”按钮。

(5) 同理，直接输入 B5、C5、B6、C6 单元格的计算公式。

(6) 报表公式设置完毕，需保存报表。

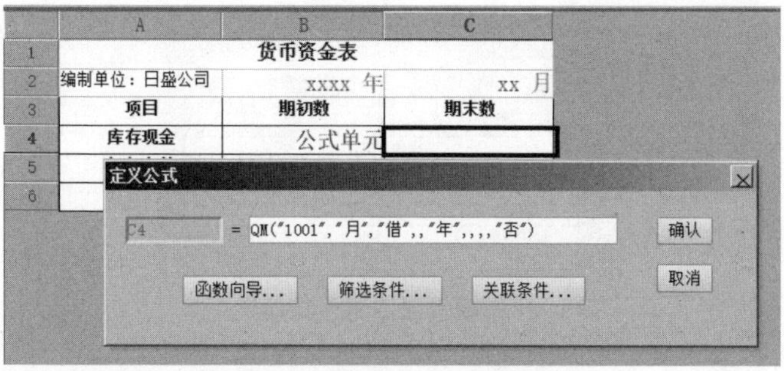

图 5-5　直接输入计算公式

任务 1.4　生成报表数据

知识准备

生成报表数据主要是通过报表系统的计算功能，利用前面设置的报表计算公式对报表数据进行自动计算。

生成报表数据分成两步：一是输入关键字，二是表页重算。

关键字输入后可以对表页起到定位的作用，同时，不同的表页可以通过关键字的不同，取到不同的数据，所以关键字对于报表的取数也是非常关键的。

输入关键字或者公式发生变动后，系统会提示并自动进行表页重算，如果数据源发生变化，如总账系统发生新的业务，也可以随时调用“表页重算”功能进行报表计算。

工作任务

输入关键字“2020 年 1 月”，生成 2020 年 1 月的货币资金表。

工作步骤

(1) 单击左下角“格式”按钮，切换到“数据”状态，执行“数据→关键字→录入”命令，打开“录入关键字”对话框。

(2) 输入年“2020”，月“1”，如图 5-6 所示。

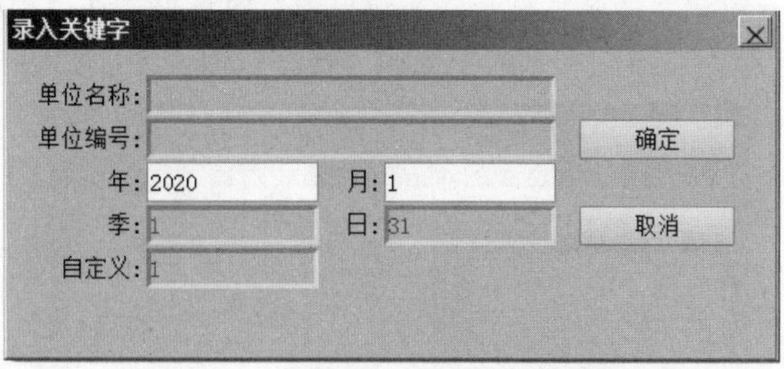

图 5-6　生成报表数据—输入关键字

(3) 单击“确定”按钮，生成 1 月的货币资金表，如图 5-7 所示。

(4) 生成报表数据后，需保存报表。

图 5-7 生成报表数据—货币资金表

任务 2 调用模板编制资产负债表

知识准备

会计报表包括外部报表和内部报表，资产负债表、利润表和现金流量表是主要的 3 张对外财务报表，而这些表的格式是国家会计制度统一规定的。T3 报表模块为了简化用户的报表格式设计工作，一般会预先设置一系列的报表模板以供用户选择使用，报表模板即是报表格式和报表公式已经设置好的报表。T3 报表系统提供了 19 个行业的 70 多张标准财务报表模板，用户可以利用报表模板迅速建立一张符合本企业需要的财务报表。

此外，对于一些本企业常用报表模板中没有提供的报表，在设置了这些报表的格式和公式以后，可以将其定义为报表模板，以便今后直接调用。灵活运用报表模板无疑可以加快报表处理的效率。如果报表模板与本企业的实际需要存在差异，用户也可以充分利用报表格式和公式设置的功能，对原来的报表模板进行修改，生成新的报表模板。

资产负债表是反映企业财务状况的报表，是企业对外报送的标准报表，可以通过调用报表模板生成资产负债表。

工作任务

通过报表模板编制 2020 年 1 月 31 日的资产负债表。

工作步骤

(1) 执行“文件→新建”命令，打开“新建报表”对话框，在“模板分类”列表框中选择“2013 小企业会计准则”，在右侧框中选择“资产负债表”，如图 5-8 所示。

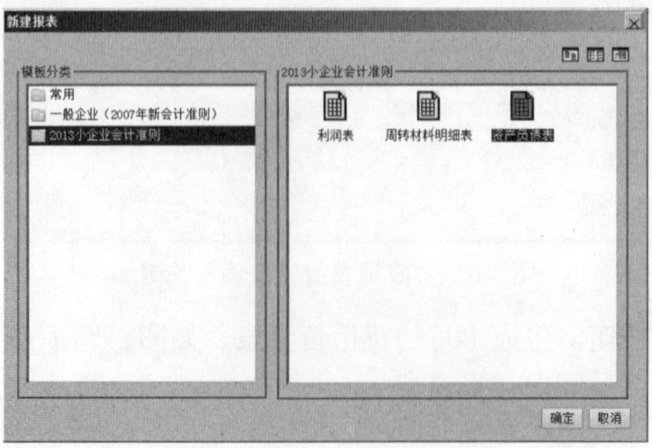

图 5-8 调用资产负债表模板

(2) 单击“确定”按钮，调出资产负债表模板。

(3) 单击左下角的“格式”按钮，进入报表数据状态，单击“取消”按钮。

(4) 在数据状态下，执行“数据→关键字→录入”命令，打开“录入关键字”对话框。

(5) 输入关键字：年“2020”，月“1”，日“31”。

(6) 单击“确定”按钮，系统自动根据单元公式计算 1 月份数据。若数据没有生成，可以执行“数据→整表重算”命令，生成报表数据，如图 5-9 所示。

(7) 执行“文件→保存”命令，将报表数据以“资产负债表.rep”为文件名保存在考生文件夹下。

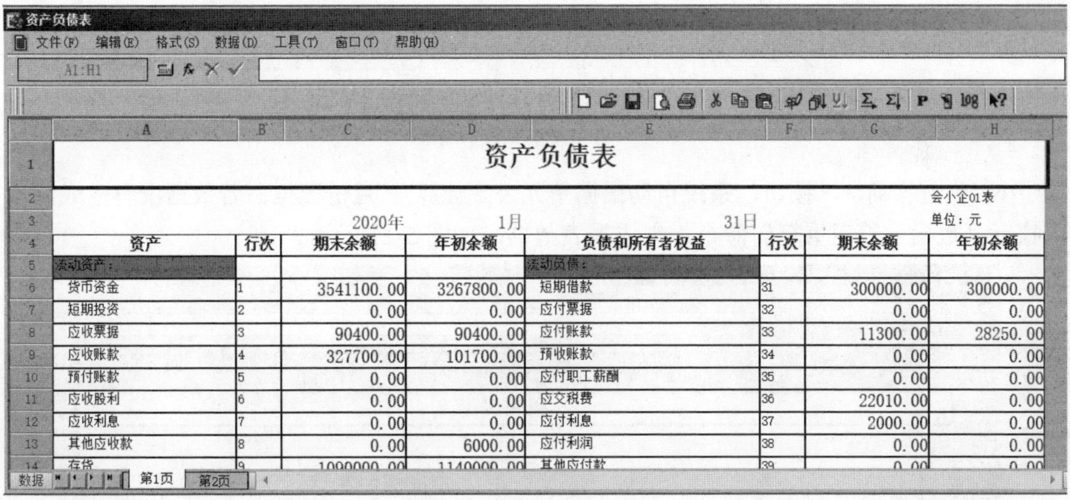
资产负债表

会小企01表

2020年 1月 31日 单位：元

资产	行次	期末余额	年初余额	负债和所有者权益	行次	期末余额	年初余额
流动资产：				流动负债：			
货币资金	1	3541100.00	3267800.00	短期借款	31	300000.00	300000.00
短期投资	2	0.00	0.00	应付票据	32	0.00	0.00
应收票据	3	90400.00	90400.00	应付账款	33	11300.00	28250.00
应收账款	4	327700.00	101700.00	预收账款	34	0.00	0.00
预付账款	5	0.00	0.00	应付职工薪酬	35	0.00	0.00
应收股利	6	0.00	0.00	应交税费	36	22010.00	0.00
应收利息	7	0.00	0.00	应付利息	37	2000.00	0.00
其他应收款	8	0.00	6000.00	应付利润	38	0.00	0.00
存货	9	1090000.00	1140000.00	其他应付款	39	0.00	0.00

图 5-9 生成资产负债表

任务 3 调用模板编制利润表

知识准备

利润表是反映企业经营成果的报表，是企业对外报送的标准报表，与资产负债表一样，其也是企业最为重要的报表。调用报表模板生成利润表的方式与资产负债表的生成方式类似。

工作任务

通过报表模板编制 2020 年 1 月的利润表。

工作步骤

(1) 执行“文件→新建”命令，打开“新建报表”对话框，在“模板分类”列表框中选择“2013 小企业会计准则”，在右侧框中选择“利润表”，如图 5-10 所示。

(2) 单击“确定”按钮，调出利润表模板。

(3) 单击左下角“格式”按钮，进入报表数据状态，单击“取消”按钮。

(4) 在数据状态下，执行“数据→关键字→录入”命令，打开“录入关键字”对话框。

(5) 输入关键字：年“2020”，月“01”。

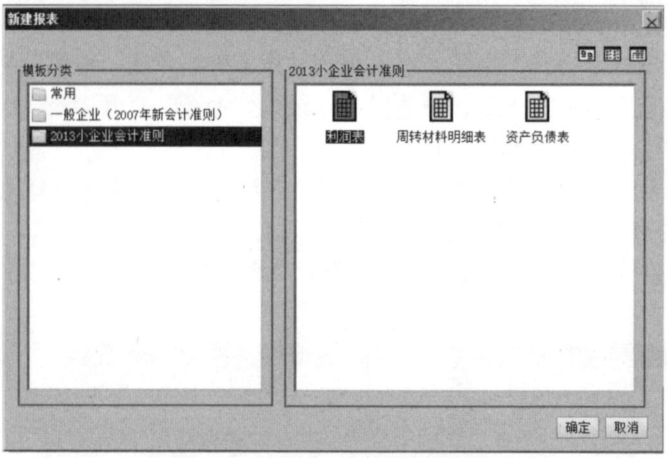

图 5-10 调用利润表模板

(6) 单击“确定”按钮，系统自动根据单元公式计算 1 月份数据。若数据没有生成，可以执行“数据→整表重算”命令，生成报表数据，如图 5-11 所示。

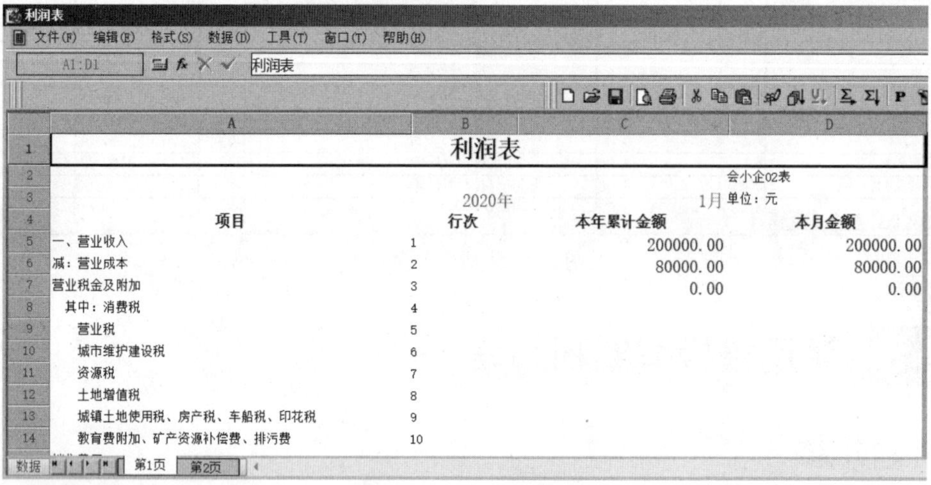

图 5-11 生成利润表

(7) 执行“文件→保存”命令，将报表数据以“利润表.rep”为文件名保存在考生文件夹中。

实训应用

实训六 编制会计报表

【实训目的】

1. 理解报表编制的原理及流程。
2. 掌握报表格式定义、公式定义、生成报表数据的操作方法。

3. 掌握如何利用报表模板编制资产负债表和利润表。

【实训要求】

以会计贺敏(编号 6603；密码：3)的身份编制会计报表。

【实训内容】

1. 自定义报表

(1) 设置报表格式。

	A	B	C
1	原材料明细表		
2	编制单位：海达公司	×××年	×××月
3	项目	期末金额	期末数量
4	空白光盘		
5	包装纸		
6	合计		

(2) 设置报表公式。

B4=QM("140301","月","借",,"年",,,,"否")

B5=QM("140302","月","借",,"年",,,,"否")

B4=SQM("140301","月","借",,"年",,,,"否")

C5=SQM("140302","月","借",,"年",,,,"否")

B6=B4+B5

C6=C4+C5

(3) 生成2020年1月31日报表数据，将报表以“原材料明细表.rep”保存到考生文件夹中。

2. 调用模板编制资产负债表

调用模板编制 2020 年 1 月 31 日资产负债表，将报表数据以“资产负债表.rep”为文件名保存在考生文件夹下。

3. 调用模板编制利润表

调用模板编制 2020 年 1 月利润表，将报表数据以“利润表.rep”为文件名保存在考生文件夹中。

巩固提高

一、单选题

1. 在制作报表中，下列哪个操作不是在格式状态下进行的？(　　)

A. 设置表尺寸　　B. 设置单元属性

C. 设定组合单元　　D. 输入关键字的值

2. 在 T3 报表系统中，取数操作通常是通过(　　)实现的。

A. 函数　　B. 关键字　　C. 直接输入　　D. 单元交互

3. 在 T3 报表系统中，QM( )函数的含义是取(　　)数据。

A. 期初余额　　B. 期末余额　　C. 借方发生额　　D. 贷方发生额

4. 在 T3 报表系统中，公式 SQC("140301","月","借",,"年",,,,"否")的含义是(　　)。
   A. 取 140301 科目的本月期初余额　　B. 取 140301 科目的本月期初数量
   C. 取 140301 账套的本月期初余额　　D. 取 140301 账套的本月期初数量
5. 在 T3 报表系统中，设置报表项目应在(　　)中进行。
   A. 数值单元　　B. 字符单元　　C. 表样单元　　D. 公式单元

二、多选题

1. 在 T3 报表系统中，下列哪些操作是在数据状态下进行的？(　　)
   A. 输入报表项目　　B. 追加表页　　C. 输入关键字　　D. 表页重算
2. 在 T3 报表系统中，报表的单元类型包括(　　)。
   A. 数值单元　　B. 表样单元　　C. 字符单元　　D. 日期单元
3. 在 T3 报表系统中，下列哪些是系统提供的默认关键字？(　　)
   A. 单位名称　　B. 年　　C. 月　　D. 日
4. 在 T3 报表系统中，属于账务取数函数的有(　　)。
   A. QM( )　　B. QC( )　　C. PTOTAL( )　　D. PMAX( )
5. 在 T3 报表系统中，报表公式包括(　　)。
   A. 计算公式　　B. 审核公式　　C. 分析公式　　D. 舍位平衡公式

三、判断题

1. 在 T3 报表系统中，没有设置行业标准报表模板。(　　)
2. 在 T3 报表系统中，增加表页是在数据状态下进行的。(　　)
3. 在 T3 报表系统中，每张报表只能定义一个关键字。(　　)
4. 在 T3 报表系统中，审核公式是用于审核报表内或报表之间的钩稽关系是否正确。审核公式不是必须定义的。(　　)
5. 在 T3 报表系统中，只能编制对外报表，不能编制对内报表。(　　)

四、简答题

1. 格式状态和数据状态有什么区别？
2. 关键字的含义是什么？报表系统中提供了哪些关键字？
3. 报表格式设置通常包括哪些步骤？
4. T3 报表系统中函数的作用是什么？包括哪几种函数？
5. 报表系统中提供了哪几类公式？各自的作用是什么？

项目6

工资管理

学习目标

通过本项目的学习，学员应具备如下能力：

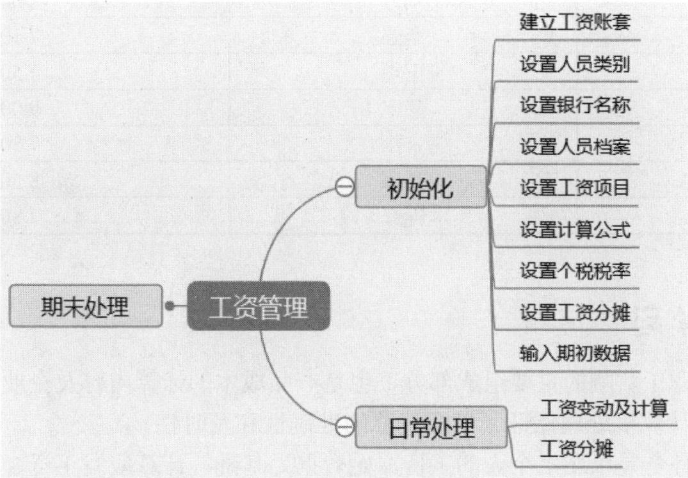

情境案例

日盛科技有限责任公司于2020年1月1日启用了工资管理模块，准备使用工资管理模块核算企业员工工资数据并自动进行工资费用分配。

1. 业务分工

由会计王瑞进行工资模块处理。

2. 相关规定

(1) 日盛科技公司只设置一个工资类别，共有员工8人。

(2) 企业共设置管理人员、销售人员、生产工人三类人员。工资费用按人员类别进行分配。

(3) 企业员工代扣个人所得税，所有员工工资均由工商银行北京分行上地支行代发，员工银行账号为11位。个人所得税的扣税基数(免征额)为5 000元，执行最新个人所得税税率。

(4) 该企业设置工资项目有：基本工资、岗位工资、应发合计、请假扣款、应付工资、社会保险、住房公积金、税前工资、代扣税、扣款合计、实发合计、请假天数。

(5) 主要工资数据计算方法如下。

岗位工资：如果是销售人员，为4 000元；如果是生产人员，为3 000元，其他人员一律为2 000元。

请假扣款：请假一天扣款50元。

社会保险：应付工资*10.2%。

住房公积金：应付工资*12%。

(6) 公司要求通过工资费用分配模板自动生成记账凭证。

3. 基本工资数据(见表 6-1)

表 6-1 基本工资数据

人员编号	人员姓名	基本工资
101	张涛	10 000
201	刘方	8 000
202	李强	7 100
203	王瑞	7 500
301	赵宁	9 000
401	宋刚	7 300
501	孙伟	8 500
601	陈红	7 800

任务学习

工资是企业职工薪酬的重要组成部分，也是产品成本的计算内容及企业进行各种费用计提的基础。采用计算机处理保证了工资核算的准确性和及时性。

工资核算的任务是以职工个人的工资原始数据为基础，计算应发工资、扣款和实发工资等，编制工资结算单；按部门和人员类别进行汇总，进行个人所得税计算；提供对工资相关数据的多种方式的查询和分析；进行工资费用分配与计提，并实现自动转账处理。

工资管理系统模块的主要功能包括工资类别管理、人员档案管理、工资数据管理、工资报表管理等内容。其中，工资项目及计算公式设置、工资分摊设置为重点。

任务 1 工资管理模块初始化

任务 1.1 建立工资账套

知识准备

工资账套与系统管理中的账套是不同的概念。系统管理中的账套针对整个核算系统，而工资账套只针对工资子系统。要建立工资账套，首先要在系统管理中建立本单位的核算账套。建立工资账套时可以根据建账向导分 4 步进行，即参数设置、扣税设置、扣零设置和人员编码。

1. 参数设置

1) 选择本账套处理所需的工资类别个数

如果单位按周或一月多次发放工资，或者单位中有多种不同类别(部门)的人员，则工资发放项目不尽相同，计算公式亦不相同，但需进行统一的工资核算管理，因此工资类别个数应选择“多个”。例如：分别对在职人员、退休人员、离休人员进行核算的企业；分别对正式工、临时工进行核算的企业；每月进行多次工资发放，月末统一核算的企业；在不同地区有分支机构，而由总管机构统一进行工资核算的企业。

如果单位中所有人员的工资统一管理，而人员的工资项目、工资计算公式全部相同，则工资类别个数选择“单个”，可提高系统的运行效率。

2) 选择该套工资的核算币种

系统提供币别参照供用户选择，若选择账套本位币以外的其他币别，则还需在工资类别参数维护中设置汇率，经过一次工资数据处理后即不能再修改。

2. 扣税设置

扣税设置即选择在工资计算中是否自动进行扣税处理。选择代扣个人所得税后，系统将自动生成工资项目“代扣税”，并自动进行代扣税金的计算。

3. 扣零设置

扣零设置是指每次发放工资时将零头扣下，积累取整，于下次工资发放时补上。系统在计算工资时将依据扣零类型(扣零至元、扣零至角或扣零至分)进行扣零计算。

用户一旦选择了“扣零处理”，系统自动在固定工资项目中增加“本月扣零”和“上月扣零”两个项目，用户不必在计算公式中设置有关扣零处理的计算公式，“应发合计”中不包括“上月扣零”，“扣款合计”中不包括“本月扣零”。

在银行代发工资的情况下，扣零处理没有意义。

4. 人员编码

工资核算中每个职工都有一个唯一的编码，人员编码长度应结合企业部门设置和人员数量自行定义，但总长度不能超过系统提供的最高位数。

工作任务

建立工资账套。输入或选择以下信息：工资类别个数“单个”；核算币种“人民币 RMB”；要求代扣个人所得税；不进行扣零处理；人员编码长度“3 位”。

工作步骤

以会计王瑞身份登录信息门户。输入或选择以下信息：操作员“5503”；密码“3”；账套“555 日盛公司账套”；会计年度“2020”；日期“2020-01-31”。

(1) 单击“工资管理”菜单项，在建账第一步“参数设置”中，选择本账套所需处理的工资类别个数为“单个”，默认币别名称为“人民币”，如图 6-1 所示。

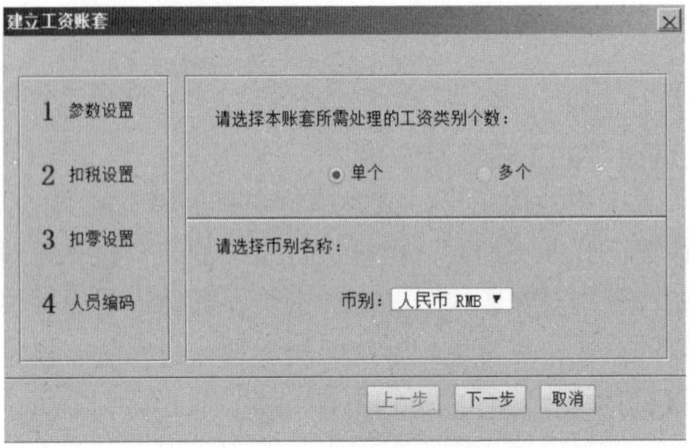

图 6-1 建立工资账套—参数设置

(2) 单击“下一步”按钮。

(3) 在建账第二步“扣税设置”中，选中“是否从工资中代扣个人所得税”复选框，如图 6-2 所示。

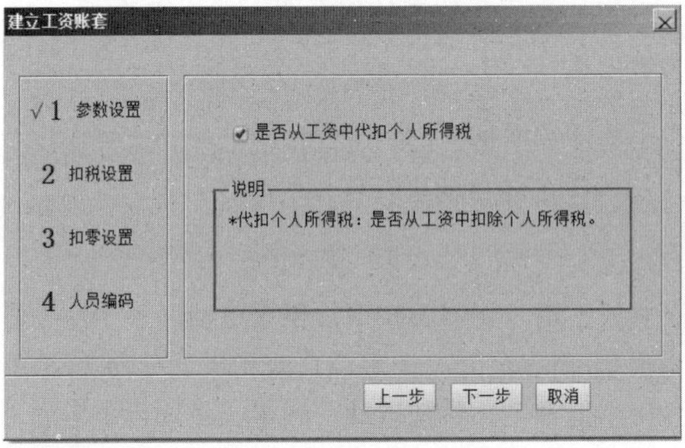

图 6-2 建立工资账套—扣税设置

(4) 单击“下一步”按钮。

(5) 在建账第三步“扣零设置”中，不做选择，如图 6-3 所示。直接单击“下一步”按钮。

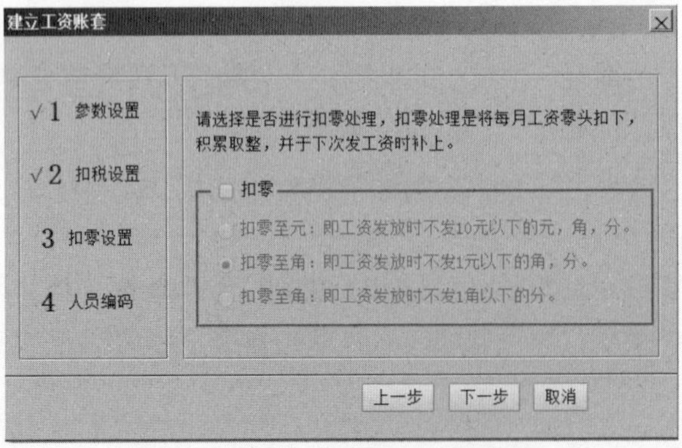

图 6-3 建立工资账套—扣零设置

(6) 在建账第四步“人员编码”中，单击“人员编码长度”增减器的下箭头将人员编码长度设置为3，本账套启用日期为2020-01-01，如图6-4所示。

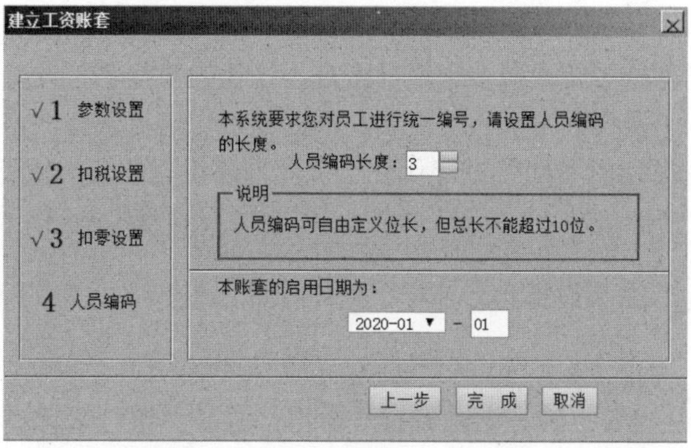

图6-4 建立工资账套—人员编码

(7) 单击“完成”按钮。

任务1.2 设置人员类别

知识准备

人员类别与工资费用的分配有关，设置人员类别主要用于按人员类别进行工资汇总计算，并将汇总结果进行工资费用的分配。

工作任务

设置管理人员、销售人员、生产人员3个人员类别。

工作步骤

(1) 执行“工资→设置→人员类别设置”命令，打开“人员类别设置”对话框。

(2) 在“类别”文本框中选中“无类别”，输入“管理人员”。

(3) 单击“增加”按钮。同理，根据资料输入其他人员类别。最后删除“无类别”，如图6-5所示。

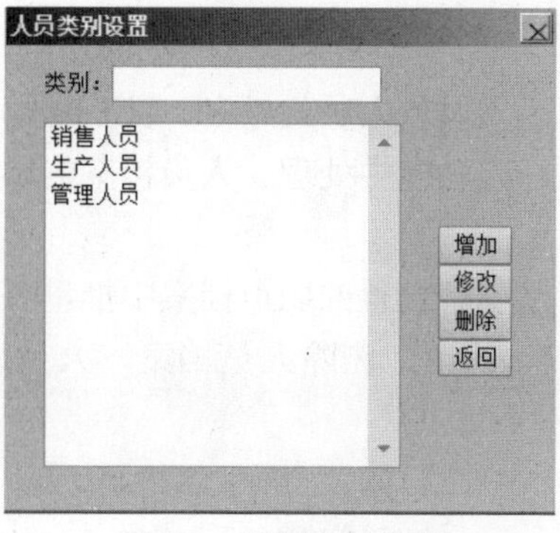

图6-5 设置人员类别

任务 1.3　设置银行名称

知识准备

发放工资的银行可按需要设置多个银行账户，这里的银行名称设置是针对所有工资类别而言的。例如，同一工资类别中的人员由于在不同的工作地点办公，需在不同的银行代发工资；或者不同的工资类别由不同的银行代发工资，均需设置相应的银行名称。

工作任务

设置银行名称为“工商银行北京分行上地支行”，银行账号为 11 位。

工作步骤

(1) 执行“工资→设置→银行名称设置”命令，打开“银行名称设置”对话框。

(2) 单击“增加”按钮。

(3) 在“银行名称”文本框中输入“工商银行北京分行上地支行”，默认账号定长且账号长度为“11”。

(4) 将其他银行名称删除，如图 6-6 所示。

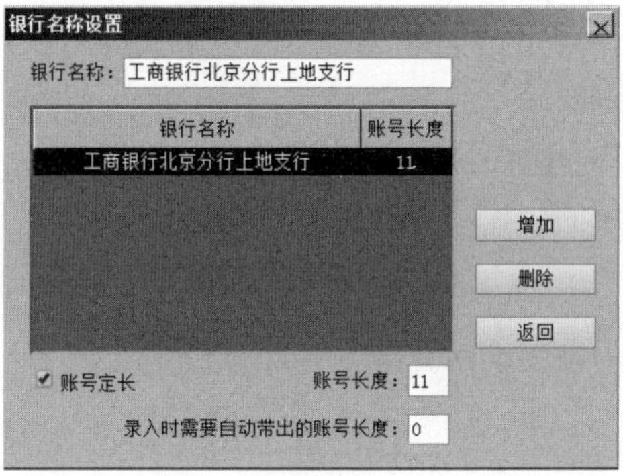

图 6-6　设置银行名称

任务 1.4　设置人员档案

知识准备

人员档案的设置用于登记工资发放人员的姓名、职工编号、所在部门、人员类别等信息。此外，员工的增减变动也必须在本功能中处理。人员档案的操作是针对某个工资类别的，即应先打开相应的工资类别。

工资管理中的人员档案可从基础设置的职员档案中批量获取，并补充与工资相关的信息。

人员档案管理包括：增加、修改、删除人员档案，人员调离与停发处理，查找人员，等等。

工作任务

设置人员档案，如表 6-2 所示。

表 6-2 设置人员档案

人员编号	人员姓名	部门名称	人员类别	账号	中方人员	是否计税
101	张涛	行政部	管理人员	20200080001	是	是
201	刘方	财务部	管理人员	20200080002	是	是
202	李强	财务部	管理人员	20200080003	是	是
203	王瑞	财务部	管理人员	20200080004	是	是
301	赵宁	销售部	销售人员	20200080005	是	是
401	宋刚	采购部	管理人员	20200080006	是	是
501	孙伟	生产部	生产人员	20200080007	是	是
601	陈红	仓储部	管理人员	20200080008	是	是

注：银行名称统一为“工商银行北京分行上地支行”。

工作步骤

(1) 执行“工资→设置→人员档案”命令，进入“人员档案”窗口。

(2) 单击工具栏中的“批增”按钮，打开“人员批量增加”窗口，选择所有部门，如图 6-7 所示。

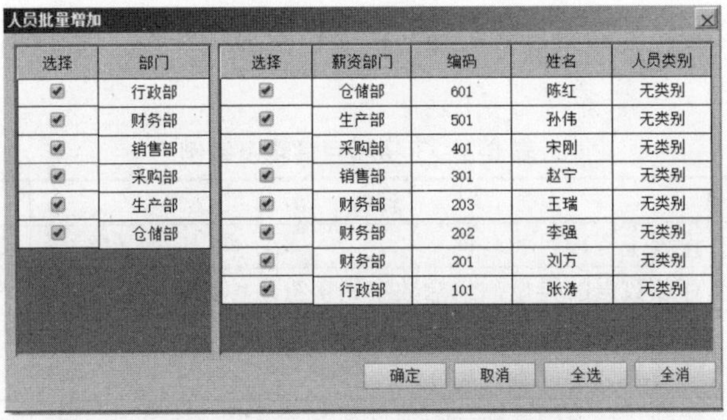

图 6-7 设置人员档案—批量选择人员

(3) 单击“确定”按钮。选中人员“张涛”，单击“修改”按钮，人员类别选择“管理人员”，选择银行名称为“工商银行北京分行上地支行”，输入银行账号为“20200080001”，如图 6-8 所示。

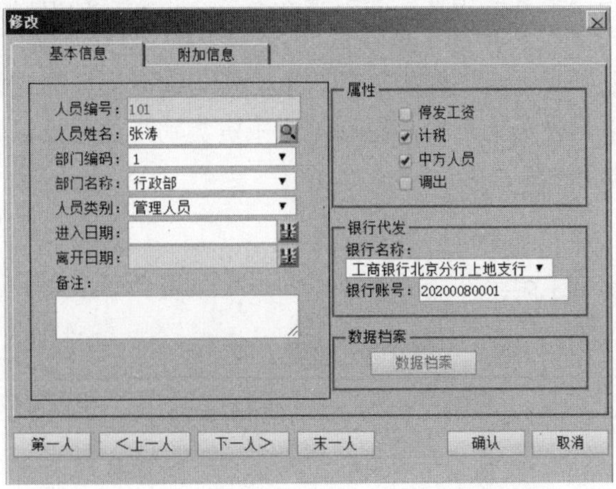

图 6-8 设置人员档案—补充银行信息

(4) 单击“确认”按钮。同理，补充其他人员的人员类别及银行信息，如图 6-9 所示。

部门名称	人员编号	人员姓名	人员类别	账号	中方
行政部	101	张涛	管理人员	20200080001	是
财务部	201	刘方	管理人员	20200080002	是
财务部	202	李强	管理人员	20200080003	是
财务部	203	王瑞	管理人员	20200080004	是
销售部	301	赵宁	销售人员	20200080005	是
采购部	401	宋刚	管理人员	20200080006	是
生产部	501	孙伟	生产人员	20200080007	是
仓储部	502	陈红	管理人员	20200080008	是

图 6-9　设置人员档案—人员完整信息

任务 1.5　设置工资项目

知识准备

工资项目设置即定义工资项目的名称、类型、宽度、小数、增减项。工资项目解释及举例如表 6-3 所示。

表 6-3　工资项目解释及举例

说明项	解释	举例
工资项目名称	设置工资项目的名称	基本工资
类型	存放数据的类型，包括数字和字符两种类型	数字
长度	存放数据的长度	10
小数位	小数部分的位数	2
增减项	增项：计入应发合计的项目 减项：计入扣款合计的项目 其他：不参与工资计算的项目	增项

系统中有一些固定项目，如应发合计、扣款合计、实发合计等不能删除和重命名。其他项目可根据实际情况定义或参照增加，如基本工资、奖励工资、请假天数等。在此设置的工资项目是针对所有工资类别的全部工资项目。

工资项目的设置是针对所有工资类别的。单工资类别下，只需完成工资项目设置即可；多工资类别下，工资项目设置完后，需打开某一工资类别，从已设置好的工资项目中为本工资类别选择合适的工资项目。

工作任务

设置工资项目如表 6-4 所示。

表 6-4　设置工资项目

项目名称	类型	长度	小数位数	增减项
基本工资	数字	10	2	增项
岗位工资	数字	10	2	增项
请假扣款	数字	10	2	减项

(续表)

项目名称	类型	长度	小数位数	增减项
应付工资	数字	10	2	增项
社会保险	数字	10	2	减项
住房公积金	数字	10	2	减项
税前工资	数字	10	2	增项
请假天数	数字	10	2	其他

工作步骤

(1) 执行“工资→设置→工资项目设置”命令，打开“工资项目设置”对话框。

(2) 单击“增加”按钮，工资项目列表中增加一空行。

(3) 单击“名称参照”下拉列表框，从下拉列表中选择“基本工资”选项，或直接输入“基本工资”。

(4) 设置类型为“数字”，长度为“10”，小数位为“2”，增减项为“增项”，如图6-10所示。

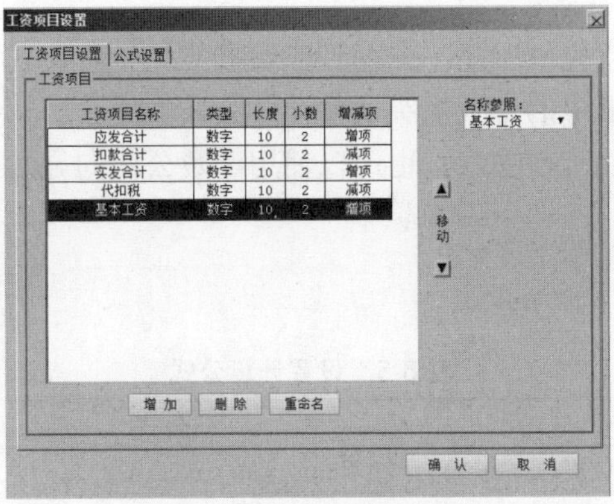

图6-10　设置工资项目

(5) 同理，单击“增加”按钮，按资料增加其他工资项目。

(6) 全部设置完毕，单击右侧的▲或▼按钮，将工资项目排列成如图6-11所示，单击“确认”按钮。

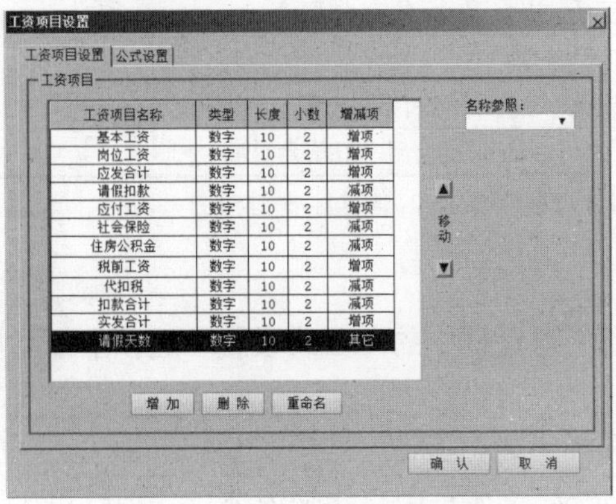

图6-11　排列后的全部工资项目

注意:

- ❑ 系统预置的工资名称可以参照，没有预置的工资项目名称可直接输入，如“应付工资”。

任务 1.6 设置计算公式

知识准备

设置计算公式就是定义某些工资项目的计算公式及工资项目之间的运算关系。例如：缺勤扣款=基本工资/月工作日×缺勤天数。运用公式可直观表达工资项目的实际运算过程，灵活地进行工资计算处理。

定义公式可通过选择工资项目、运算符、关系符、函数等组合完成。

系统固定的工资项目“实发合计”的计算公式为“应发合计-扣款合计”。

定义公式时需要注意如下问题。

(1) 定义工资项目计算公式要符合逻辑。系统将对公式进行合法性检查，对不符合逻辑的公式，系统将给出错误提示。

(2) 定义公式时要注意先后顺序，先得到的数据应先设置公式。

(3) 可通过单击公式框中的上下箭头调整计算公式顺序。

(4) 定义公式时即可以直接输入，也可以使用函数公式向导参照输入。

工作任务

设置计算公式，如表 6-5 所示。

表 6-5 设置计算公式

工资项目	公式
岗位工资	iff(人员类别="销售人员",4000，iff(人员类别="生产人员",3000,2000))
应发合计	基本工资+岗位工资
请假扣款	请假天数*50
应付工资	应发合计-请假扣款
社会保险	应付工资*10.2%
住房公积金	应付工资*12%
税前工资	应付工资-社会保险-住房公积金
代扣税	系统自动生成
扣款合计	请假扣款+社会保险+住房公积金+代扣税
实发合计	系统自动生成(应发合计-扣款合计)

注：为了操作简便，工资项目及计算公式做了简化处理，与实际不完全相符。

工作步骤

(1) 在“工资项目设置”对话框中的“公式设置”选项卡下，单击“增加”按钮，在工资项目列表中增加一空行。

(2) 单击下拉列表框选择“岗位工资”选项。

(3) 在“应发合计公式定义”文本框中直接输入公式“iff(人员类别="销售人员",4000，iff(人员类别="生产人员",3000,2000))”。

(4) 单击“公式确认”按钮，如图6-12所示。

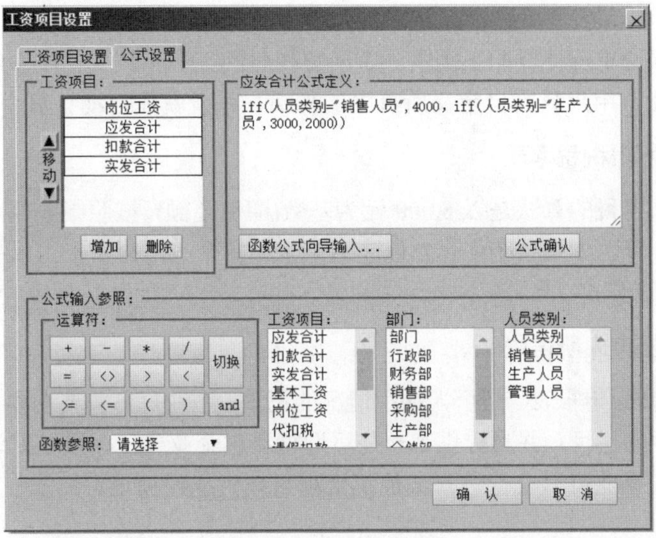

图6-12 设置计算公式

(5) 同理，输入其他工资项目的计算公式。

(6) 单击左侧或右侧的▲或▼按钮，将有计算公式的工资项目按如图6-13所示的方式排列，单击“确认”按钮。

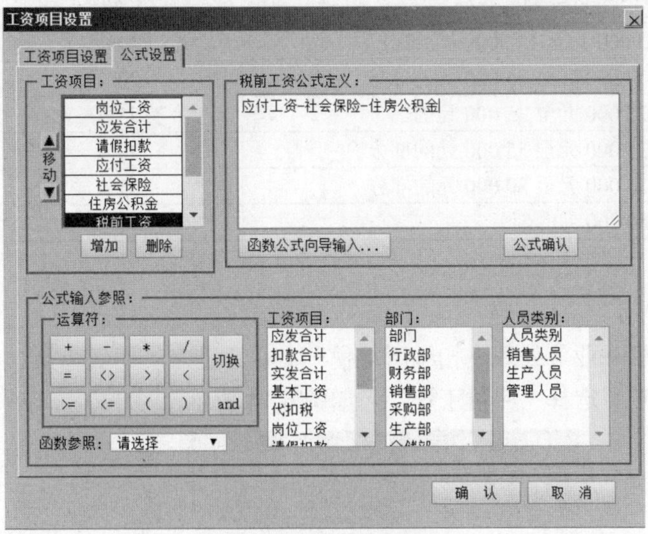

图6-13 计算公式排列

注意:

- ❑ 公式中的标点符号为英文方式。
- ❑ 每设置完成一个计算公式，必须单击“公式确认”按钮。
- ❑ 可单击公式设置中的 函数公式向导输入... 按钮，引导输入计算公式。

任务 1.7 设置个税税率

知识准备

鉴于许多企事业单位计算职工工资薪金所得税时的工作量较大，本系统特提供个人所得税的自动计算功能。用户只需自定义所得税的税率，系统就能自动计算个人所得税。

1. 设置个人所得税税率表

新个税计算所得税的算法是以 5 000 元为基数(即免征额)，按照国家规定的七级超额累进税率计算表进行计算。如果系统中仍然以老税率来计算个人所得税，可以按新个税要求修改“基数”和税率计算公式。

2. 计算与申报个人所得税

“个人所得税扣缴申报表”是个人纳税情况的记录，企业每月需要向税务机关上报。工资系统预置了该表中的栏目，并且提供了一些可选栏目供企业选择。系统默认以“实发工资”作为扣税基数，但企业可以自行选择其他工资项目作为扣税标准。

工作任务

设置新个税免征额为 5 000 元，七级超额累进税率表如表 6-6 所示。

表 6-6　七级超额累进税率表

级数	应纳税所得额	税率	速算扣除数
1	不超过 3 000 元的部分	3%	0
2	超过 3 000 元至 12 000 元的部分	10%	210
3	超过 12 000 元至 25 000 元的部分	20%	1 410
4	超过 25 000 元至 35 000 元的部分	25%	2 660
5	超过 35 000 元至 55 000 元的部分	30%	4 410
6	超过 55 000 元至 80 000 元的部分	35%	7 160
7	超过 80 000 元的部分	45%	15 160

工作步骤

(1) 执行“工资→业务处理→扣缴所得税”命令，进入“栏目选择”窗口。

(2) 对应工资项目选择“应付工资”，如图 6-14 所示。

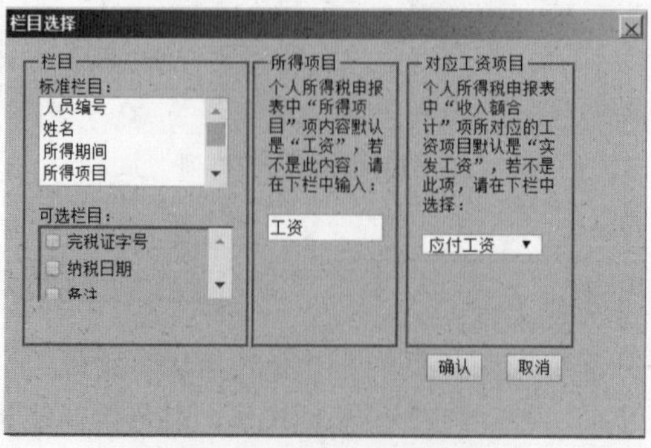

图 6-14　选择计税工资项目

(3) 单击“确认”按钮，再单击“取消”按钮。

(4) 单击“税率”按钮，输入基数“5 000”、附加费用“0”，按资料设置七级税率表，如图 6-15 所示。

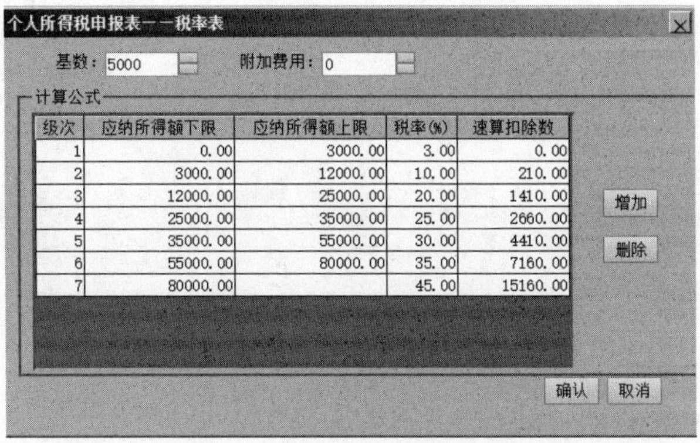

图 6-15 设置个人所得税税率

(5) 单击“确认”按钮，再单击“确定”按钮，重新计算所得税后退出。

注意：

- ❑ 若系统中已按最新税率调整好，此任务可不操作。

任务 1.8 设置工资分摊

知识准备

T3 系统中通过事先定义工资转账关系，就可以每月自动分配工资费用，生成转账凭证。定义工资转账关系就是定义工资费用分配的模板，即确定不同类别人员的工资计入不同的费用科目中。

除了可以定义工资费用分配的凭证模板，还可定义计提福利费、计提工会经费和职工教育经费的凭证模板。

工作任务

设置工资费用分配模板(计提基数以工资表中的“应付工资”为准)，如表 6-7 所示。

表 6-7 设置工资费用分配模板

部门	工资分摊	应付工资(100%)	
		借方	贷方
行政部、财务部、采购部、仓储部	管理人员	560209	221101
销售部	销售人员	560107	221101
生产部	生产人员	400102	221101

工作步骤

(1) 执行“工资→业务处理→工资分摊”命令，打开“工资分摊”对话框。

(2) 单击“工资分摊设置”按钮，打开“分摊类型设置”对话框。

(3) 单击“增加”按钮，打开“分摊构成设置”对话框。

(4) 输入计提类型名称“应付工资”、分摊计提比例“100%”，如图 6-16 所示。

图 6-16　设置工资分摊类型

(5) 单击“下一步”按钮，打开“分摊构成设置”对话框。

(6) 根据资料，选择输入“部门名称”“人员类别”“项目”“借方科目”“贷方科目”等数据，如图 6-17 所示。

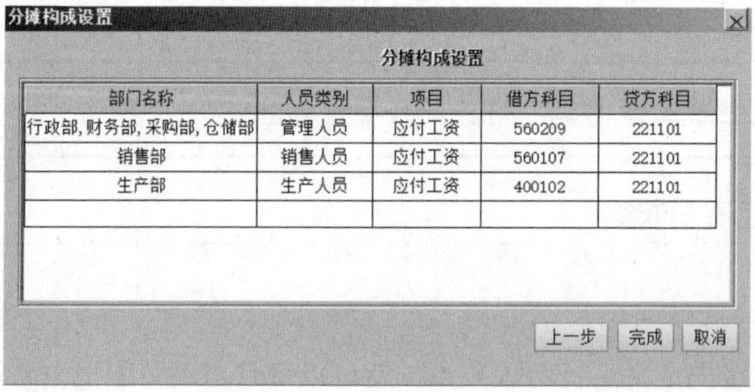

图 6-17　设置工资分摊构成

(7) 输入完成后单击“完成”按钮，返回。

注意：

❑ 设置工资分摊类型一般需要在系统初始化阶段进行，如无变化，不需每月调整。

知识延伸

在 T3 系统中，也可定义模板自动生成计提工会经费和职工教育经费的凭证。

1. 计提工会经费如表 6-8 所示(应付工资的 2%)

表 6-8　计提工会经费

部门	工资分摊	工会经费	
		借方科目	贷方科目
行政部、财务部、采购部、仓储部	管理人员	管理费用—职工薪酬	应付职工薪酬—工会经费
销售部	销售人员	销售费用—职工薪酬	应付职工薪酬—工会经费
生产部	生产人员	生产成本—直接人工	应付职工薪酬—工会经费

2. 计提职工教育经费如表 6-9 所示(应付工资的 1.5%)

表 6-9　计提职工教育经费

部门 \ 工资分摊		职工教育经费	
		借方科目	贷方科目
行政部、财务部、采购部、仓储部	管理人员	管理费用—职工薪酬	应付职工薪酬—职工教育经费
销售部	销售人员	销售费用—职工薪酬	应付职工薪酬—职工教育经费
生产部	生产人员	生产成本—直接人工	应付职工薪酬—职工教育经费

另外，发放工资需要在总账模块直接填制凭证。

借：应付职工薪酬

　　贷：银行存款

任务 1.9　输入期初数据

知识准备

工资数据按变动频度分为固定工资数据和变动工资数据两部分。固定工资数据是指每月相对固定不变的工资数据。工资模块中，在初次使用时需要录入固定工资数据，如基本工资、职务工资、岗位工资等。每月固定不变的数据在系统投入使用时一次输入，长期使用时只在提职、提薪、晋级时才进行修改。变动工资数据是指每月都会发生变化的工资数据，如病事假扣款、水电费、代扣税等代扣款，需要在每月处理工资数据前进行编辑修改。

这里提到的输入期初数据是指输入固定工资数据。

工作任务

输入期初工资数据，如表 6-10 所示。

表 6-10　输入期初工资数据

人员编号	人员姓名	基本工资
101	张涛	10 000
201	刘方	8 000
202	李强	7 100
203	王瑞	7 500
301	赵宁	9 000
401	宋刚	7 300
501	孙伟	8 500
601	陈红	7 800

工作步骤

(1) 执行“工资管理→业务处理→工资变动”命令，进入“工资变动”窗口。

(2) 根据资料输入基本工资数据，如图 6-18 所示。

(3) 单击“退出”按钮。

人员编号	姓名	部门	人员类别	基本工资
101	张涛	行政部	管理人员	10000
201	刘方	财务部	管理人员	8000
202	李强	财务部	管理人员	7100
203	王瑞	财务部	管理人员	7500
301	赵宁	销售部	销售人员	9000
401	宋刚	采购部	管理人员	7300
501	孙伟	生产部	生产人员	8500
601	陈红	仓储部	管理人员	7800
合计				0.00

图 6-18 输入期初工资数据

任务 2 工资管理模块日常处理

任务 2.1 工资变动及计算

知识准备

由于职工工资与考勤、工作业绩等各项因素相关，因此，每个月都需要进行职工工资数据的调整。为了快速、准确地录入工资数据，T3 系统提供以下功能。

1. 筛选和定位

如果对部分人员的工资数据进行修改，最好采用数据过滤的方法，先将所要修改的人员过滤出来，再进行工资数据修改。修改完毕后进行“重新计算”和“汇总”。

2. 页编辑

在工资变动界面提供了“编辑”按钮，可以对选定的个人进行快速录入。单击“上一人”“下一人”按钮可变更人员、录入或修改其他人员的工资数据。

3. 替换

替换就是将符合条件的人员的某工资项目的数据统一替换成某个数据，例如，将管理人员的奖金上调 100 元。

4. 过滤器

如果只对工资项目中的某一个或几个项目进行修改，可将要修改的项目先过滤出来，如只对事假天数、病假天数两个工资项目的数据进行修改。对于常用到的过滤项目可以在项目过滤选择后输入一个名称进行保存，以后可通过过滤项目名称调用，不用时也可以删除。

工作任务

输入本月考勤数据：王瑞请假 3 天；孙伟请假 2 天。

工作步骤

(1) 执行“工资→业务处理→工资变动”命令，进入“工资变动”窗口。

(2) 输入考勤情况：王瑞请假 3 天；孙伟请假 2 天。

(3) 单击“计算”按钮，计算工资数据，如图 6-19 所示。

工资变动

导出 设置 替换 定位 筛选 计算 汇总 编辑 退出

工 资 变 动

过滤器：所有项目

姓名	部门	人员类别	基本工资	岗位工资	应发合计	请假扣款	应付工资
张涛	行政部	管理人员	10000.00	2000.00	12000.00	0.00	12000.
刘方	财务部	管理人员	8000.00	2000.00	10000.00	0.00	10000.
李强	财务部	管理人员	7100.00	2000.00	9100.00	0.00	9100.
王瑞	财务部	管理人员	7500.00	2000.00	9500.00	150.00	9350.
赵宁	销售部	销售人员	9000.00	4000.00	13000.00	0.00	13000.
宋刚	采购部	管理人员	7300.00	2000.00	9300.00	0.00	9300.
孙伟	生产部	生产人员	8500.00	3000.00	11500.00	100.00	11400.
陈红	仓储部	管理人员	7800.00	2000.00	9800.00	0.00	9800.
			65200.00	19000.00	84200.00	250.00	83950.

图 6-19 工资数据变动—工资计算

(4) 单击“汇总”按钮，汇总工资数据。

(5) 单击“退出”按钮，退出“工资变动”窗口。

任务 2.2 工资分摊

知识准备

工资分摊即工资及相关费用分配，是按照所设置的分配模板，对工资费用分配及各种经费的计提，并编制转账凭证，传递到总账系统中。

传递到总账系统中的凭证仍需审核记账。

工作任务

进行工资费用分配并生成记账凭证(生产人员工资计入“ERP 应用多媒体课件”项目中)。

工作步骤

(1) 执行“工资→业务处理→工资分摊”命令，打开“工资分摊”对话框。

(2) 在“工资分摊”对话框中，选择计提费用类型为“应付工资”，选择所有的核算部门，选中“明细到工资项目”复选框，如图 6-20 所示。

(3) 单击“确定”按钮。

(4) 在“应付工资一览表”中，单击选择“合并科目相同、辅助项相同的分录”复选框。

(5) 单击“制单”按钮，进入“填制凭证”窗口。

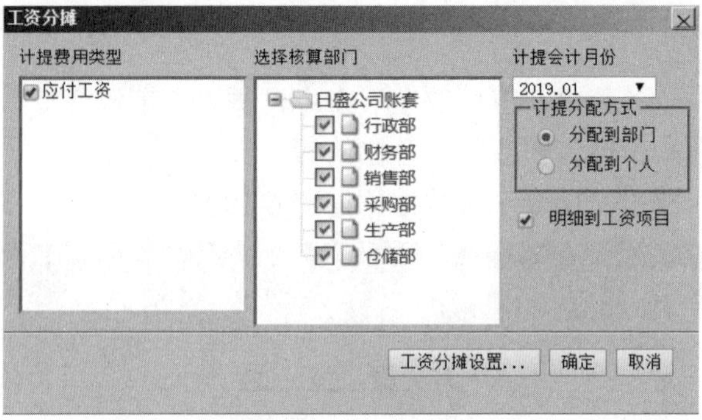

图 6-20　工资分摊

(6) 选择凭证类型“转”字，补充“生产成本/直接人工”科目的项目辅助核算内容“ERP应用多媒体课件”，单击“保存”按钮，如图 6-21 所示。

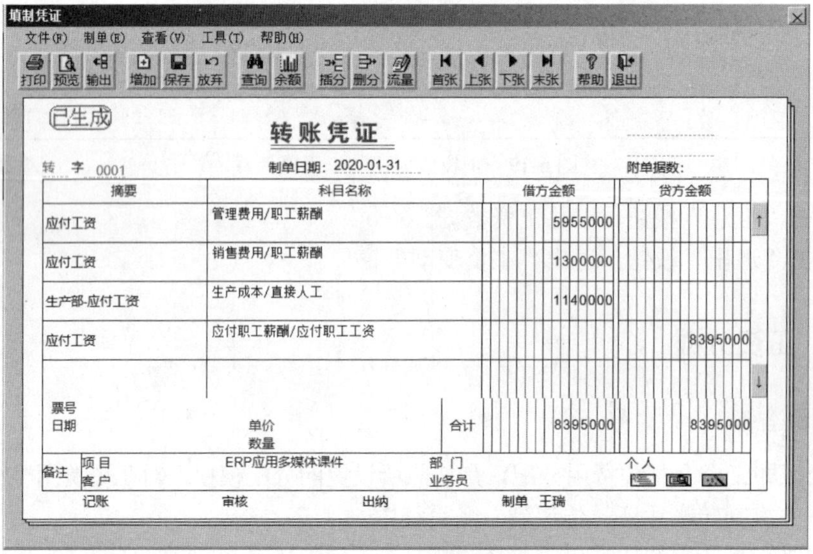

图 6-21　生成凭证

注意：

- “生产成本/直接人工”的辅助核算项目为“ERP 应用多媒体课件”。
- 生成的凭证自动传递到总账系统，需要进行审核和记账。
- 执行“工资→统计分析→凭证查询”命令，可查询或删除该凭证。

知识延伸

若要结转个人负担的社会保险、住房公积金和个人所得税，需在总账模块中直接填制记账凭证，会计分录如下。

借：应付职工薪酬/应付职工工资

　　贷：其他应付款/社会保险

　　　　其他应付款/住房公积金

　　　　应交所得税/应交个人所得税

任务3 工资管理模块期末处理

知识准备

工资期末处理即月末处理，是将当月数据经过处理后结转至下月，每月的工资数据处理完毕后均可进行月末结转。由于在工资项目中，有的项目是变动的，即每月的数据均不相同，因此在每月工资处理时均需先将其数据清零，然后再输入当月的数据，此类项目即为清零项目。

如果处理多个工资类别，则应按照工资类别分别进行月末处理，若本月工资数据未汇总，则系统将不允许进行月末处理。进行期末处理后，当月数据将不允许变动。

工作任务

工资模块进行期末处理，将“请假天数”和“请假扣款”工资项目清零。

工作步骤

(1) 执行“工资→业务处理→月末处理”命令，打开“月末处理”对话框。

(2) 单击“确认”按钮，打开“选择清零项目”对话框。

(3) 在“请选择清零项目”列表中，单击选择“请假天数”“请假扣款”和“养老保险”，单击“>”按钮，将所选项目移动到右侧的列表框中，如图6-22所示。

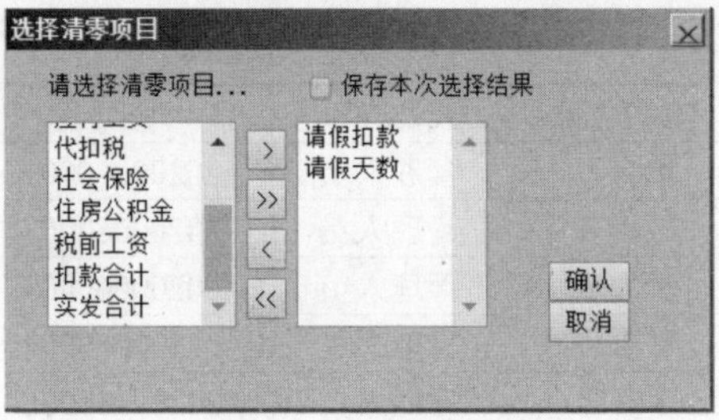

图6-22 选择清零项目

(4) 单击“确认”按钮，弹出系统提示：“月末处理成功！”。

(5) 单击“确定”按钮返回。

注意：

- ❑ 月末处理之前，要保证本月工资数据变动完毕。

实训应用

实训七 工资管理

【实训目的】

1. 理解工资类别中单类别和多类别的区别。

2. 熟悉建立工资账套、设置人员类别、设置人员档案、输入期初数据、工资变动等操作。
3. 掌握工资项目设置、计算公式设置、个税税率设置和工资分摊设置与生成等操作。

【实训要求】

以会计贺敏(编号 6603；密码：3)的身份进行工资业务处理。

【实训内容】

(一) 初始设置

1. 建立工资账套

工资类别个数：单个；核算币种：人民币 RMB；要求代扣个人所得税；不进行扣零处理，人员编码长度：3 位。

2. 设置人员类别

设置管理人员、销售人员、生产人员 3 个人员类别。

3. 设置银行名称

设置银行名称为“工行北京中关村分理处”，银行账号为 11 位。

4. 设置人员档案

设置人员档案，如表 6-11 所示。

表 6-11 设置人员档案

人员编号	人员姓名	部门名称	人员类别	账号	中方人员	是否计税
101	汪 涵	企管办	管理人员	20200060001	是	是
201	郑 通	财务处	管理人员	20200060002	是	是
202	贺 敏	财务处	管理人员	20200060003	是	是
203	孙 娟	财务处	管理人员	20200060004	是	是
301	张海涛	采购处	管理人员	20200060005	是	是
302	魏大鹏	采购处	管理人员	20200060006	是	是
401	孟晓菲	销售处	销售人员	20200060007	是	是
402	田晓宾	销售处	销售人员	20200060008	是	是
501	赵晓宁	生产处	生产人员	20200060009	是	是
502	陈 红	生产处	生产人员	20200060010	是	是
601	马 芳	仓管处	管理人员	20200060011	是	是
602	潘小小	仓管处	管理人员	20200060012	是	是

注：银行名称统一为“工行北京中关村分理处”。

5. 设置工资项目

设置工资项目，如表 6-12 所示。

表 6-12 设置工资项目

项目名称	类型	长度	小数位数	增减项
基本工资	数字	10	2	增项
绩效工资	数字	10	2	增项

(续表)

项目名称	类型	长度	小数位数	增减项
请假扣款	数字	10	2	减项
应付工资	数字	10	2	增项
医疗保险	数字	10	2	减项
养老保险	数字	10	2	减项
税前工资	数字	10	2	增项
请假天数	数字	10	2	其他

6. 设置计算公式

设置计算公式，如表 6-13 所示。

表 6-13 设置计算公式

工资项目	公式
绩效工资	iff(人员类别="销售人员",5000，iff(人员类别="生产人员",4000,3000))
应发合计	基本工资+绩效工资
请假扣款	请假天数*100
应付工资	应发合计-请假扣款
医疗保险	应付工资*2%
养老保险	应付工资*8%
税前工资	应付工资-医疗保险-养老保险
代扣税	系统自动生成
扣款合计	请假扣款+医疗保险+养老保险+代扣税
实发合计	系统自动生成(应发合计-扣款合计)

注：为了操作简便，工资项目及计算公式做了简化处理，与实际不完全相符。

7. 设置工资分摊

设置工资费用分配模板(计提基数以工资表中的“应付工资”为准)，如表 6-14 所示。

表 6-14 设置工资费用分配模板

部门 \ 工资分摊		应付工资(100%)	
		借方	贷方
企管办、财务处、采购处、仓管处	管理人员	560204	221101
销售处	销售人员	560104	221101
生产处	生产人员	400102	221101

8. 输入期初数据

输入期初工资数据，如表 6-15 所示。

表 6-15 输入期初工资数据

人员编号	人员姓名	基本工资
101	汪 涵	12 000
201	郑 通	9 000
202	贺 敏	8 000
203	孙 娟	7 500
301	张海涛	9 000
302	魏大鹏	7 300
401	孟晓菲	9 200
402	田晓宾	8 600
501	赵晓宁	7 800
502	陈 红	8 100
601	马 芳	7 800
602	潘小小	7 000

(二) 日常处理

1. 工资变动及计算

输入本月考勤数据：魏大鹏请假 5 天；陈红请假 4 天。进行本月工资数据计算及汇总。

2. 工资分摊

进行工资费用分配并生成记账凭证。

说明：

赵晓宁工资计入“Java语言多媒体课件”项目中；陈红工资计入“Python语言多媒体课件”项目中。

(三) 期末处理

将工资模块进行期末处理，将“请假天数”和“请假扣款”工资项目清零。

巩固提高

一、单选题

1. 在银行代发工资的情况下，下列(　　)可以不用设置。
   A. 扣税设置　　B. 扣零设置
   C. 人员编码设置　　D. 参数设置
2. 若在建立账套时选择了“扣税设置”，则在工资项目中自动生成(　　)。
   A. 基本工资　　B. 奖金　　C. 代扣税　　D. 实发合计
3. 系统默认以(　　)作为扣税基数。
   A. 应发合计　　B. 基本工资　　C. 代扣税　　D. 实发合计

4. 人员类别设置的主要目的是便于(　　)。

A. 计算工资　　B. 工资发放

C. 工资数据统计　　D. 工资费用分配

5. 对于辅助工资数据计算的工资项目，如“病假天数”是辅助计算“病假工资”的，对于这类工资项目其属性应设置为(　　)。

A. 增项　　B. 减项　　C. 其他　　D. 辅助

二、多选题

1. 建立工资账套的内容主要包括(　　)。

A. 参数设置　　B. 扣税设置　　C. 扣零设置　　D. 人员编码设置

2. 工资管理系统中固定的工资项目有(　　)。

A. 基本工资　　B. 应发合计　　C. 扣款合计　　D. 实发合计

3. 某工资账套中，若销售人员奖励工资为3 000元，生产人员奖励工资为2 000元，其他人员奖励工资为1 000元，则奖励工资的计算公式正确的是(　　)。

A. iff(人员类别="销售人员",iff(人员类别="生产人员",3000,2000),1000)

B. iff(人员类别="销售人员",3000,iff(人员类别="生产人员",2000,1000))

C. iff(人员类别="生产人员",iff(人员类别="销售人员",3000,2000),1000)

D. iff(人员类别="生产人员",2000,iff(人员类别="生产人员",3000,1000))

4. 下列哪些业务可通过工资模块设置凭证模板自动生成？(　　)

A. 工资费用分配　　B. 发放工资

C. 计提职工教育经费　　D. 计提工会经费

5. 下列需要设置多工资类别的是？(　　)

A. 分别对在职人员、退休人员、离休人员进行核算的企业

B. 分别对正式工、临时工进行核算的企业

C. 每月进行多次工资发放，月末统一核算的企业

D. 在不同地区有分支机构，而由总管机构统一进行工资核算的企业

三、判断题

1. 企业存在管理人员、销售人员、生产人员等不同类别的人员，需要进行多工资类别核算。(　　)

2. 系统提供的固定工资项目不能修改。(　　)

3. 设置人员类别的目的就是按不同人员类别进行不同的工资数据核算。(　　)

4. 工资数据按变动频度分为固定工资数据和变动工资数据两部分。(　　)

5. 计入应发合计的工资项目通常设置为“增项”。(　　)

四、简答题

1. 建立工资账套时需要进行哪些设置？

2. 在哪些情况下需要设置多个工资类别？

3. 工资项目设置的属性有哪些？作用是什么？请举例说明。

4. 定义计算公式时需要注意的问题是什么？

5. 某一工资账套中，若人员类别分为管理人员和生产人员，部门分为企管部、销售部和生产部 3 个部门，则如何定义该账套的工资费用分配模板。

项目 7

固定资产管理

学习目标

通过本项目的学习，学员应具备如下能力：

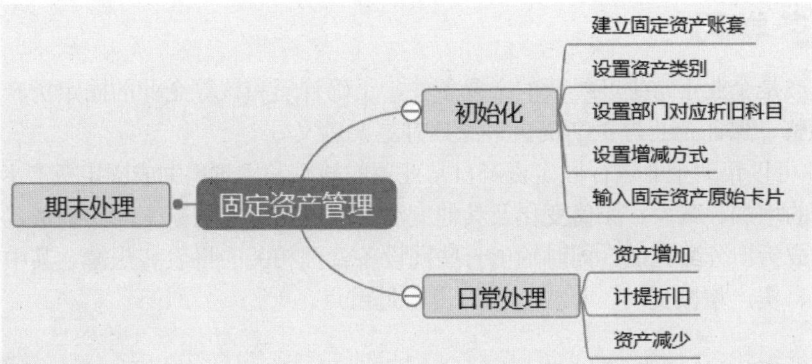

情境案例

日盛科技公司于2020年1月1日启用固定资产模块，进行固定资产核算。

1. 业务分工

由会计王瑞进行固定资产模块核算的相关操作。

2. 相关规定

该企业采用平均年限法计提折旧。固定资产编码按“类别编号+部门编号+序号”的方式自动编码。

该企业固定资产分为三类：交通运输设备、电子设备、其他设备。生产部的固定资产折旧计入制造费用科目中，销售部固定资产折旧计入销售费用科目中，其他部门的固定资产折旧计入管理费用科目中。

3. 本企业期初固定资产卡片数据(见表 7-1)

表 7-1 本企业期初固定资产卡片数据

固定资产名称	所在部门	使用年限	开始使用日期	原值	累计折旧
轿车	行政部	10	2018-07-01	440 000	73 000
笔记本电脑	销售部	5	2019-01-01	10 000	2 000
运输车	生产部	10	2018-07-01	300 000	50 000

4. 固定资产日常业务

(1) 1月20日，财务部购买打印机一台，价值3 000元，净残值率为5%，可抵扣进项税480元，预计使用年限为5年，请新增固定资产卡片。

(2) 1月31日，计提本月折旧额。

(3) 1月31日，生产部运输车毁损，做资产减少处理。

任务学习

固定资产是企业正常生产经营的必要条件，正确管理和核算企业的固定资产，对于保护企业资产完整、保证企业再生产资金来源具有重要意义。

T3 软件可以帮助企业进行固定资产日常业务的核算和管理，生成固定资产卡片，按月反映固定资产的增加、减少、原值变化及其他变动并输出相应的增减变动明细账，按月自动计提折旧，生成折旧分配凭证，同时输出一些同设备管理相关的报表和账簿。其中输入固定资产原始卡片、资产增减变动、计提折旧等内容是重点。

任务 1 固定资产管理模块初始化

任务 1.1 建立固定资产账套

知识准备

在系统管理中已经建立了企业核算账套，在固定资产系统中还需要针对固定资产设置相应的控制参数，包括约定与说明、启用月份、折旧信息、编码方式及财务接口等。这些参数在初次启动固定资产管理系统时设置，其他参数可以在“选项”中补充。

1. 约定及说明

约定及说明中列示了固定资产账套的基本信息和系统有关资产管理的基本原则。

2. 启用月份

如果需要向总账系统传递凭证，那么固定资产的启用月份不得在总账系统的启用月份之后。启用日期确定之后，在该日期前的所有固定资产都将作为期初数据，从启用月份开始计提折旧。

3. 折旧信息

设定本企业的折旧方案，即确定是否提折旧、采用什么方法提折旧、多长时间进行折旧汇总分配。

4. 编码方式

按照编码管理对象是计算机业务处理的基本特征。在固定资产系统中需要对每一项资产所属的资产类别及资产本身进行编码管理，此处是指设定编码的原则。

5. 财务接口

如果固定资产和总账系统集成使用总账系统中管理“固定资产”和“累计折旧”科目的总账，则固定资产系统管理每一项固定资产和折旧计算的详细情况，但两者应该存在相等关系。

6. 其他参数

在固定资产初始化向导中完成以上参数设置后，还可以另外进行一些参数的补充设置，如业务发生后是否立即进行制单处理、固定资产和累计折旧的入账科目设定等。

工作任务

建立固定资产账套，如表 7-2 所示。

表 7-2 建立固定资产账套

控制参数	参数设置
约定及说明	同意
启用月份	2020.01
折旧信息	本账套计提折旧 折旧方法：平均年限法(一) 折旧汇总分配周期：1 个月 当(月初已计提月份=可使用月份-1)时，将剩余折旧全部提足
编码方式	资产类别编码方式：2 1 1 2 固定资产编码方式： 按“类别编号+部门编号+序号”自动编码； 卡片序号长度为 3
财务接口	与账务系统进行对账 对账科目： 固定资产对账科目：1601 固定资产； 累计折旧对账科目：1602 累计折旧
补充参数	月末结账前一定要完成制单登账业务 业务发生后立即制单 可纳税调整的增加方式：直接购入 固定资产缺省入账科目：1601，累计折旧缺省入账科目：1602 可抵扣税额入账科目：22210101

工作步骤

以会计王瑞身份登录信息门户。输入或选择如下信息：操作员“5503”；密码“3”；账套“555 日盛公司账套”；会计年度“2020”；日期“2020-01-31”。

1. 建立固定资产账套

(1) 单击“固定资产”菜单项，弹出“这是第一次打开此账套，还未进行过初始化，是否进行初始化？”信息提示框。

(2) 单击“是”按钮，打开“固定资产初始化向导”对话框。

(3) 在“固定资产初始化向导——约定及说明”对话框中，选择“我同意”，单击“下一步”按钮，打开“固定资产初始化向导——启用月份”对话框。

(4) 默认启用月份为“2020.01”，单击“下一步”按钮，打开“固定资产初始化向导——折旧信息”对话框。

(5) 选中“本账套计提折旧”复选框；选择折旧方法为“平均年限法(一)”，折旧分配周期为“1 个月”；选中“当月初已计提月份=可使用月份-1)时，将剩余折旧全部提足”复选框。

(6) 单击“下一步”按钮，打开“固定资产初始化向导——编码方式”对话框。

(7) 确定资产类别编码长度为“2112”；单击“自动编码”单选按钮，选择固定资产编码方式为“类别编号+部门编号+序号”，选择序号长度为“3”，如图 7-1 所示。

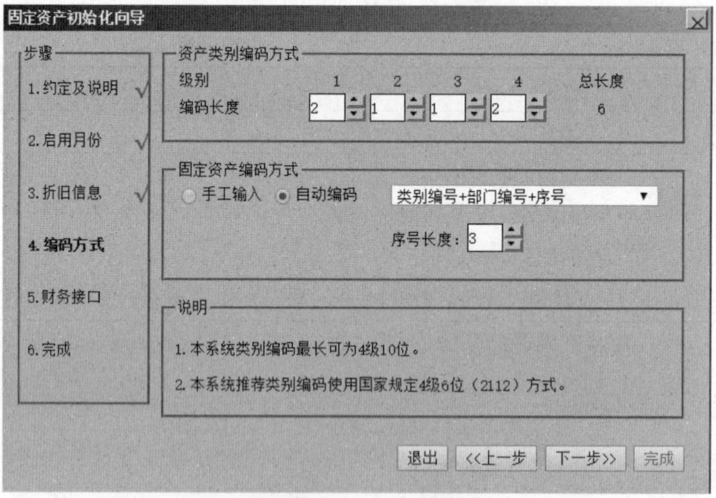

图 7-1　建立固定资产账套—固定资产编码方式

(8) 单击“下一步”按钮，打开“固定资产初始化向导——财务接口”对话框。

(9) 选中“与账务系统进行对账”复选框；选择固定资产的对账科目为“1601，固定资产”，累计折旧的对账科目为“1602，累计折旧”，选择“在对账不平衡的情况下允许固定资产月末结账”复选框，如图 7-2 所示。

(10) 单击“下一步”按钮，打开“固定资产初始化向导——完成”对话框。

(11) 单击“完成”按钮，完成本账套的初始化。

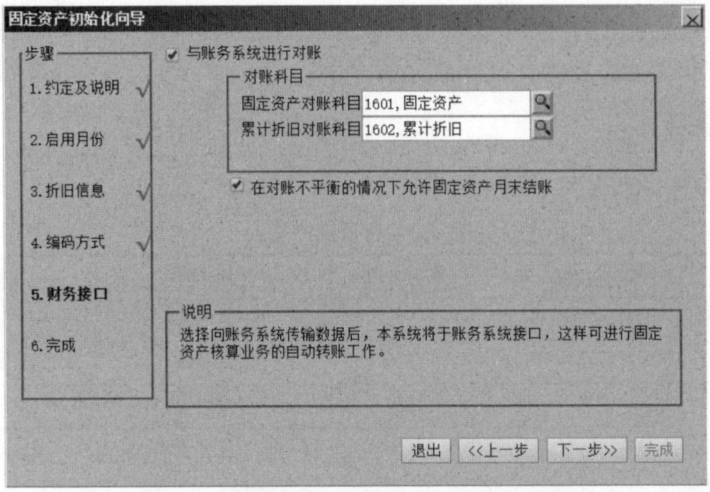

图 7-2　建立固定资产账套—对账科目设置

2. 补充参数设置

(1) 执行“固定资产→设置→选项”命令，进入“选项”窗口。

(2) 在“与账务系统接口”选项卡中，选中“月末结账前一定要完成制单登账业务”，选择“业务发生后立即制单”复选框，选择可纳税调整的增加方式为“直接购入”。

(3) 选择缺省入账科目为“1601，固定资产”“1602，累计折旧”，可抵扣税额入账科目为“22210101，应交税费/应交增值税”，如图 7-3 所示。

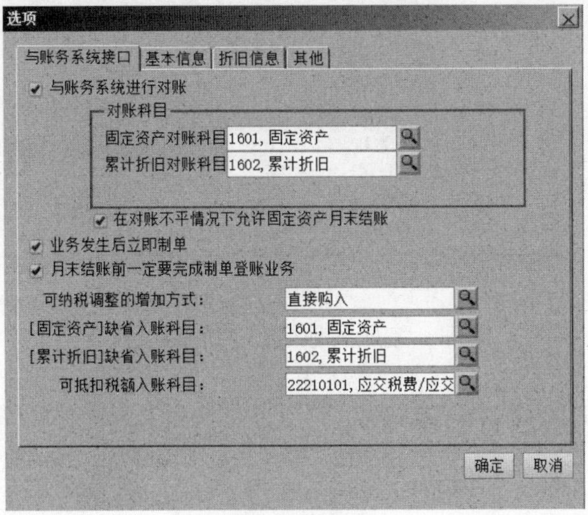

图 7-3　参数设置

(4) 单击“确定”按钮。

任务 1.2　设置资产类别

知识准备

固定资产的种类繁多，规格不一。要强化固定资产管理，及时准确做好固定资产核算，必须科学地建立固定资产的分类，为核算和统计管理提供依据。企业可根据自身的特点和管理要求，确定一个较为合理的资产分类方法。

工作任务

设置资产类别，如表 7-3 所示。

表 7-3 设置资产类别

编码	类别名称	净残值率	计提属性	折旧方法
01	交通运输设备	5%	正常计提	平均年限法(一)
02	电子设备	5%	正常计提	平均年限法(一)
03	其他设备	5%	正常计提	平均年限法(一)

工作步骤

(1) 执行“固定资产→设置→资产类别”命令，进入“固定资产分类编码表”窗口。

(2) 单击“添加”按钮。输入类别名称“交通运输设备”，净残值率“5%”；选择计提属性“正常计提”，折旧方法“平均年限法(一)”，卡片样式“通用样式”，如图 7-4 所示。

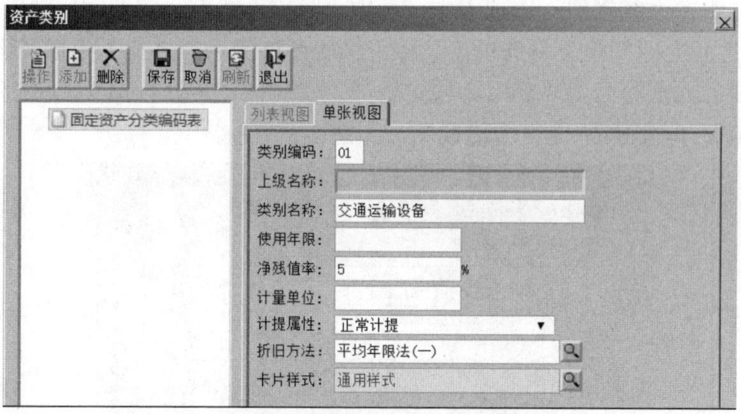

图 7-4 设置固定资产类别

(3) 单击“保存”按钮。同理，完成其他资产类别的设置。

任务 1.3 设置部门对应折旧科目

知识准备

部门对应折旧科目是指折旧费用的入账科目。固定资产计提折旧后必须把折旧归入成本或费用，根据不同企业的具体情况，有按部门归集的，也有按类别归集的。部门对应折旧科目的设置就是给每个部门选择一个折旧科目，这样在输入卡片时，该科目自动添入卡片中，不必一个一个输入。

如果对某一上级部门设置了对应的折旧科目，下级部门将继承上级部门的设置。

在设置部门对应折旧科目前，应先进行部门档案的设置，部门档案的设置是在基础设置中进行的。

工作任务

设置部门对应折旧科目，如表 7-4 所示。

表 7-4　设置部门对应折旧科目

部门	对应折旧科目
行政部、财务部、采购部、仓储部	管理费用/折旧费(560210)
销售部	销售费用/折旧费(560104)
生产部	制造费用(4101)

工作步骤

(1) 执行“固定资产→设置→部门对应折旧科目设置”命令，进入“部门对应折旧科目”对话框。

(2) 选择部门名称为“行政部”。单击“操作”按钮。

(3) 选择或输入折旧科目为“560210，管理费用/折旧费”，如图 7-5 所示。

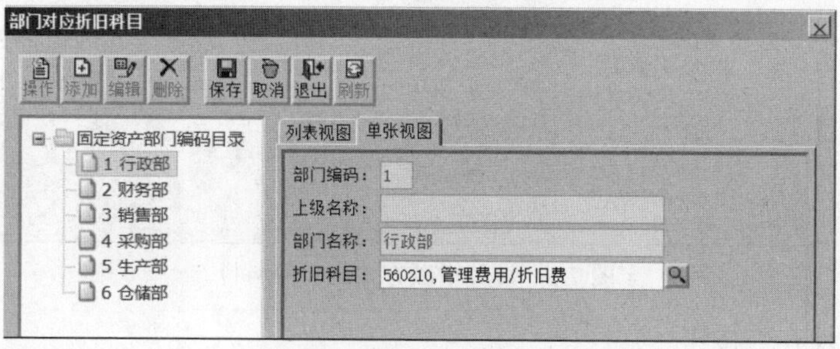

图 7-5　设置部门对应折旧科目

(4) 单击“保存”按钮。同理，完成其他部门折旧科目的设置。

任务 1.4　设置增减方式

知识准备

固定资产增减方式设置即资产增加的来源和减少的去向。增减方式包括增加方式和减少方式两大类。增加方式主要包括直接购买、投资者投入、捐赠、盘盈、在建工程转入、融资租入。减少方式主要包括出售、盘亏、投资转出、捐赠转出、报废、毁损、融资租出。增减方式可根据用户的需要自行增加。

在增减方式的设置中还可以定义不同增减方式的对应入账科目，配合固定资产和累计折旧的入账科目使用，当发生相应的固定资产增减变动时可以快速生成转账凭证，减少手工输入数据的业务量。

工作任务

设置增减方式的对应入账科目，如表 7-5 所示。

表 7-5　设置增减方式的对应入账科目

增减方式目录	对应入账科目
增加方式	
直接购入	100201，工行存款
减少方式	
毁损	1606，固定资产清理

工作步骤

(1) 执行“固定资产→设置→增减方式”命令，进入“增减方式”窗口。
(2) 在左边列表框中，单击增加方式下的“直接购入”，单击“操作”按钮。
(3) 输入对应入账科目为“100201，银行存款/工行存款”，如图 7-6 所示。

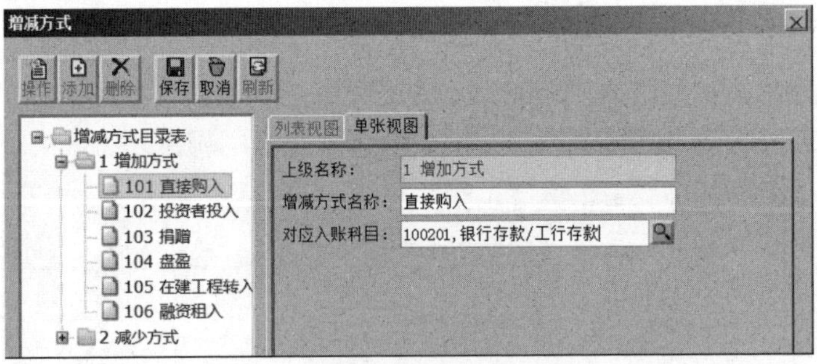

图 7-6　设置增减方式的对应科目

(4) 单击“保存”按钮。
(5) 同理，输入减少方式“毁损”的对应入账科目“1606，固定资产清理”。

注意：

❑ 当固定资产发生增减变动时，系统生成凭证时会默认采用这些科目。

任务 1.5　输入固定资产原始卡片

知识准备

固定资产管理模块的初始数据是指系统投入使用前企业现存固定资产的全部有关数据，主要是固定资产原始卡片的有关数据。固定资产原始卡片是固定资产管理系统处理的起点。因此，准确录入原始卡片内容是保证历史资料的连续性、正确进行固定资产核算的基本要求。为了保证所输入原始卡片数据的准确无误，应该在开始输入前对固定资产进行全面的清查盘点，做到账实相符。

通常，一张原始卡片代表一项固定资产并形成固定资产卡片文件中的一项明细数据，包括固定资产名称、使用部门、原值、已计提折旧额等内容。卡片输入完成后应与账务系统所记录的总数进行核对，如每类固定资产卡片原值的合计应该等于账务系统相应固定资产明细科目的余额，卡片已提折旧的合计应等于累计折旧账户的余额。这种检验应在全部初始固定资产卡片输入计算机后由系统自动进行并给出提示。

工作任务

设置固定资产卡片，如表 7-6 所示。

表 7-6　设置固定资产卡片

固定资产名称	类别编号	所在部门	增加方式	可使用年限	开始使用日期	原值	累计折旧	对应折旧科目名称
轿车	01	行政部	直接购入	10	2018-07-01	440 000	73 000	管理费用/折旧费
笔记本电脑	02	销售部	直接购入	5	2019-01-01	10 000	2 000	销售费用/折旧费
运输车	01	生产部	直接购入	10	2018-07-01	300 000	50 000	制造费用
合计						750 000	125 000	

工作步骤

(1) 执行“固定资产→卡片→录入原始卡片”命令，进入“资产类别参照”窗口。

(2) 选择固定资产类别为“01 交通运输设备”，如图 7-7 所示。

(3) 单击“确认”按钮，进入“固定资产卡片录入”窗口。

(4) 输入固定资产名称“轿车”；双击部门名称栏选择“行政部”，双击增加方式栏选择“直接购入”，双击使用状况栏选择“在用”；输入开始使用日期“2018-07-01”；输入原值“440 000”，累计折旧“73 000”；输入可使用年限“10 年 0 月”；其他信息自动算出，如图 7-8 所示。

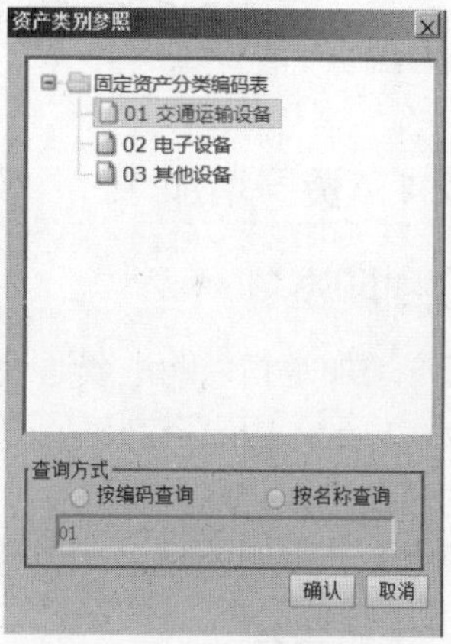

图 7-7　选择资产类别

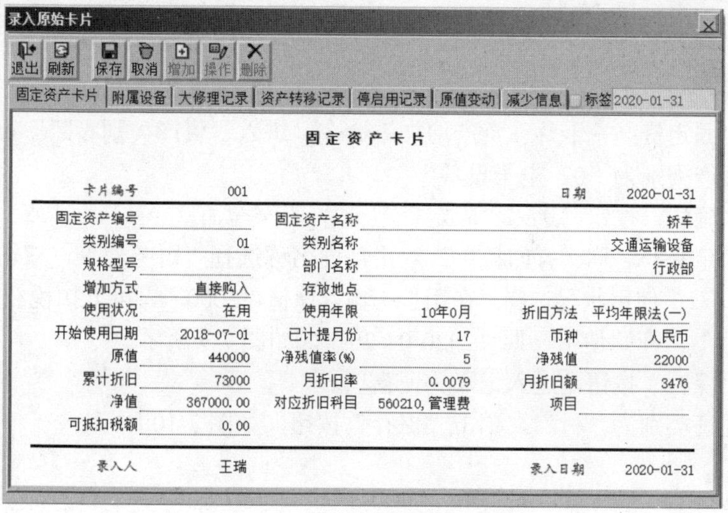

图 7-8　输入固定资产原始卡片

(5) 单击“保存”按钮，弹出“原始卡片录入成功”信息提示框。

(6) 单击“确定”按钮。同理，根据资料完成其他固定资产卡片的输入。

注意：

- 卡片编号：系统根据初始化时定义的编码方案自动设定，不能修改，如果删除一张卡片，又不是最后一张时，系统将保留空号。
- 已计提月份：系统将根据开始使用日期自动算出，但可以修改，请将使用期间停用等不计提折旧的月份扣除。
- 月折旧率、月折旧额：与计算折旧有关的项目录入后，系统会按照输入的内容自动算出并显示在相应项目内，可与手工计算的值比较，核对是否有错误。
- 在进入“固定资产卡片录入”窗口后，若单击“取消”按钮，则表示不增加固定资产卡片，此时可查询以前输入的卡片进行修改。

任务 2 固定资产管理模块日常业务处理

任务 2.1 资产增加

知识准备

资产增加是指以购进或通过其他方式增加企业资产。资产增加需要输入一张新的固定资产卡片，与录入固定资产原始卡片不同的是，新增资产卡片中可以输入累计折旧额，同时新增卡片需要生成记账凭证。

根据会计准则的规定，当月增加的资产，当月不提折旧。

工作任务

1 月 20 日，财务部购买打印机一台，价值 3 000 元，净残值率为 5%，可抵扣进项税 390 元，预计使用年限为 5 年，请新增固定资产卡片。

工作步骤

(1) 执行“固定资产→卡片→资产增加”命令，进入“资产类别参照”窗口。

(2) 选择资产类别为“02 电子设备”。

(3) 单击“确认”按钮，进入“固定资产卡片[资产增加]”窗口。

(4) 输入固定资产名称“打印机”；双击部门名称选择“财务部”，双击增加方式选择“直接购入”，双击使用状况选择“在用”；输入原值“3000”，可抵扣税额“390”，使用年限“5 年 0 月”，开始使用日期“2020-01-20”，如图 7-9 所示。

(5) 单击“保存”按钮，进入记账凭证窗口。

(6) 修改凭证类别为“付”，单击“保存”按钮，如图 7-10 所示。

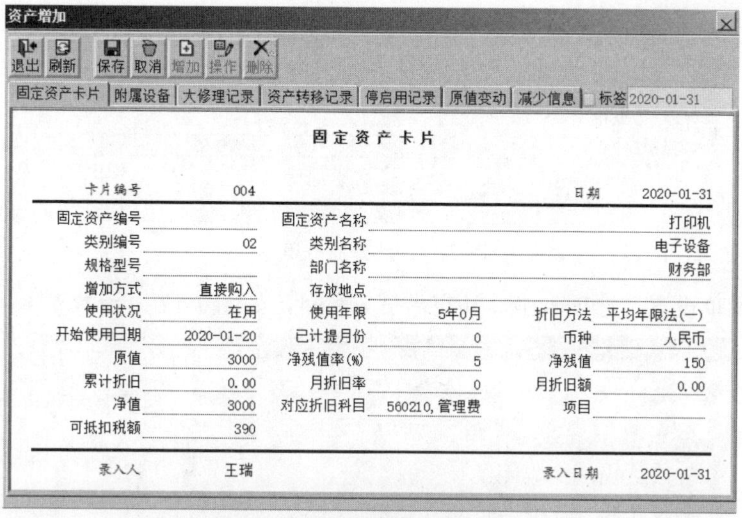

图 7-9　新增固定资产

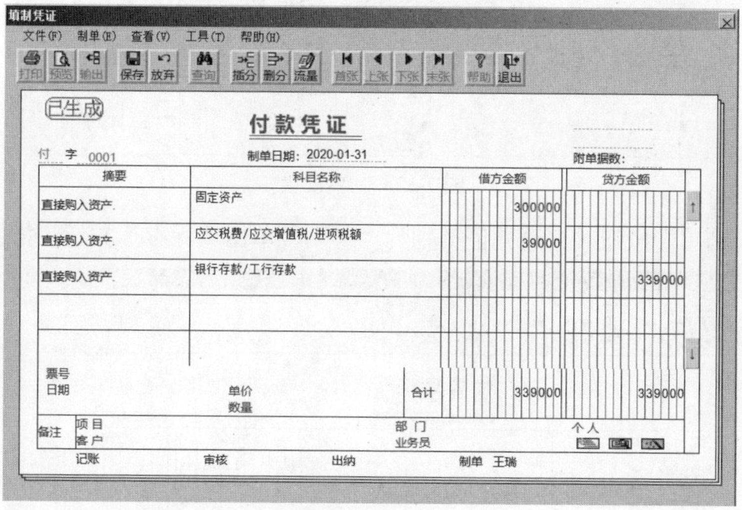

图 7-10　生成凭证

注意：

- ❑ 固定资产原值一定要输入卡片录入月月初的价值，否则会出现计算错误。
- ❑ 新卡片第一个月不提折旧，累计折旧为空或 0。
- ❑ 卡片输入完后，也可以不立即制单，月末可以批量制单。

知识延伸

1. 批量制单

若业务发生时没有立即制单，也可在月末结账前批量制单。批量制单的步骤如下。

(1) 执行“固定资产→处理→批量制单”命令，进入“批量制单”窗口。

(2) 在制单栏双击选择要制单的业务单据，如图 7-11 所示。

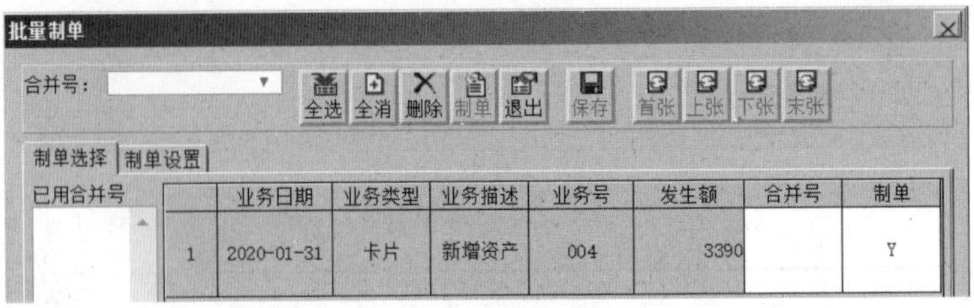

图 7-11　选择业务单据

(3) 在“制单设置”选项卡中，补充借贷方科目，如图 7-12 所示。

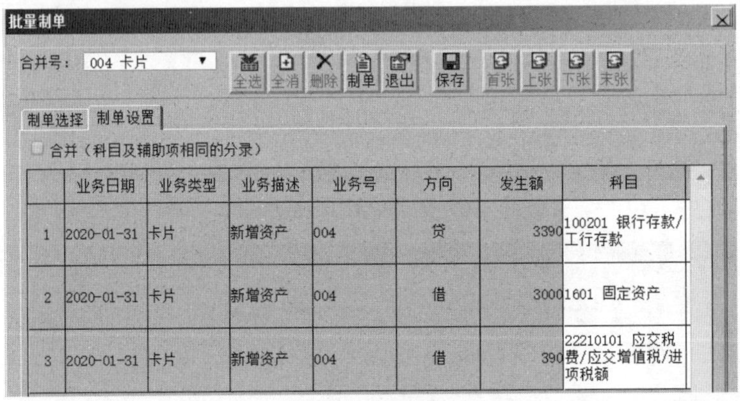

图 7-12　制单设置

(4) 单击“制单”按钮。修改凭证类别为“付”，单击“保存”按钮，如图 7-13 所示。

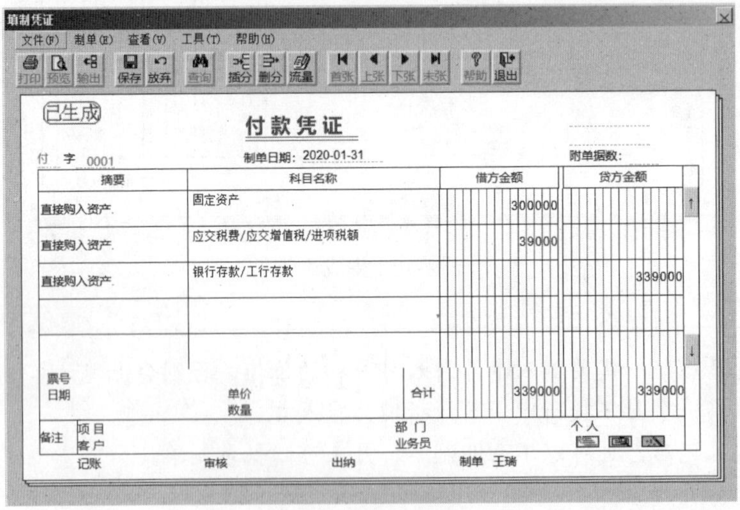

图 7-13　生成凭证

2. 凭证删除

对于生成的记账凭证，可以执行“固定资产→处理→凭证查询”命令，将错误凭证删除。

3. 资产变动

固定资产日常管理过程中出现原值变动、部门转移、使用状况变动、使用年限调整、折旧方法调整、净残值(率)调整、工作总量调整、累计折旧调整、资产类别调整等情况时，需通过变动单进行处理。变动单是指资产在使用过程中由于固定资产卡片上某些项目调整而编制的原始凭证。

任务 2.2　计提折旧

知识准备

计提折旧是固定资产管理模块的基本处理功能之一，每月末都要进行，主要包括折旧的计提与折旧的分配。

1. 折旧计提

根据固定资产卡片中的信息，系统对各项固定资产每期计提折旧一次，自动计算所有资产当期累计折旧，将当期累计折旧额累加到累计折旧项中，并自动生成折旧清单。

2. 折旧分配

计提工作完成后进行折旧分配形成折旧费用，生成折旧分配表。固定资产的使用部门不同，其折旧费用分配的去向也不同，折旧费用与资产使用部门间的对应关系主要是通过部门对应折旧科目来实现。系统根据折旧分配表，自动生成折旧凭证并传递到账务系统。

3. 进行折旧处理时需注意的问题

固定资产管理子系统中进行折旧处理时一般应注意以下几点。

(1) 如果在一个期间内多次计提折旧，每次计提折旧后，只是将计提的折旧累加到月初的累计折旧上，不会重复累计，计提折旧后又对账套进行了影响折旧计算分配的操作，则必须重新计提折旧，以保证折旧计算的正确性。

(2) 如果上一次计提的折旧已经制单但尚未记账，必须删除该凭证；如果已经记账，必须冲销该凭证重新计提折旧。如果自定义的折旧方法月折旧率或月折旧额出现负数，系统会自动中止计提。

(3) 折旧分配表有部门折旧分配表和类别折旧分配表两种类型。部门折旧分配表中的部门可以不等同于使用部门，使用部门必须是明细部门，而部门折旧分配表中的部门指汇总时使用的部门，因此要在计提折旧后、分配折旧费用时做出选择。

(4) 当企业中有固定资产按工作量法计提折旧时，在计提折旧之前，需输入该固定资产当期的工作量，为系统提供计算累计折旧所需要的信息。

工作任务

1 月 31 日，计提本月固定资产折旧。

工作步骤

(1) 执行“固定资产→处理→计提本月折旧”命令，弹出“本操作将计提本月折旧，并花费一定时间，是否要继续？”提示框。

(2) 单击“确定”按钮，弹出“是否要查看折旧清单？”提示框。

(3) 单击“确定”按钮，进入“折旧清单”窗口，如图 7-14 所示。

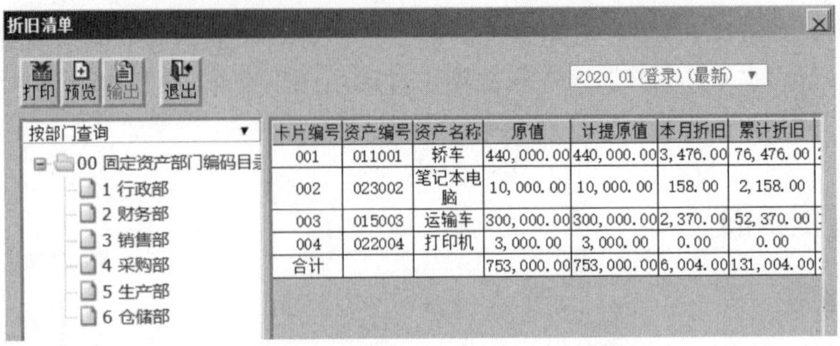

图 7-14　计提折旧—显示折旧清单

(4) 单击“退出”按钮，显示“折旧分配表”窗口，如图 7-15 所示。

图 7-15　计提折旧—显示折旧分配表

(5) 在“折旧分配表”窗口中，单击“凭证”按钮，生成计提折旧凭证，修改凭证类别为“转”，单击“保存”按钮，如图 7-16 所示。

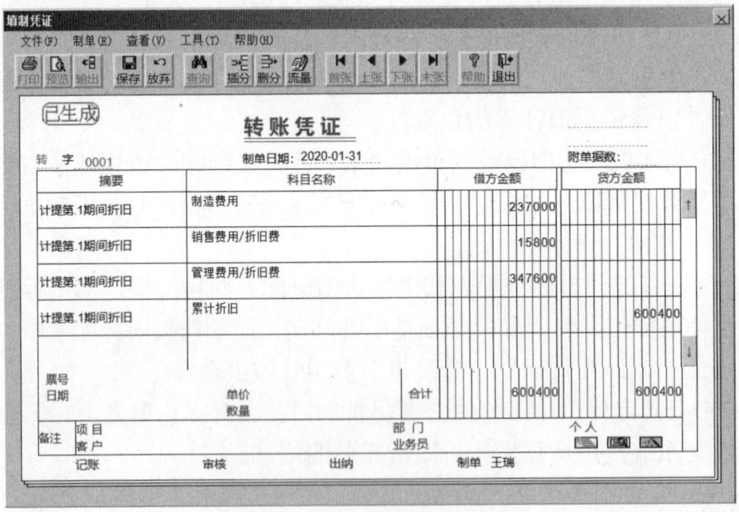

图 7-16　计提折旧—生成凭证

(6) 单击“退出”按钮，弹出信息提示框“计提折旧完成！”，单击“确定”按钮。

任务 2.3　资产减少

知识准备

资产减少是指资产在使用过程中，由于各种原因(如毁损、出售、盘亏等)退出企业，属于固定资产清理业务。T3 软件中，资产减少需输入资产减少卡片并说明减少原因。

根据会计准则的规定，当月减少的资产，当月仍提折旧。所以，只有当账套开始计提折旧后才可以使用资产减少功能，否则，减少资产只能通过删除卡片来完成。

工作任务

1 月 31 日，生产部运输车毁损，做资产减少处理。

工作步骤

(1) 执行“固定资产→卡片→资产减少”命令，进入“资产减少”窗口。

(2) 选择卡片编号“003”，单击“确定”按钮。

(3) 单击“增加”按钮。输入减少日期为“2020-01-31”，选择减少方式为“毁损”，如图 7-17 所示。

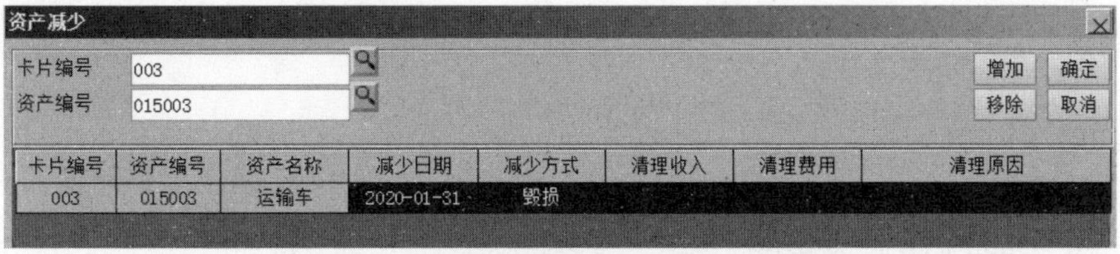

图 7-17　减少固定资产—设置减少方式

(4) 单击“确定”按钮，进入凭证窗口。

(5) 修改凭证类别为“转”，单击“保存”按钮，如图 7-18 所示。退出。

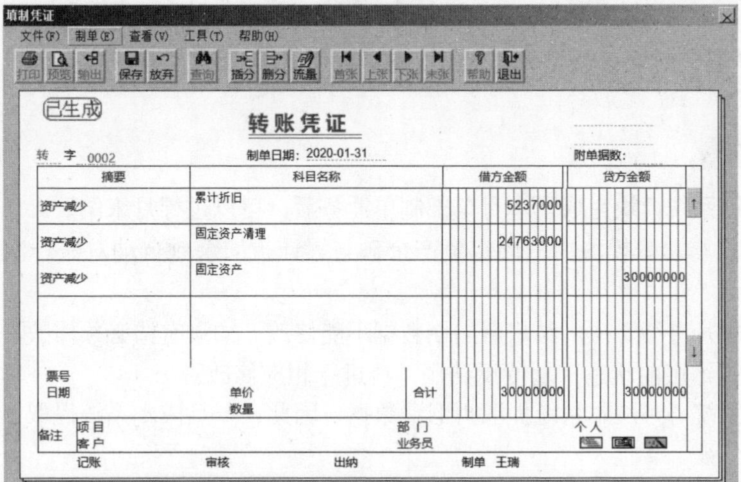

图 7-18　减少固定资产—生成凭证

注意：

- 本账套需要进行计提折旧后，才能减少资产。

知识延伸

固定资产清理的后续业务处理，需在总账模块直接填制记账凭证。

1. 发生清理费用

借：固定资产清理

　　贷：银行存款

2. 发生清理收入

借：银行存款

　　贷：固定资产清理

3. 发生应收款

借：其他应收款

　　贷：固定资产清理

4. 结转净损益

借：固定资产清理

　　贷：营业外收入(净收益)

或

借：营业外支出(净损失)

　　贷：固定资产清理

任务 3 固定资产管理模块期末处理

知识准备

当固定资产系统模块完成了本月全部制单业务后，可以进行月末结账。结账前，系统会将固定资产模块与总账模块中的固定资产余额与累计折旧余额自动对账一次，并给出对账结果。

月末结账每月进行一次，结账后当期数据不能修改。如果有错必须修改，可通过系统提供的“恢复月末结账前状态”功能反结账，再进行相应修改。

由于成本系统每月从本系统提取折旧费数据，因此，一旦成本系统提取了某期的数据，则该期不能反结账。

工作任务

1 月 31 日，固定资产模块月末结账。

工作步骤

(1) 执行“固定资产→处理→月末结账”命令，打开“月末结账”对话框。

(2) 单击“开始结账”按钮，再单击“确定”按钮，提示与总账对账结果信息，如图 7-19 所示。单击“确定”按钮。

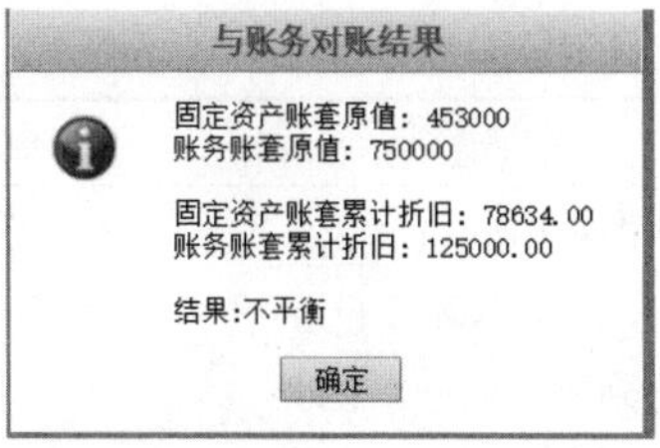

图 7-19　固定资产模块月末对账

(3) 弹出“月末结账成功完成！”提示框，如图 7-20 所示，单击“确定”按钮。

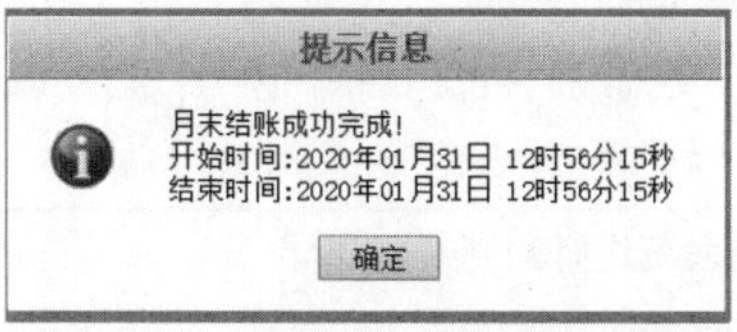

图 7-20　固定资产模块月末结账

注意：

- ❑ 此处对账不平衡的原因是，生成的记账凭证在总账中没有审核和记账。将生成的凭证在总账中审核记账后，总账模块的固定资产与累计折旧余额就会与固定资产模块中的这两个余额一致。

实训应用

实训八　固定资产管理

【实训目的】

1. 熟悉建立固定资产账套、设置资产类别、设置增减方式等操作。
2. 掌握输入固定资产原始卡片、资产增加、计提折旧、资产减少等操作。

【实训要求】

以会计贺敏(编号 6603；密码：3)的身份进行工资业务处理。

【实训内容】

(一) 初始设置

1. 建立固定资产账套

建立固定资产账套，如表 7-7 所示。

表 7-7　建立固定资产账套

控制参数	参数设置
约定及说明	同意
启用月份	2020.01

(续表)

控制参数	参数设置
折旧信息	本账套计提折旧 折旧方法：平均年限法(一) 折旧汇总分配周期：1 个月 当(月初已计提月份=可使用月份-1)时，将剩余折旧全部提足
编码方式	资产类别编码方式：2 1 1 2 固定资产编码方式： 按“类别编码+部门编码+序号”自动编码； 卡片序号长度为 3
财务接口	与账务系统进行对账 对账科目： 固定资产对账科目：1601 固定资产； 累计折旧对账科目：1602 累计折旧
补充参数	月末结账前一定要完成制单登账业务 业务发生后立即制单 可纳税调整的增加方式：直接购入 固定资产缺省入账科目：1601，累计折旧缺省入账科目：1602 可抵扣税额入账科目：22210101

2. 设置资产类别

设置资产类别，如表 7-8 所示。

表 7-8　设置资产类别

编码	类别名称	净残值率	计提属性	折旧方法
01	运输设备	5%	正常计提	平均年限法(一)
02	电子设备	5%	正常计提	平均年限法(一)
03	其他设备	5%	正常计提	平均年限法(一)

3. 设置部门对应折旧科目

设置部门对应折旧科目，如表 7-9 所示。

表 7-9　设置部门对应折旧科目

部门	对应折旧科目
企管办、财务处、采购处、仓管处	管理费用/折旧费(560203)
销售处	销售费用/折旧费(560103)
生产处	制造费用(4101)

4. 设置增减方式

设置增减方式的对应入账科目，如表 7-10 所示。

表 7-10　设置增减方式的对应入账科目

增减方式目录	对应入账科目
增加方式	
直接购入	100201，人民币户
减少方式	
毁损	1606，固定资产清理

5. 输入固定资产原始卡片

设置固定资产卡片，如表 7-11 所示。

表 7-11　设置固定资产卡片

固定资产名称	类别	所在部门	增加方式	年限	开始使用日期	原值	累计折旧	对应折旧科目名称
轿车	01	企管办	直接购入	10	2018.11.1	215 470	37 255	管理费用/折旧费
笔记本电脑	02	财务处	直接购入	5	2018.12.1	28 900	5 548	管理费用/折旧费
传真机	02	销售处	直接购入	5	2018.11.1	3 510	1 825	销售费用/折旧费
微机 1	02	生产处	直接购入	5	2018.12.1	6 490	1 246	制造费用
微机 2	02	生产处	直接购入	5	2018.12.1	6 490	1 246	制造费用
合计						260 860	47 120	

(二) 日常处理

1. 资产增加

1 月 15 日，生产购买刻录机一台，价值为 2 500 元，净残值率为 5%，可抵扣进项税 325 元，预计使用年限为 5 年，请新增固定资产卡片。

2. 计提折旧

1 月 31 日，计提本月固定资产折旧。

3. 资产减少

1 月 31 日，销售处传真机毁损，做资产减少处理。

(三) 期末处理

1 月 31 日，固定资产模块月末结账。

巩固提高

一、单选题

1. 下列固定资产业务中不生成凭证的是(　　)。

A. 资产增加　　B. 计提折旧

C. 资产减少　　D. 部门转移

2. 设置部门对应折旧科目的主要目的是为(　　)提供方便。

A. 资产增加　　B. 资产评估

C. 部门转移　　D. 生成折旧费用凭证

3. 下列哪个业务是在固定资产模块中处理的？(　　)

A. 固定资产出售进行清理　　B. 发生清理收入

C. 发生清理费用　　D. 结转清理净损益

4. 在固定资产管理系统初始化过程中的折旧信息中，使用单位可以根据自己的需要来确定资产的折旧分配周期，系统缺省的折旧分配周期为(　　)。

A. 1 个月　　B. 1 个季度　　C. 半年　　D. 1 年

5. 下列(　　)是生成折旧凭证的依据。

A. 折旧计算表　　B. 折旧分配表

C. 折旧清单　　D. 固定资产卡片

二、多选题

1. 建立固定资产账套需要设置的内容主要包括(　　)。

A. 启用月份　　B. 折旧信息

C. 编码方式　　D. 财务接口

2. 固定资产模块初始设置功能有(　　)。

A. 设置部门折旧科目　　B. 部门转移

C. 输入原始卡片　　D. 设置资产类别

3. 下列说法正确的是(　　)。

A. 如果在一个期间内多次计提折旧，每次计提折旧后，只是将计提的折旧累加到月初的累计折旧上，不会重复累计

B. 折旧分配表有部门折旧分配表和类别折旧分配表两种类型

C. 当企业中有固定资产按工作量法计提折旧时，在计提折旧之前，需输入该固定资产当期的工作量

D. 当月减少的资产当月不提折旧

4. 下列生产记账凭证的业务有(　　)。

A. 资产增加　　B. 计提折旧

C. 变更计提折旧方法　　D. 输入原始卡片

5. 输入固定资产原始卡片与资产增加时输入固定资产卡片操作界面一样，下列说法正确的是(　　)。

A. 资产增加时不输入累计折旧

B. 原始卡片不生成记账凭证

C. 资产增加需生成记账凭证

D. 原始卡片不输入累计折旧

三、判断题

1. 业务发生后，需立即制单，否则将无法生成记账凭证。　　(　　)

2. 本月增加的固定资产，本月需提折旧。 ( )
3. 首次使用固定资产模块时，应先选择对账套进行初始化。 ( )
4. 行政事业单位的固定资产不提折旧，故 T3 固定资产管理系统不适用。 ( )
5. 折旧分配表是生成折旧凭证的依据。

四、简答题

1. 建立固定资产账套的步骤是什么？
2. 计提折旧的步骤是什么？
3. 进行固定资产折旧处理应注意的问题有哪些？
4. 固定资产增加和减少方式有哪些？设置的目的是什么？
5. 某企业报废一项固定资产，请将表 7-12 补充完整。

表 7-12 处理报废固定资产

业务	软件中处理方法	对应会计分录
固定资产报废		
发生清理费用		
结转清理净损失		

项目 8

购销存模块初始设置

学习目标

通过本项目的学习，学员应具备如下能力：

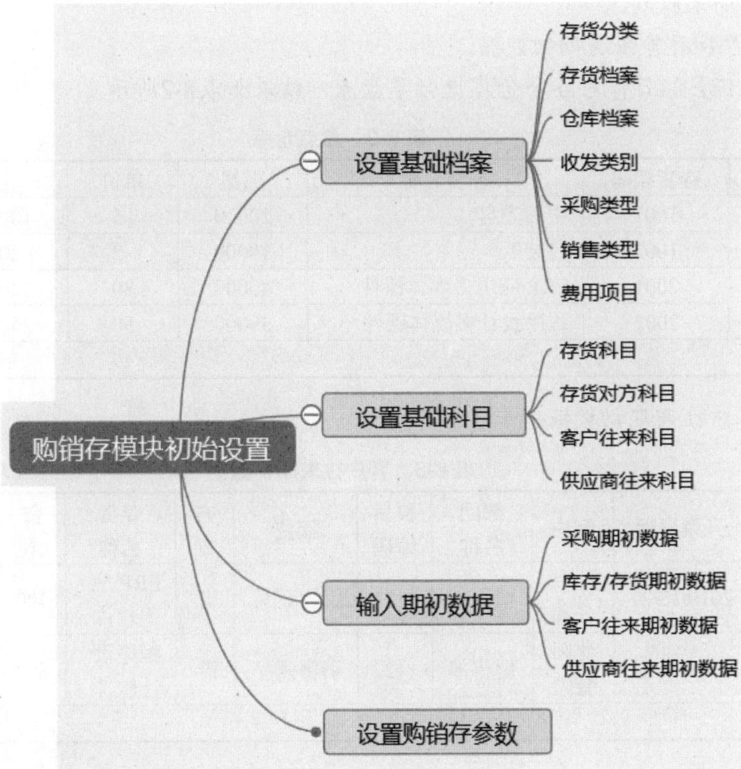

情境案例

日盛科技公司于2020年1月1日启用购销存与核算模块，进行购销存核算。

1. 业务分工

账套主管刘方进行购销存初始设置工作。

2. 整理基础档案

(1) 存货档案，如表8-1所示。

表 8-1　存货档案

存货编号	存货名称	计量单位	存货属性	参考成本
1001	空白光盘	张	外购、生产耗用	5
1002	包装盒	个	外购、生产耗用	2
2001	ERP 应用多媒体课件	套	自制、销售	80
2002	程序设计多媒体课件	套	自制、销售	50
3001	运费	次	劳务费用	

(2) 其他档案，如存货分类、仓库档案、收发类别、采购类型、销售类型、费用项目等。

3. 整理期初数据

(1) 采购模块期初数据。

2019年12月31日，从上海明辉公司采购的包装盒5000个，暂估单价为2元，商品验收入原料库，发票尚未收到。

(2) 库存和存货系统期初数据。

2019年12月31日，对各个仓库进行了盘点，结果如表8-2所示。

表 8-2　盘点仓库

仓库名称	存货编码	存货名称	数量	单价	金额	小计
原料库	1001	空白光盘	20000	5	100 000	120 000
	1002	包装纸	10000	2	20 000	
成品库	2001	ERP 应用多媒体课件	40000	80	320 000	570 000
	2002	程序设计多媒体课件	50000	50	250 000	
合计						690 000

(3) 客户往来期初数据，如表8-3所示。

表 8-3　客户往来期初数据

发票号	开票日期	客户	部门名称	科目编码	摘要	方向	存货名称	数量	单价	金额
25783378	2019/12/21	北京元和	销售部	1121	销售商品	借	ERP 应用软件	400	200	80 000
34008982	2019/12/24	沈阳智宏	销售部	1122	销售商品	借	程序设计软件	600	150	90 000
合计										170 000

(4) 供应商往来期初数据，如表8-4所示。

表 8-4　供应商往来期初数据

发票号	开票日期	供应商	部门名称	科目编码	摘要	方向	存货名称	数量	单价	金额
68902164	2019/12/26	北京顺达	采购部	2202	采购材料	贷	空白光盘	3000	5	15 000

任务学习

购销存模块包括采购与应付管理、销售与应收管理、库存管理和核算管理 4 个模块。

采购与应付管理主要功能包括输入采购发票与其相对应的采购入库单，实现采购报账(结算)工作、输入付款单、实现采购付款业务。销售与应收管理主要功能包括输入销货发票和发货单、实现库存商品的对外销售业务；输入收款单，实现销售收款业务。库存管理主要功能包括根据采购和销售的情况，进行出入库业务的管理工作及其他出入库业务的管理工作。核算管理主要功能包括对各种出入库业务进行入库成本及出库成本的核算、对各种收付款业务生成一系列的相关凭证并传递到总账中。

购销存模块初始信息设置包括设置购销存基础档案、设置基础科目、输入期初数据、设置购销存参数等内容。

任务 1　设置购销存基础档案

任务 1.1　设置存货分类

知识准备

如果企业存货较多，则需要按照一定的方式进行分类管理。存货分类是指按照存货固有的特征或属性将存货划分为不同的类别，以便于分类核算与统计，如工业企业可以将存货划分为原材料、产成品、应税劳务；商业企业可以将存货分为商品、应税劳务，等等。

在企业日常购销业务中，经常会发生一些劳务费用，如运输费、装卸费等，这些费用也是构成企业存货成本的一个组成部分，并且它们可以拥有不同于一般存货的税率。为了能够正确反映和核算这些劳务费用，一般我们在存货分类中单独设置一类，如“应税劳务”或“劳务费用”。

工作任务

设置存货分类，如表 8-5 所示。

表 8-5　设置存货分类

类别编码	类别名称
01	原材料
02	产成品
03	应税劳务

工作步骤

以账套主管刘方身份登录信息门户。输入或选择如下信息：操作员“5501”；密码“1”；账套“555 日盛公司账套”；会计年度“2020”；日期“2020-01-01”。

(1) 执行“基础设置→存货→存货分类”命令，打开“存货分类”窗口。

(2) 在“存货分类”窗口中，单击“增加”按钮。

(3) 输入类别编码“01”，类别名称“原材料”，如图 8-1 所示。

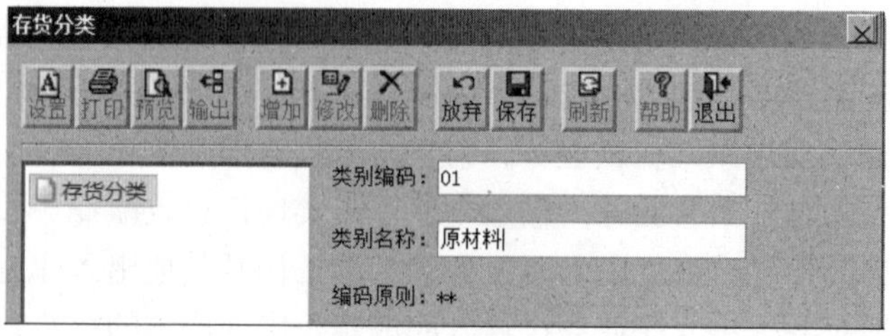

图 8-1 设置存货分类

(4) 单击“保存”按钮。同理，增加其他存货分类信息。

任务 1.2 设置存货档案

知识准备

企业若有采购、销售和生产业务核算，必须设置存货档案，以便在填制业务单据时能够参照选择。存货档案主要设置存货的基本信息，包括存货代码、存货名称、规格型号、计量单位等。在“存货档案”窗口中包括四个选项卡：基本、成本、信用和其他。

在“基本”选项卡中，有 6 个复选框，用于设置存货属性，具体如下。

- 销售：用于发货单、销售发票、销售出库单等与销售有关的单据参照使用，表示该存货可用于销售。
- 外购：用于购货所填制的采购入库单、采购发票等与采购有关的单据参照使用，在采购发票、运费发票上一起开具的采购费用，也应设置为外购属性。
- 生产耗用：存货可在生产过程被领用、消耗。生产产品耗用的原材料、辅助材料等在开具材料出库单时参照。
- 自制：由企业生产自制的存货，如产成品、半成品等，主要用在开具产成品入库单时参照。
- 在制：指尚在制造加工中的存货。
- 劳务费用：指在采购发票上开具的运输费、包装费等采购费用及开具在销售发票或发货单上的应税劳务、非应税劳务等。

“信用”选项卡中选项介绍如下。

- 是否批次管理：对存货是否按批次进行出入库管理。该项必须在库存系统账套参数中选中“有批次管理”后方可设定。
- 是否保质期管理：有保质期管理的存货必须有批次管理。因此，该项也必须在库存系统账套参数中选中“有批次管理”后方可设定。

工作任务

设置存货档案，如表 8-6 所示。

表 8-6 设置存货档案

存货编号	存货名称	计量单位	所属分类	税率	存货属性	参考成本
1001	空白光盘	张	01	13%	外购、生产耗用	5
1002	包装盒	个	01	13%	外购、生产耗用	2
2001	ERP 应用多媒体课件	套	02	13%	自制、销售	80
2002	程序设计多媒体课件	套	02	13%	自制、销售	50
3001	运费	次	03	9%	劳务费用	

工作步骤

(1) 执行“基础设置→存货→存货档案”命令，打开“存货档案卡片”窗口。

(2) 在“存货档案卡片”窗口中，单击选中“01 原材料”。

(3) 单击“增加”按钮，打开“增加存货档案”对话框。按资料输入存货档案的基本信息和成本信息，如图 8-2 和图 8-3 所示。

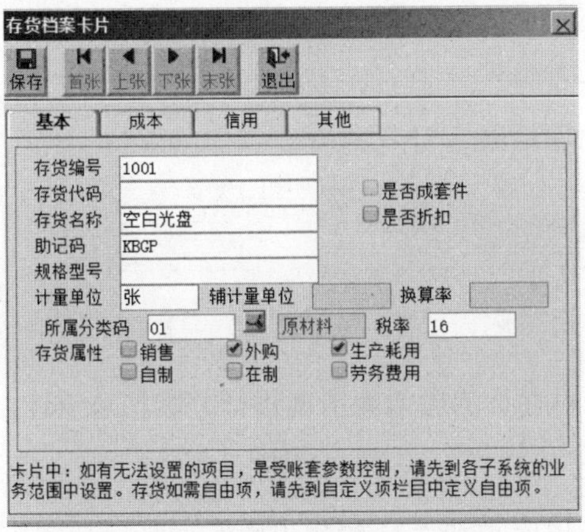

图 8-2 设置存货档案—基本信息

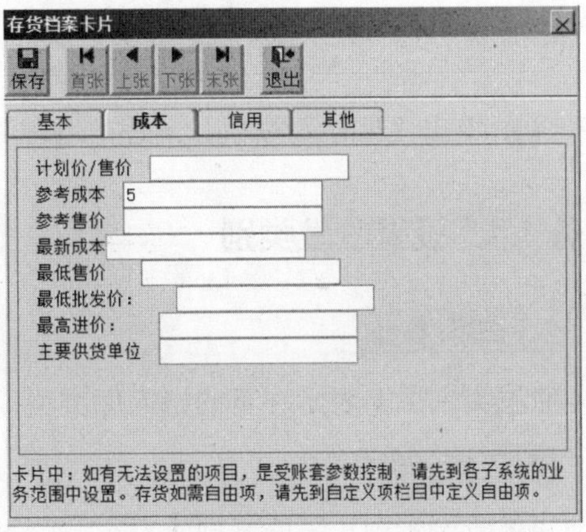

图 8-3 设置存货档案—成本信息

(4) 单击“保存”按钮。同理，增加其他存货档案信息。

任务 1.3 设置仓库档案

知识准备

存货一般是存放在仓库中保管的。对存货进行核算管理，就必须建立仓库档案。仓库档案主要设置仓库编码、仓库名称、计价方法等信息。

工作任务

设置仓库档案，如表 8-7 所示。

表 8-7 设置仓库档案

仓库编码	仓库名称	所属部门	负责人	计价方式
1	原料库	仓储部	陈红	先进先出法
2	成品库	仓储部	陈红	先进先出法

工作步骤

(1) 执行“基础设置→购销存→仓库档案”命令，打开“仓库档案卡片”窗口。

(2) 在“仓库档案卡片”窗口中，单击“增加”按钮。

(3) 输入仓库编码“1”；仓库名称“原料库”，所属部门“仓储部”，负责人“陈红”，计价方式“先进先出法”，如图 8-4 所示。

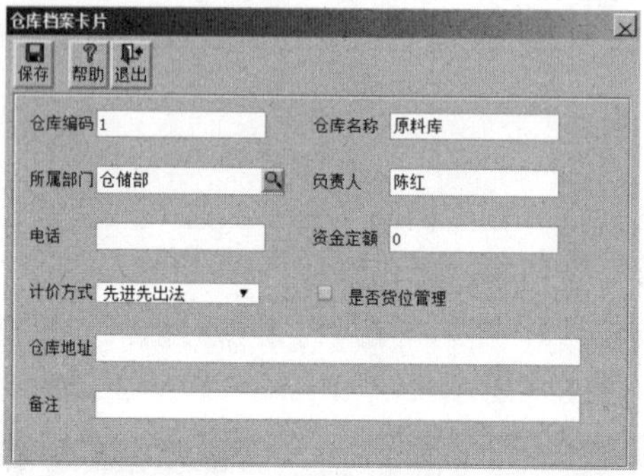

图 8-4　设置仓库档案

(4) 单击“保存”按钮。同理，增加其他仓库档案。

任务 1.4　设置收发类别

知识准备

收发类别用来表示存货的出入库类型，便于对存货的出入库情况进行分类汇总统计。

工作任务

设置收发类别：入库类别“11 采购入库”；出库类别“21 销售出库”。

工作步骤

(1) 执行“基础设置→购销存→收发类别”命令，打开“收发类别”窗口。

(2) 在“收发类别”窗口中，单击“增加”按钮，可输入新的收发类别。任务要求设置的收发类别，系统已经预置好，此处查看即可，如图 8-5 所示。

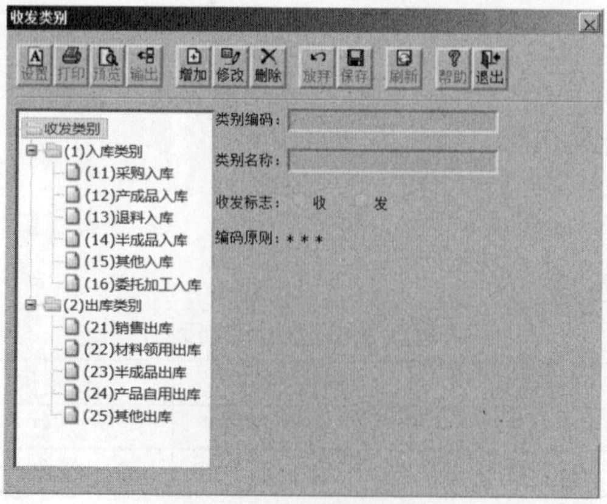

图 8-5　设置收发类别

(3) 单击“退出”按钮。

任务 1.5 设置采购类型

知识准备

设置采购类型，能够按采购类型对采购业务数据进行统计和分析。采购类型不分级次，根据实际需要设立。

工作任务

设置采购类型，如表 8-8 所示。

表 8-8 设置采购类型

采购类型编码	采购类型名称	入库类别	是否默认值
00	普通采购	采购入库	是

工作步骤

(1) 执行“基础设置→购销存→采购类型”命令，打开“采购类型”窗口。

(2) 在“采购类型”窗口中，单击“增加”按钮。

(3) 根据需要设置新的采购类型，任务中要求的采购类型，系统中已经预置好，不需设置，如图 8-6 所示。

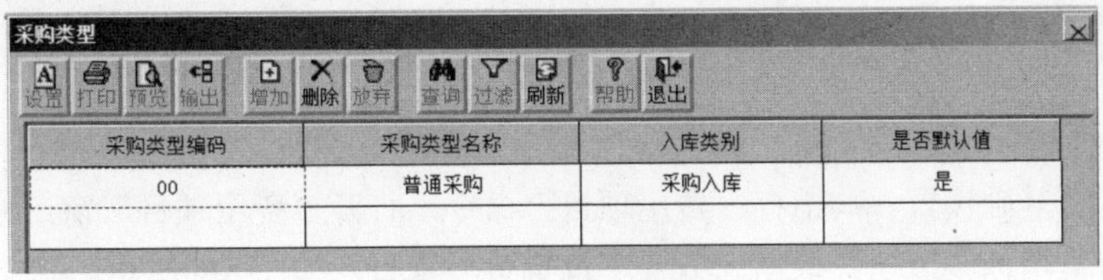

图 8-6 设置采购类型

(4) 单击“退出”按钮。

任务 1.6 设置销售类型

知识准备

设置销售类型，能够按销售类型对销售业务数据进行统计和分析。销售类型不分级次，根据实际需要设立。

工作任务

设置销售类型，如表 8-9 所示。

表 8-9 设置销售类型

销售类型编码	销售类型名称	入库类别	是否默认值
00	普通销售	销售出库	是

工作步骤

(1) 执行“基础设置→购销存→销售类型”命令，打开“销售类型”窗口。

(2) 在“销售类型”窗口中，单击“增加”按钮。

(3) 根据需要设置新的销售类型，任务中要求的销售类型，系统中已经预置好，不需设置，如图 8-7 所示。

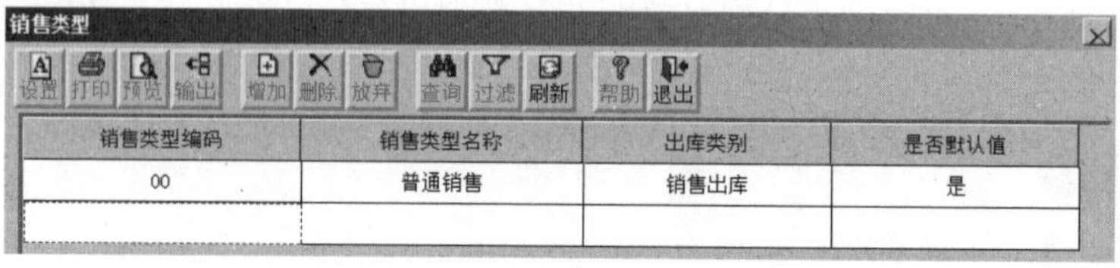

图 8-7 设置销售类型

(4) 单击“退出”按钮。

任务 1.7 设置费用项目

知识准备

销售过程中有很多不同的费用发生，如代垫费用、销售支出等，在系统中将其设为费用项目，以方便记录和统计。

工作任务

设置费用项目：费用项目编码“01”；费用项目名称“代垫运费”。

工作步骤

(1) 执行“基础设置→购销存→费用项目”命令，打开“费用项目”窗口。

(2) 单击“增加”按钮。根据任务要求设置费用项目，如图 8-8 所示。

图 8-8 设置费用项目

(3) 单击“退出”按钮。

任务 2 设置基础科目

任务 2.1 设置存货科目

知识准备

核算模块是购销存模块与财务模块联系的桥梁，各种存货的购进、销售及其他出入库业务，均在核算模块中生成凭证并传递到总账系统。为了快速、准确地完成制单操作，应事先设置凭证上的相关科目。

存货科目是设置生成凭证所需要的各种存货科目和差异科目。存货科目既可以按仓库也可以按存货分类分别进行设置。其目的是为自动生成凭证做科目准备。

工作任务

按仓库设置存货科目，如表 8-10 所示。

表 8-10 按仓库设置存货科目

仓库	存货科目
原料库	原材料/空白光盘(140301)
成品库	库存商品(1405)

工作步骤

(1) 执行“核算→科目设置→存货科目”命令，进入“存货科目”窗口。

(2) 单击“增加”按钮。根据任务要求，输入存货科目。

(3) 单击“保存”按钮，如图 8-9 所示。

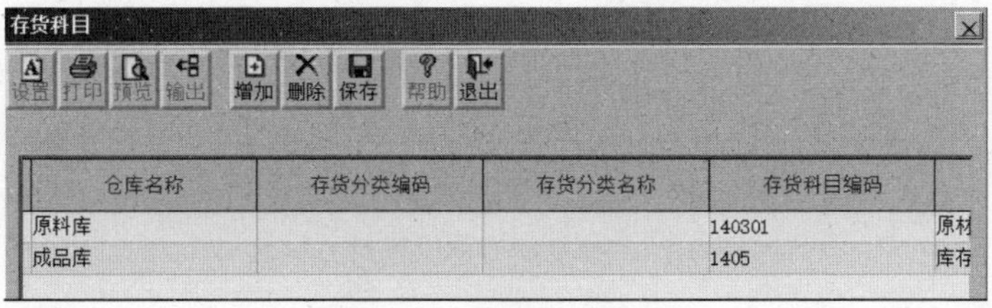

图 8-9 设置存货科目

任务 2.2 设置存货对方科目

知识准备

对方科目是设置生成凭证所需要的存货对方科目，通常可以按收发类别设置，如采购的原材料入库业务，对应的会计分录如下。

借：原材料

　　贷：在途物资

由于设置原料库的存货科目为“原材料”，所以上述分录的借方科目可以自动生成；同时，若设置收发类别采购入库的存货对方科目为“在途物资”，则上述分录的贷方科目就可以自动生成。

通过设置详细的存货科目和存货对方科目，就可以保证各类出入库业务都能够自动生成记账凭证。

工作任务

按收发类别设置存货对方科目，如表 8-11 所示。

表 8-11　按收发类别设置存货对方科目

收发类别	对方科目
采购入库	在途物资(1402)
产成品入库	生产成本/直接材料(400101)
材料领用出库	生产成本/直接材料(400101)
销售出库	主营业务成本(5401)

工作步骤

(1) 执行“核算→科目设置→存货对方科目”命令，进入“对方科目设置”窗口。

(2) 单击“增加”按钮。根据例题要求，按收发类别设置对方科目，如图 8-10 所示。

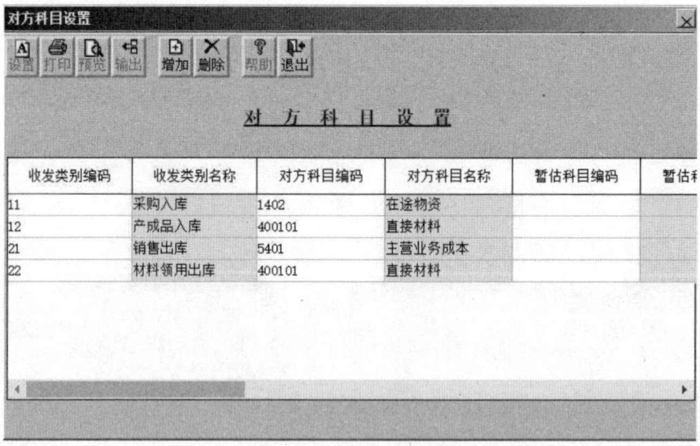

图 8-10　按收发类别设置对方科目

(3) 单击“退出”按钮。

任务 2.3　设置客户往来科目

知识准备

如果企业应收款业务类型比较固定，生成的凭证类型也较固定，为了简化凭证生成操作，可将各业务类型凭证中的常用科目预先设置好。科目设置的内容如下。

1. 基本科目设置

基本科目是指在核算应收款项时经常用到的科目，可以作为常用科目设置，而且科目必须是末级科目。

1) 应收账款和预收账款科目

应收账款和预收账款科目是最常用的核算本位币赊销欠款和预收款的科目，可作为应收款管理子系统基本科目进行设置。企业也可根据需要将预收款并入应收账款中核算。应收和预收款科目必须是有客户类辅助核算的科目。

2) 销售收入科目、应交税金(应交增值税销项税额)科目、销售退回科目

销售收入科目、应交税金(应交增值税销项税额)科目、销售退回科目是最常用的核算销

售业务的科目，可以作为核算销售收入、销项税额和销售退回的基本科目，在应收款管理子系统中进行设置。

3) 其他基本科目

除上述基本科目外，银行承兑科目、商业承兑科目、现金折扣科目、票据利息科目、票据费用科目、汇兑损益科目、币种兑换差异科目和坏账准备科目等都可以作为企业核算某类业务的基本科目。

2. 控制科目的设置

在核算客户的赊销欠款时，可针对不同的客户(客户分类、地区分类)分别设置不同的应收账款科目和预收账款科目。

3. 产品科目的设置

可以针对不同的存货(存货分类)分别设置不同的销售收入科目、应交增值税销项税额科目和销售退回科目。

4. 结算方式科目的设置

不仅可以设置常用的科目，还可以为每种结算方式设置一个默认的科目，以便在应收账款核销时，直接按不同的结算方式生成相应的账务处理中所对应的会计科目。

工作任务

设置如下客户往来科目。

基本科目设置：应收科目 1122，销售收入科目 5001，应交增值税科目 22210106，预收科目 2203，现金折扣科目 560303。

结算方式科目设置：现金结算 1001，支票 100201，银行汇票 100201，汇兑 100201。(所有结算方式币种均为人民币)

工作步骤

(1) 执行“核算→科目设置→客户往来科目”命令，打开“客户往来科目设置”窗口。

(2) 单击“基本科目设置”，按工作任务设置基本科目，如图 8-11 所示。

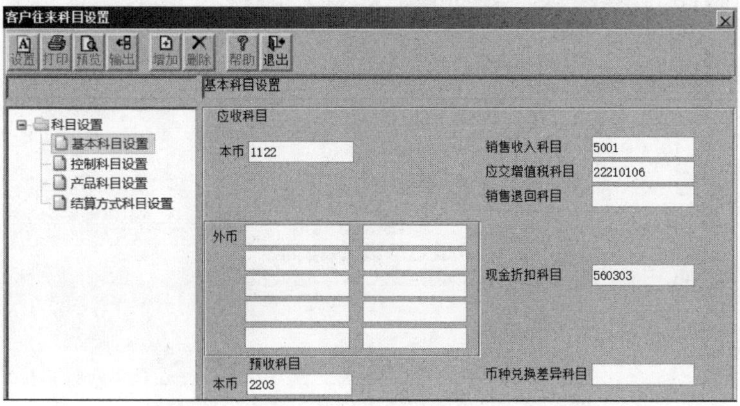

图 8-11 设置客户往来科目—基本科目设置

(3) 单击“结算方式科目设置”，按工作任务设置结算科目，如图 8-12 所示。

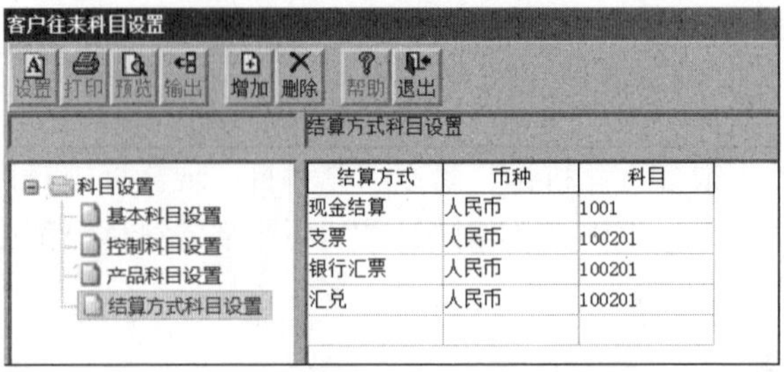

图 8-12　设置客户往来科目—结算方式科目设置

(4) 单击“退出”按钮。

任务 2.4　设置供应商往来科目

知识准备

如果企业应付业务类型较固定，生成的凭证类型也较固定，为了简化凭证生成操作，可在此处将各业务类型凭证中的常用科目预先设置好，包括基本科目设置、控制科目设置、产品科目设置、结算方式科目设置等。其设置方法与客户往来科目设置类似。

工作任务

设置如下供应商往来科目。

基本科目设置：应付科目 2202，采购科目 1402，采购税金科目 22210101，预付科目 1123，现金折扣科目 560303。

结算方式科目设置：现金结算 1001，支票 100201，银行汇票 1012，汇兑 100201。(所有结算方式币种均为人民币)

工作步骤

(1) 执行“核算→科目设置→供应商往来科目”命令，打开“供应商往来科目设置”窗口。

(2) 单击“基本科目设置”，按工作任务设置基本科目，如图 8-13 所示。

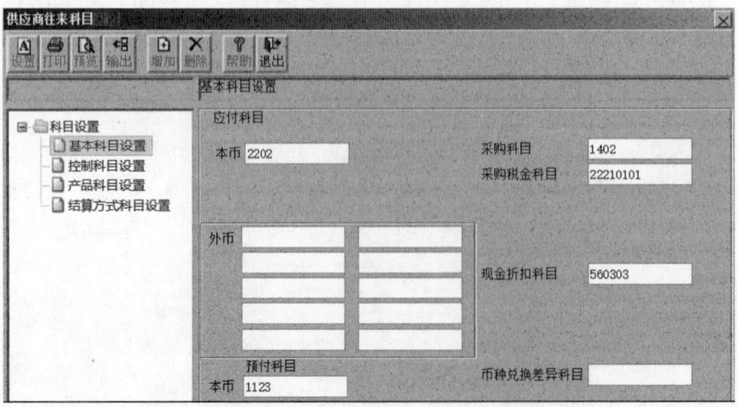

图 8-13　设置客户往来科目—基本科目设置

(3) 单击“结算方式科目设置”，按工作任务设置结算科目，如图 8-14 所示。

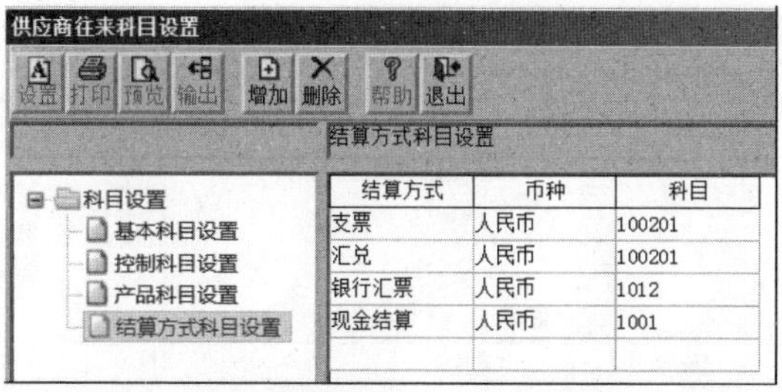

图 8-14 设置客户往来科目—结算方式科目设置

(4) 单击“退出”按钮。

任务 3 输入购销存期初数据

任务 3.1 输入采购期初数据

知识准备

采购模块有可能存在两类期初数据：一类是货到票未到即暂估入库业务，对于这类业务应调用期初采购入库单录入；另一类是票到货未到即在途业务，对于这类业务应调用期初采购发票功能录入。

需要说明的是：对于同一笔采购期初发票，可能需要在两个地方录入，一是在采购中录入期初采购发票，当货物到达后，填制采购入库单，期初采购发票与入库单进行采购结算；二是在供应商往来期初中录入期初采购发票，此期初采购发票可参与供应商往来账龄分析，当对此发票付款时，可与付款单进行付款核销。

无论是否有采购期初数据，都要执行期初记账，否则不能开始采购日常业务。

工作任务

1. 录入期初采购入库单

2019 年 12 月 31 日，从上海明辉公司采购包装盒 5000 个，暂估单价为 2 元，商品验收入原料库，发票尚未收到。

2. 采购期初记账

工作步骤

1. 录入期初采购入库单

(1) 执行“采购→采购入库单”命令，进入“采购入库单”窗口。

(2) 单击“增加”按钮，输入或选择入库日期“2019-12-31”，仓库“原料库”，供货单位“上海明辉公司”。

(3) 输入或选择存货编码 1002，数量 5000，单价 2。

(4) 单击“保存”按钮，如图 8-15 所示。

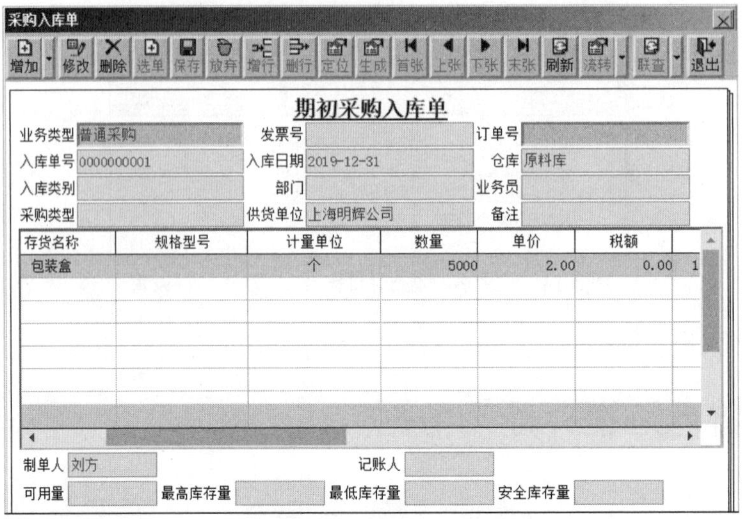

图 8-15 录入期初采购入库单

2. 采购期初记账

(1) 执行“采购→期初记账”命令，弹出“期初记账”信息提示框，如图 8-16 所示。

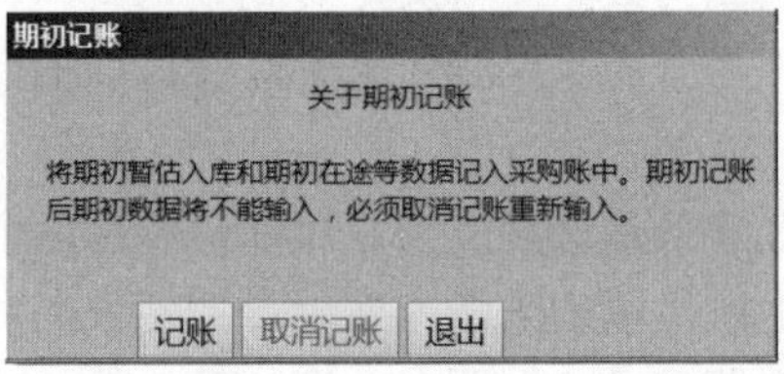

图 8-16 期初记账

(2) 单击“记账”按钮，期初记账完毕。

注意：

- ❑ 采购管理模块如果不执行期初记账，无法开始采购日常业务处理，因此，如果没有期初数据，也要执行期初记账。
- ❑ 采购管理模块如果不执行期初记账，库存管理模块和核算管理模块不能记账。
- ❑ 采购管理模块也可以取消期初记账。

任务 3.2 输入库存/存货期初数据

知识准备

在正式进行购销存业务处理之前，必须录入各仓库存货期初数据。各个仓库存货的期初数据包括各种存货的期初数量和单价。

存货期初数据既可以在库存模块中录入，也可以在核算模块中录入，只要在其中一个模块输入，另一模块中自动获得期初库存数据。

库存/存货模块对所有仓库的期初数据需要进行记账，即使没有存货期初数据也要记账。

工作任务

录入库存/存货期初数据，如表 8-12 所示。

表 8-12　录入库存/存货期初数据

仓库名称	存货编码	存货名称	数量	单价	金额	小计
原料库	1001	空白光盘	20000	5	100 000	120 000
	1002	包装纸	10000	2	20 000	
成品库	2001	ERP 应用多媒体课件	4000	80	320 000	570 000
	2002	程序设计多媒体课件	5000	50	250 000	
合计						690 000

工作步骤

(1) 执行“库存→期初数据→库存期初”命令，进入“期初余额”窗口。

(2) 选择仓库“原料库”。

(3) 单击“增加”按钮，根据任务要求输入原料库期初库存数据，单击“保存”按钮，如图 8-17 所示。

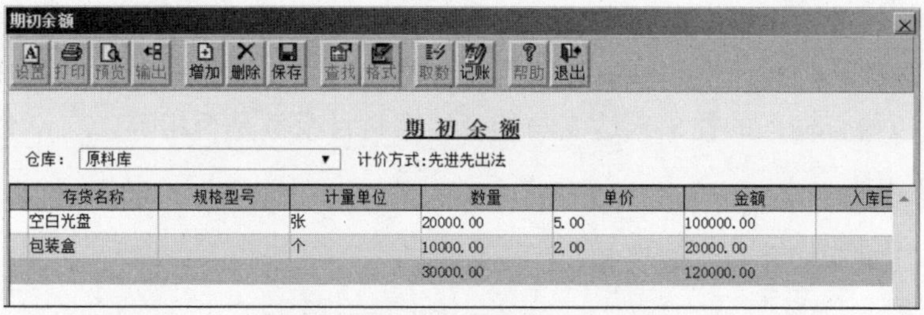

图 8-17　输入原料库期初数据

(4) 同理，输入“成品库”期初库存数据并保存，如图 8-18 所示。

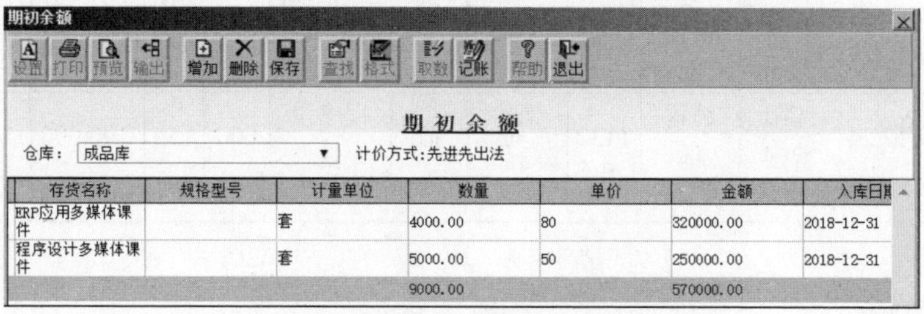

图 8-18　输入成品库期初库存数据

(5) 单击“记账”按钮，系统对所有仓库进行记账，稍候，系统提示“期初记账成功！”，如图 8-19 所示。

图 8-19　期初记账成功提示

(6) 单击“确定”按钮。

(7) 执行“核算→期初数据→期初余额”命令，可查看到原料库和成品库期初余额数据。

注意：

- 各个仓库存货的期初余额既可以在库存模块中录入，也可以在核算模块中录入。只要在其中一个模块输入，另一模块中自动获得期初库存数据。这里在库存模块中录入。
- 期初数据记账是针对所有仓库进行的。因此，在进行期初记账前，必须确认各个仓库的所有期初数据全部录入完毕并且正确无误，然后再进行期初记账。

任务 3.3 输入客户往来期初数据

知识准备

客户往来期初余额，是指企业已形成的应收款项到目前为止尚未收到的余额。为了便于以后与收款单核销，在初次使用销售与应收管理模块时，应将未处理完的应收款全部录入本系统中。

在销售与应收款模块中，往来款余额是按单据形式录入的。例如，应收账款余额通过发票录入，预收账款余额通过收款单录入。输入完成后，要与总账子系统中相应的客户往来账户余额核对，以检查输入的往来未达账与相应往来科目余额是否相等。

工作任务

录入客户往来期初余额，如表 8-13 所示。

表 8-13 录入客户往来期初余额

发票号	开票日期	客户	部门名称	科目编码	摘要	方向	存货名称	数量	单价	金额	税额	价税合计
25783378	2019/12/21	北京元和	销售部	1121	销售商品	借	ERP 应用软件	400	200	80 000	10 400	90 400
34008982	2019/12/24	沈阳智宏	销售部	1122	销售商品	借	程序设计软件	600	150	90 000	11 700	101 700
合计										170 000	22 100	192 100

工作步骤

(1) 执行“销售→客户往来→客户往来期初”命令，打开“期初余额—查询”对话框。

(2) 单击“确定”按钮，进入“期初余额明细表”窗口。

(3) 单击“增加”按钮，打开“单据类别”对话框，默认单据名称“销售发票”，单据类型“专用发票”。

(4) 单击“确定”按钮，进入“销售专用发票”窗口。根据任务要求输入发票信息，如图 8-20 所示。

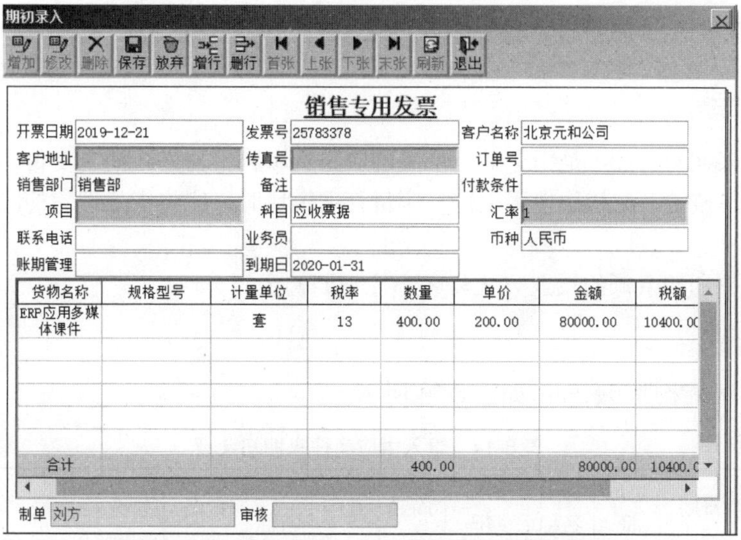

图 8-20 输入期初销售专用发票—应收票据

(5) 单击“保存”按钮。同理，输入另一张期初销售专用发票，如图 8-21 所示。

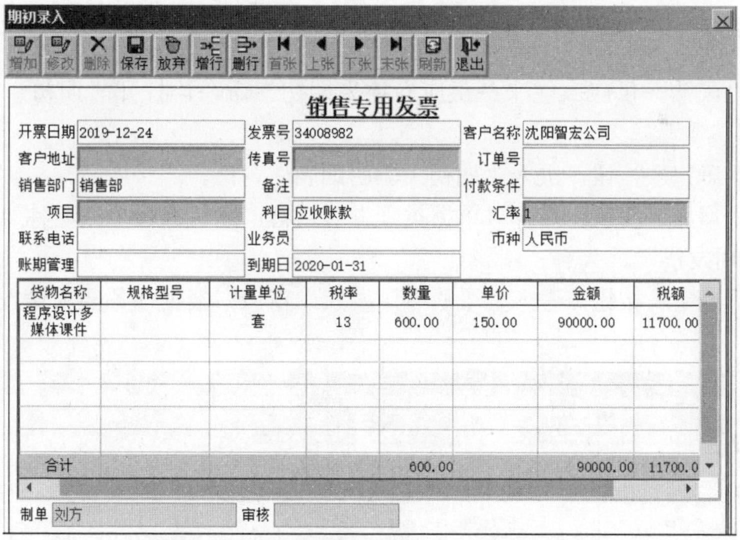

图 8-21 输入期初销售专用发票—应收账款

(6) 单击“保存”按钮，显示发票列表，如图 8-22 所示，单击“退出”按钮。

图 8-22 显示发票列表

任务 3.4　输入供应商往来期初数据

知识准备

供应商往来期初余额，是指企业已形成的应付款项到目前为止尚未支付的余额。为了便于以后与付款单核销，在初次使用采购与应付管理模块时，应将未处理完的应付款全部录入本系统中。

供应商往来期初余额的录入方式与客户往来期初余额类似。

工作任务

录入供应商往来期初余额，如表 8-14 所示。

表 8-14　录入供应商往来期初余额

发票号	开票日期	供应商	部门名称	科目编码	摘要	方向	存货名称	数量	单价	金额	税额	价税合计
68902164	2019/12/26	北京顺达	采购部	2202	采购材料	贷	空白光盘	3000	5	15 000	1 950	16 950

工作步骤

(1) 执行“采购→供应商往来→供应商往来期初”命令，打开“期初余额—查询”对话框。

(2) 单击“确定”按钮，进入“期初余额明细表”窗口。

(3) 单击“增加”按钮，打开“单据类别”对话框，默认选择单据名称“采购发票”，单据类型“专用发票”。

(4) 单击“确定”按钮，进入“采购专用发票”窗口。根据任务要求输入发票信息，如图 8-23 所示。

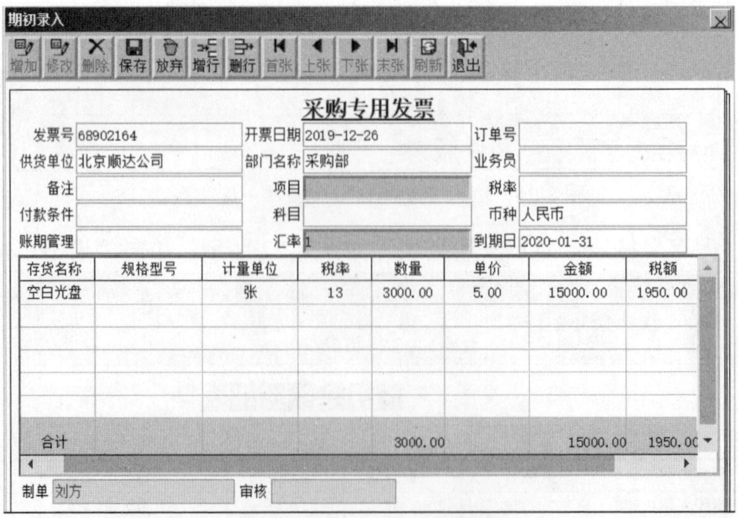

图 8-23　输入期初专用发票

(5) 单击“保存”按钮，显示发票列表，如图 8-24 所示，单击“退出”按钮退出。

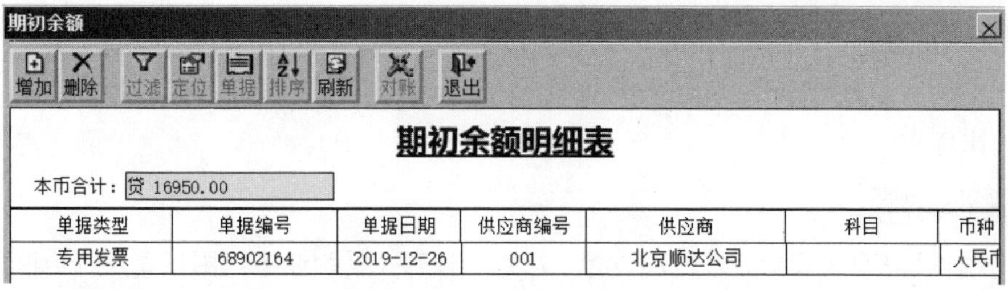

图 8-24 显示发票列表

任务 4 设置购销存参数

知识准备

购销存各个模块间的关系密切，各模块在使用前需进行相应的参数设置。

1. 采购与应付模块

采购业务主要控制参数包括入库单是否自动、存货使用辅计量单位等。

应付业务主要控制参数包括应付款核销方式、汇兑损益结算方式、应付确认日期依据、现金折扣是否显示。

其中“现金折扣是否显示”参数的含义是：为了鼓励客户在信用期间内提前付款，企业经常会采用现金折扣政策。选择显示现金折扣，系统会在“单据结算”中显示“可享受折扣”和“本次折扣”，并计算可享受的折扣。若选择了“不显示现金折扣”，则系统既不计算也不显示现金折扣。

2. 销售与应收模块

销售业务主要控制参数包括：有无外币业务、是否固定换算率、是否由销售系统生成销售出库单、销售是否必填批号、销售报价是否含税、是否有信用额度控制、是否有最低售价控制。

应收业务主要控制参数包括：应收款核销方式、汇兑损益结算方式、应收确认日期依据、现金折扣是否显示(作用与采购模块类似)。

3. 库存模块

库存业务主要控制参数包括：有无组装拆卸业务、有无批次管理、有无保质期管理、有无成套件管理、存货有无辅助计量单位、是否允许零出库、是否需要最高最低库存报警、是否允许超限额领料、是否库存系统生成销售出库单、销售出库业务是否由销售系统指定批号。

4. 核算模块

核算业务主要控制参数包括：核算方式、暂估方式、销售成本核算方式、零成本出库选择、入库成本选择、销售成本核算方式。

其中，销售成本核算方式包括销售出库单和销售发票两种模式，系统默认为销售出库单，即销售业务在结转销售成本时按销售出库单的金额来确认。

工作任务

设置采购与应付/销售与应收参数，均显示现金折扣；设置存货参数，销售成本核算方式为按销售出库单。

工作步骤

(1) 执行“采购→采购业务范围设置”命令，打开“采购业务范围设置”对话框，在“应付参数”设置页签，选择“显示现金折扣”复选框，如图 8-25 所示，单击“确认”按钮。

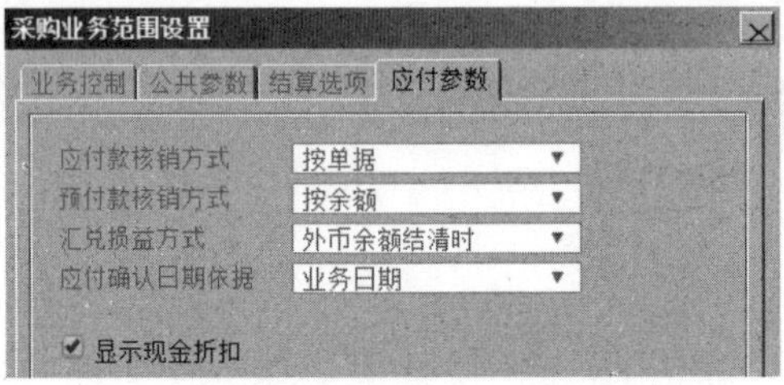

图 8-25　设置采购参数

(2) 执行“销售→销售业务范围设置”命令，打开“销售业务范围设置”对话框，在“应收核销”设置页签，选择“显示现金折扣”复选框，如图 8-26 所示，单击“确认”按钮。

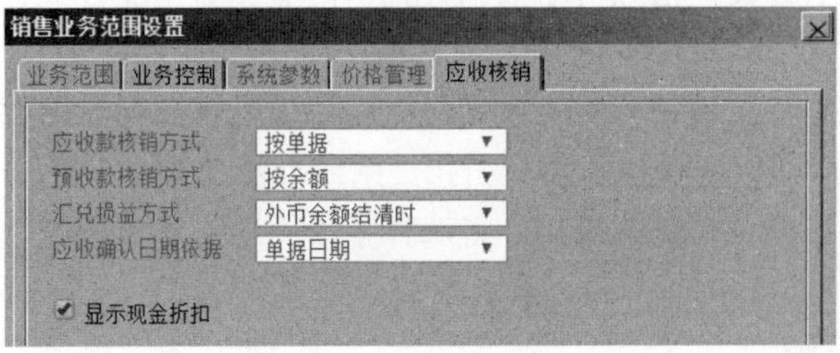

图 8-26　设置销售参数

(3) 执行“核算→核算业务范围设置”命令，打开“核算业务范围设置”对话框，在“核算方式”设置页签，销售成本核算方式默认选择“销售出库单”，在此不需操作，如图 8-27 所示。单击“确认”按钮。

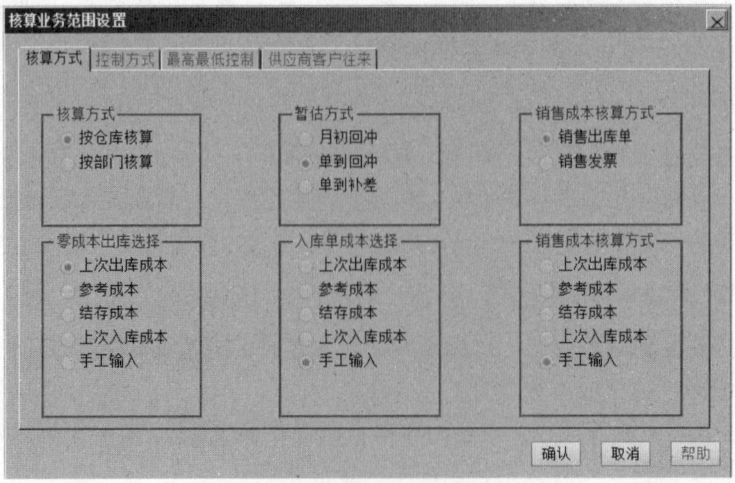

图 8-27　设置核算参数

实训应用

实训九 购销存初始设置

【实训目的】

1. 理解购销存参数设置。
2. 熟悉基础档案设置、基础科目设置等操作。
3. 掌握各类购销存、期初数据录入操作。

【实训要求】

以账套主管郑通(编号：6601；密码：1)的身份进行购销存初始设置。

【实训内容】

(一) 设置基础档案

1. 设置存货分类

设置存货分类，如表 8-15 所示。

表 8-15 设置存货分类

类别编码	类别名称
01	原材料
02	产成品
03	应税劳务

2. 设置存货档案

设置存货档案，如表 8-16 所示。

表 8-16 设置存货档案

存货编号	存货名称	计量单位	所属分类	税率	存货属性	参考成本
1001	空白光盘	张	01	13%	外购、生产耗用	4
1002	包装纸	包	01	13%	外购、生产耗用	20
2001	英语口语多媒体课件	套	02	13%	外购、销售	40
3001	ERP 应用多媒体课件	套	02	13%	自制、销售	50
3002	程序设计多媒体课件	套	02	13%	自制、销售	60
9001	运费	次	03	9%	劳务费用	

3. 设置仓库档案

设置仓库档案，如表 8-17 所示。

表 8-17 设置仓库档案

仓库编码	仓库名称	所属部门	负责人	计价方式
1	原料库	仓储部	马芳	先进先出法
2	产品一库	仓储部	潘小小	先进先出法
	产品二库	仓储部	潘小小	先进先出法

4. 设置费用项目

设置费用项目：费用项目编码“01”；费用项目名称“代垫运费”。

(二) 设置基础科目

1. 设置存货科目

按仓库设置存货科目，如表 8-18 所示。

表 8-18 按仓库设置存货科目

仓库	存货科目
原料库	原材料/空白光盘(140301)
产品一库	库存商品(1405)
产品二库	库存商品(1405)

2. 设置存货对方科目

按收发类别设置存货对方科目，如表 8-19 所示。

表 8-19 按收发类别设置存货对方科目

收发类别	对方科目
采购入库	在途物资(1402)
产成品入库	生产成本/直接材料(400101)
材料领用出库	生产成本/直接材料(400101)
销售出库	主营业务成本(5401)

3. 设置客户往来科目

设置如下客户往来科目。

基本科目设置：应收科目 1122，销售收入科目 5001，应交增值税科目 22210106，预收科目 2203，现金折扣科目 560303。

结算方式科目设置：现金结算 1001，现金支票 100201，转账支票 100201，银行汇票 100201，汇兑损益 100201。(所有结算方式币种均为人民币)

4. 设置供应商往来科目

设置如下供应商往来科目。

基本科目设置：应付科目 2202，采购科目 1402，采购税金科目 22210101，预付科目 1123，现金折扣科目 560303。

结算方式科目设置：现金结算 1001，现金支票 100201，转账支票 100201，银行汇票 100201，汇兑损益 100201。(所有结算方式币种均为人民币)

(三) 输入购销存期初数据

1. 输入采购期初数据

2019 年 12 月 31 日，从北京公司采购包装纸 800 包，暂估单价为 20 元，商品验收入原料库，发票尚未收到。

2. 输入库存期初数据

录入库存期初数据，如表 8-20 所示。

表 8-20 录入库存期初数据

仓库名称	存货编码	存货名称	数量	单价	金额	小计
原料库	1001	空白光盘	25000	4	100 000	140 000
	1002	包装纸	2000	20	40 000	
产品一库	2001	英语口语多媒体课件	1000	40	40 000	40 000
产品二库	2001	Java 语言多媒体课件	5000	50	250 000	610 000
	2002	Python 语言多媒体课件	6000	60	360 000	
合计						790 000

3. 输入客户往来期初数据

录入客户往来期初余额，如表 8-21 所示。

表 8-21 录入客户往来期初余额

发票号	开票日期	客户	部门名称	科目编码	摘要	方向	存货名称	数量	单价	金额	税额	价税合计
89026734	2019/12/18	软件学院	销售处	1121	销售商品	借	Java	400	160	64 000	8 320	72 320
65237108	2019/12/22	创远公司	销售处	1122	销售商品	借	Python	500	200	100 000	13 000	113 000

4. 输入供应商往来期初数据

录入供应商往来期初余额，如表 8-22 所示。

表 8-22 录入供应商往来期初余额

发票号	开票日期	供应商	部门名称	科目编码	摘要	方向	存货名称	数量	单价	金额	税额	价税合计
62836071	2019/12/27	沈阳联诚	采购处	2202	采购原料	借	空白光盘	2000	4	8 000	1 040	9 040

(四) 设置购销存参数

设置采购与应付/销售与应收参数，均显示现金折扣；设置存货参数，销售成本核算方式为按销售出库单。

巩固提高

一、单选题

1. 下列不属于购销存基础档案的是(　　)。

A. 存货档案　　B. 仓库档案　　C. 收发类别　　D. 项目目录

2. 库存模块期初数据也可以在(　　)系统中录入。
A. 采购　　B. 销售　　C. 核算　　D. 应收
3. 对于企业购入的原材料，在存货档案设置中，不能设置的属性是(　　)。
A. 外购　　B. 生产耗用　　C. 销售　　D. 劳务费用
4. 库存/存货期初数据录入完毕需要进行(　　)操作。
A. 审核　　B. 制单　　C. 记账　　D. 结账
5. 通常，“采购入库”收发类别对应的存货对方科目为(　　)。
A. 在途物资　　B. 原材料　　C. 库存商品　　D. 生产成本

二、多选题

1. 下列属于购销存基础档案设置的内容有(　　)。
A. 仓库档案　　B. 部门档案　　C. 存货档案　　D. 收发类别
2. 要在系统中自动生成如下会计分录，需要设置(　　)。
借：原材料
　　贷：在途物资
A. 存货科目　　B. 供应商往来科目
C. 客户往来科目　　D. 存货对方科目
3. 下列(　　)期初数据录入完毕需要记账操作。
A. 采购　　B. 销售　　C. 库存　　D. 核算
4. 下列出入库类别对应的存货对方科目为“生产成本/直接材料”的是(　　)。
A. 采购入库　　B. 销售出库　　C. 产成品入库　　D. 材料领用出库
5. 采购模块的两类期初数据包括(　　)。
A. 期初采购入库单　　B. 期初采购发票
C. 期初付款单　　D. 期初采购订单

三、判断题

1. 存货的“销售”属性用于发货单、销售发票、销售出库单等与销售有关的单据参照使用，表示该存货可用于销售。(　　)
2. 库存期初数据只能在库存模块录入。(　　)
3. 同一存货只能设置一个属性。(　　)
4. 客户往来期初余额，是指企业已形成的应收款项到目前为止尚未收到的余额。(　　)
5. 采购模块若没有期初余额可不必记账。(　　)

四、简答题

1. 购销存模块的基础档案通常包括哪些？
2. 存货档案的6个基本属性是什么？各有什么作用？
3. 购销存模块的科目设置包括哪些？
4. 购销存模块的期初数据包括哪些？
5. 采购模块的期初数据包括哪些？通常以什么形式录入？

项目 9

采购与应付管理

学习目标

通过本项目的学习，学员应具备处理如下业务的能力：

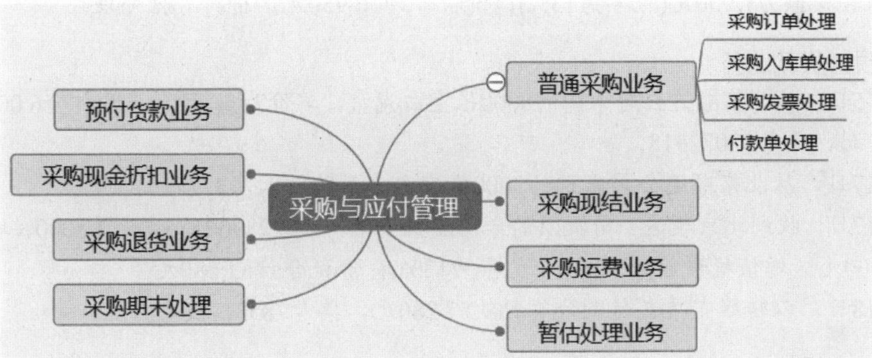

情境案例

日盛科技公司进行2020年1月的采购与应付业务核算。

1. 业务分工

采购员宋刚进行采购与应付业务的相关处理。

2. 本月发生的采购与应付业务

1) 普通采购业务

1月3日，采购部与北京顺达签订采购合同，预订购空白光盘2000张，单价6元。

1月5日，从北京顺达采购的空白光盘验收入原料库，数量2000张，单价6元。

1月5日，收到北京顺达提供的采购空白光盘的增值税专用发票一张，票号22307864，数量2000张，单价6元，增值税税率为13%。

1月6日，支付给北京顺达转账支票一张，为采购空白光盘的货税款，共计13 560元，支票号为33902817。

2) 采购现结业务

1月7日，从上海明辉采购的包装盒验收入原料库，同时收到专用发票一张(票号33901267)，数量2000张，单价3元，增值税税额为780元(税率为13%)，价税合计6 780元。企业当天以电汇方式将款项付给明辉公司。

3) 采购运费业务

1月9日，从北京顺达公司采购的空白光盘验收入原料库，同时收到专用发票一张(票号23456781)，数量5000张，单价6元，增值税税额为3 900元(税率为13%)，价税合计33 900元。款项尚未支付。

1月9日，收到北京如风快递公司运费专用发票一张(票号22789034)，金额400元，增值税税额为36元(税率为9%)，价税合计436元，以现金支付。

1月10日，以转账支票支付北京顺达公司货税款33 900元，支票号30902167。

4) 暂估处理业务

1月12日，上月从上海明辉公司采购的5000个包装盒发票已到(发票号39017824)，单价3元，增值税税额为1 950元(税率为13%)，价税合计16 950元。进行暂估处理。

5) 预付货款业务

1月15日，从北京顺达公司采购的8000张空白光盘，单价7元，预付采购订金6 000元，转账支票支付，票号33072318。

1月17日，从北京顺达公司采购的8000张空白光盘验收入原料库。

1月17日，收到北京顺达公司提供的专用发票一张，票号28902175，数量8000，单价7元，金额56 000元，增值税税额为7 280元(税率为13%)，价税合计63 280元。

1月18日，以转账支票支付剩余货税款57 280元，票号78532106。

6) 现金折扣业务

1月20日，从上海明辉公司采购10000个包装盒验收入原料库。

1月20日，收到上海明辉公司提供的专用发票一张，票号90217843，数量10000，单价2.5元，金额25 000元，增值税税额为3 250元(税率为13%)，价税合计28 250元。(付款条件为:2/10,1/20,n/30)

1月23日，以电汇方式支付货税款27 685元。

7) 采购退货业务

1月25日，发现1月5日从北京顺达公司采购的25张空白光盘有质量问题，要求退货。

1月25日，收到北京顺达公司提供的专用发票一张，票号90237806，数量-25，单价6元，金额税额为-150元，增值税税额为-19.5元(税率为13%)，价税合计-169.5元。

1月26日，收到转账支票一张，票号87209462，金额169.5元，为退货款。

任务学习

采购业务处理主要包括订货、入库、采购发票、采购结算等采购业务全过程的管理，可以处理普通采购业务、现结业务、采购退货业务等业务类型。企业可根据实际业务情况，对采购业务流程进行可选配置。

应付业务处理可以实现企业与供货方资金的结算，具体包括预付、现付和应付等方式。其最重要的单据为付款单。

任务 1 普通采购业务

任务 1.1 采购订单处理

知识准备

采购订单也称为采购合同，是企业与供应商之间签订的一种购销协议，主要内容包括采购货物种类、采购数量、供货商、到货时间、到货地点、运输方式、价格、运费等。采购订单管理的内容包括订单的录入、审核、关闭、查询等。

采购订单非采购业务必须填制的单据，可根据企业的管理需要选择填制。采购订单不生成记账凭证。

工作任务

1 月 3 日，采购部与北京顺达签订采购合同，预订购空白光盘 2000 张，单价 6 元。

工作步骤

以采购员宋刚的身份登录信息门户。输入或选择如下信息：操作员“5505”；密码“5”；账套“555 日盛公司账套”；会计年度“2020”；日期“2020-01-31”。

(1) 执行“采购→采购订单”命令，进入“采购订单”窗口。

(2) 单击“增加”按钮，输入日期“2020-01-03”，选择供货单位“北京顺达”；输入税率“13”，到期日“2020-01-31”。

(3) 选择存货编号为“1001”，输入数量“2000”、单价“6”。

(4) 单击“保存”按钮，再单击“审核”按钮，如图 9-1 所示。

图 9-1 输入采购订单

(5) 单击“退出”按钮，退出“采购订单”窗口。

任务 1.2　采购入库单处理

知识准备

1. 采购入库单

采购入库单是根据采购到货签收的实收数量填制的单据。对于工业企业，采购入库单一般指采购原材料验收入库时所填制的入库单据。对于商业企业，采购入库单一般指商品进货入库时所填制的入库单据。

采购入库单可以直接录入，也可以参照采购订单或采购发票生成。采购入库单是采购模块必填的单据并生成相应的记账凭证。

2. 采购入库单的处理流程

(1) 在采购模块填制采购入库单。

(2) 在库存模块审核采购入库单。

(3) 在核算模块对采购入库单记账(必须在采购入库单和采购发票结算后)。

(4) 在核算模块对采购入库单制单。

生成的会计分录如下。

借：原材料

　　贷：在途物资

工作任务

1 月 5 日，从北京顺达采购的空白光盘验收入原料库，数量 2000 张，单价 6 元。

工作步骤

特别说明：

任务1.2和任务1.3的工作步骤需要交叉进行。

1. 在采购模块填制采购入库单

(1) 执行“采购→采购入库单”命令，进入“采购入库单”窗口。

(2) 单击“增加”按钮。输入或选择表头和表体数据：入库日期“2020-01-05”；仓库“原料库”；供货单位“北京顺达公司”；部门“采购部”；入库类别“采购入库”。存货编码“1001”；数量“2000”；单价“6”。

(3) 单击“保存”按钮，如图 9-2 所示。

(4) 单击“退出”按钮，退出“采购入库单”窗口。

注意：

- 入库单的采购单价也可以不输入，入库单记账时是以采购结算后的单价记账的。

图 9-2 填制采购入库单

2. 在库存模块审核采购入库单

(1) 执行“库存→采购入库单审核”命令，打开“采购入库单审核”对话框。

(2) 选择采购“空白光盘”的入库单，单击“复核”按钮，如图 9-3 所示，单击“退出”按钮返回。

图 9-3 审核采购入库单

说明：◆

- ❑ 后面步骤需要在采购发票处理完毕后进行，请进入任务 1.3 的工作步骤。

3. 在核算模块对采购入库单记账

(1) 执行“核算→核算→正常单据记账”命令，打开“正常单据记账条件”对话框。

(2) 单击“确定”按钮，进入“正常单据记账”窗口。

(3) 单击选择要记账的单据，如图 9-4 所示。

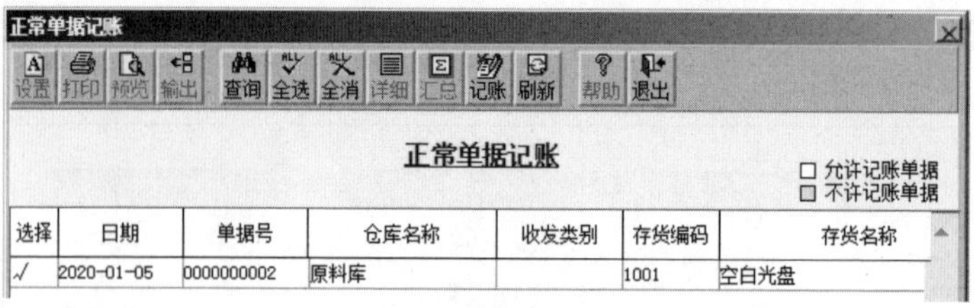

图 9-4 选择记账单据

(4) 单击“记账”按钮，记账完毕，单击“确定”按钮。

4. 在核算模块对采购入库单制单

(1) 执行“核算→凭证→购销单据制单”命令，单击“选择”按钮，选择“采购入库单(报销记账)”选项，如图 9-5 所示。

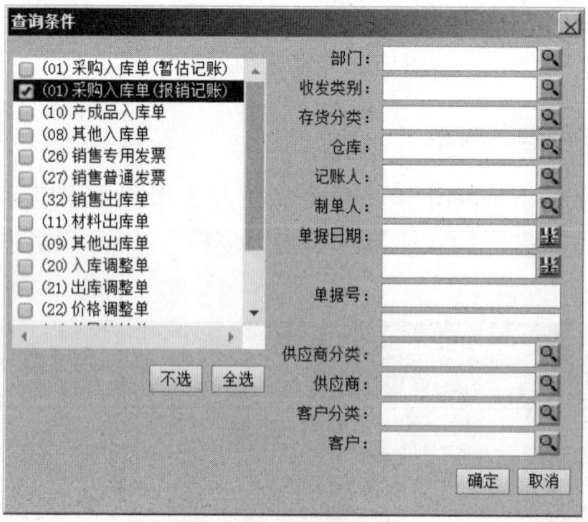

图 9-5 选择单据类型

(2) 单击“确定”按钮。单击选择“采购入库单”行，如图 9-6 所示。

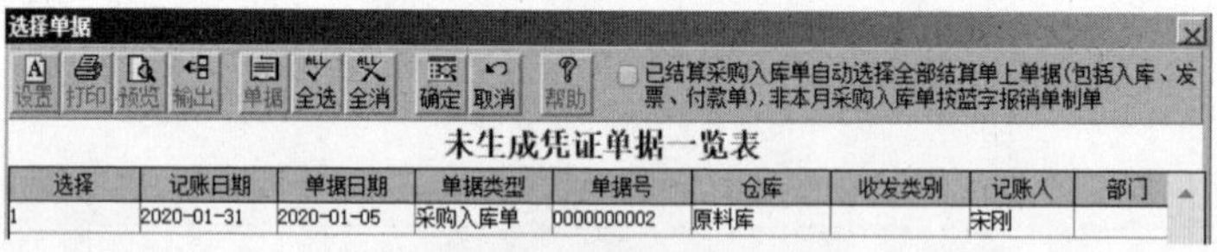

图 9-6 选择采购入库单

(3) 单击“确定”按钮，进入“生成凭证”窗口，选择凭证类别“转”，如图 9-7 所示。

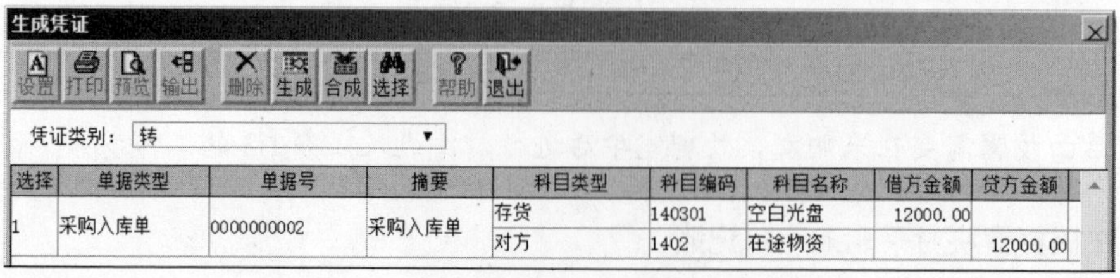

图 9-7 设置凭证模板

(4) 单击“生成”按钮，进入“填制凭证”窗口，修改制单日期为“2020-01-05”，检查凭证其他信息无误后，单击“保存”按钮，如图 9-8 所示。

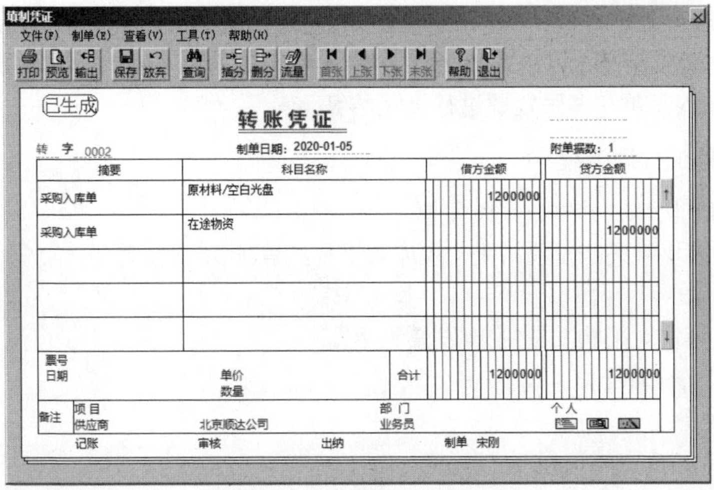

图 9-8　生成采购入库单凭证

任务 1.3　采购发票处理

知识准备

1. 采购发票

采购发票是供应商开出的销售货物的凭证，即从供货单位取得的进项发票及发票清单。系统将根据采购发票确认采购成本，并据以登记应付账款。

采购发票按发票类型分为增值税专用发票、增值税普通发票；按业务性质分为蓝字发票和红字发票。

采购发票可以手工新增，也可以参照采购订单、采购入库单(普通采购)填制；采购发票也可以拷贝其他采购发票填制。采购发票是采购模块必填的单据并生成相应的记账凭证。

采购发票可以现付，即直接付款。

采购发票与采购入库单需进行采购结算。采购结算也称采购报账，会计上的含义是指采购核算人员根据采购入库单、采购发票核算采购入库成本。在手工业务中，采购业务员拿着经主管领导审批过的采购发票和仓库确认的入库单到财务部门，由财务人员确认采购成本。

采购结算从单据处理上分为入库单与发票结算；蓝字入库单与红字入库单结算；蓝字发票与红字发票结算；运费发票与入库单结算，也可直接与存货结算；参照入库单生成发票时可以进行结算。

采购结算从操作处理上分为自动结算和手工结算两种方式。

(1) 自动结算。自动结算是由计算机系统自动将相同供货单位的，存货相同且数量相等的采购入库单和采购发票进行结算。结算时，可以根据需要输入结算条件，系统将根据企业输入的条件范围进行结算。

(2) 手工结算。当采购入库单和采购发票上的采购数量不一致时，就需要利用手工结算方式结算。使用手工结算功能还可以进行正数入库单与负数入库单结算，正数发票与负数发票结算；正数入库单与正数发票结算；负数入库单与负数发票结算及费用发票单独结算等方式。

手工结算时可以结算入库单中的部分货物，未结算的货物可以在今后取得发票后再结算。可以同时对多张入库单和多张发票进行报账结算。

2. 采购发票的处理流程

(1) 在采购模块填制并复核采购发票。

(2) 在采购模块将采购发票与采购入库单进行结算(此步非常重要，决定采购入库单的记账单价)。

(3) 在核算模块对采购发票制单(发票制单)。

生成的会计分录如下。

借：在途物资

　　应交税费/应交增值税/进项税额

　　贷：应付账款

工作任务

1 月 5 日，收到北京顺达提供的采购空白光盘的增值税专用发票一张，票号 22307864，数量 2000 张，单价 6 元，增值税税率为 13%。

工作步骤

1. 在采购模块填制并复核采购发票

(1) 执行“采购→采购发票”命令，进入“采购发票”窗口。

(2) 单击“增加”按钮。单击发票类型栏后侧的下拉箭头，选择“专用发票”。输入或选择表头、表体数据：开票日期“2020-01-05”；发票号“22307864”；供货单位“北京顺达公司”；部门名称“采购部”；税率“13”；到期日“2020-01-31”。存货编码“1001”；数量“2000”；原币单价“6”。

(3) 单击“保存”按钮，再单击“复核”按钮，弹出提示信息，单击“确定”按钮，如图 9-9 所示。

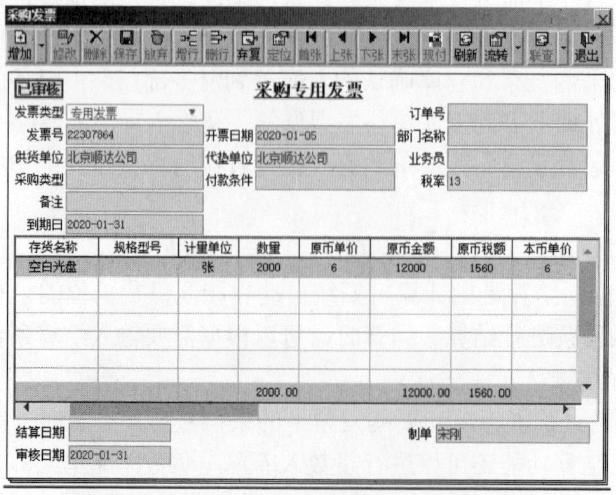

图 9-9　填制并复核采购发票

2. 在采购模块将采购发票与采购入库单进行采购结算

(1) 执行“采购→采购结算→手工结算”命令，打开“条件输入”对话框，单击“确定”按钮，进入“入库单和发票选择”窗口。

(2) 在选择栏分别单击选择入库单和发票，如图 9-10 所示。

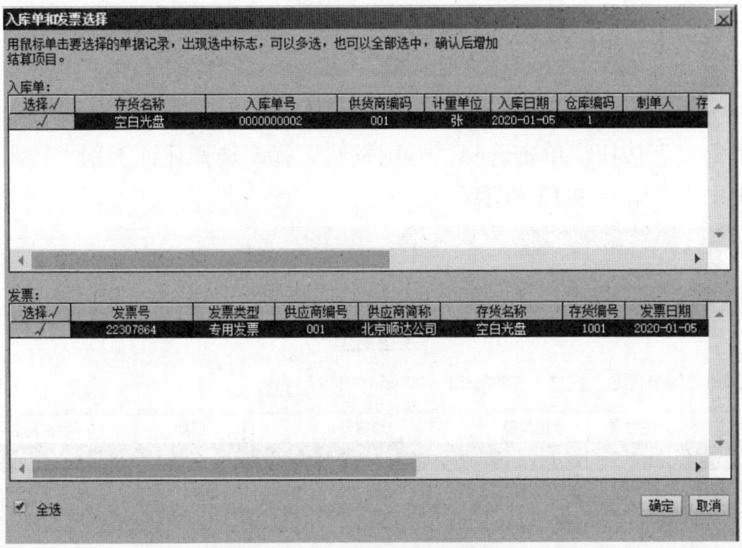

图 9-10 选择入库单和发票

(3) 单击“确定”按钮，显示手工结算列表，如图 9-11 所示。

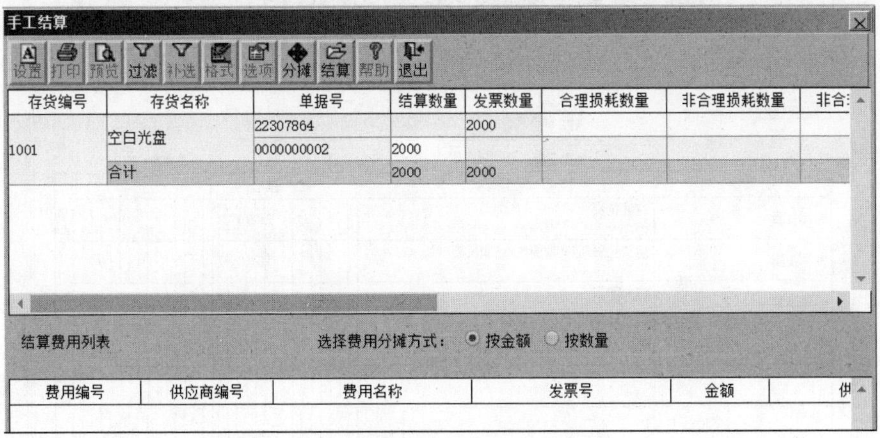

图 9-11 显示手工结算单列表

(4) 单击“结算”按钮，提示结算完成。单击“确定”按钮。

注意：

- 若要取消采购结算，将此结算单在结算单列表中删除即可。

3. 在核算模块对采购发票制单(发票制单)

(1) 执行“核算→凭证→供应商往来制单”命令，默认选择“发票制单”，如图9-12所示。

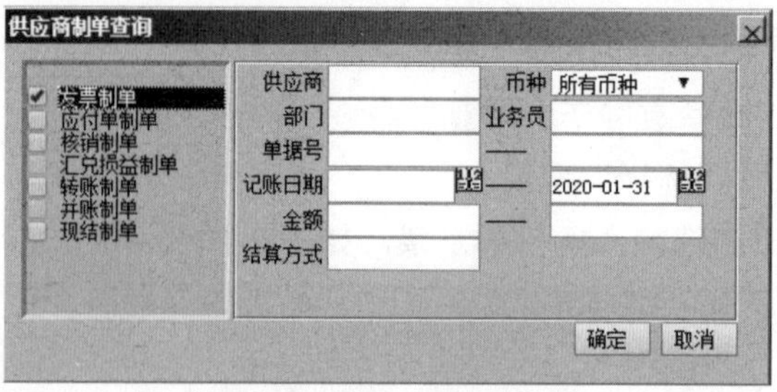

图 9-12　选择单据类型

(2) 单击“确定”按钮。单击选择“专用发票”行，选择凭证类别“转账凭证”，制单日期“2020-01-05”，如图 9-13 所示。

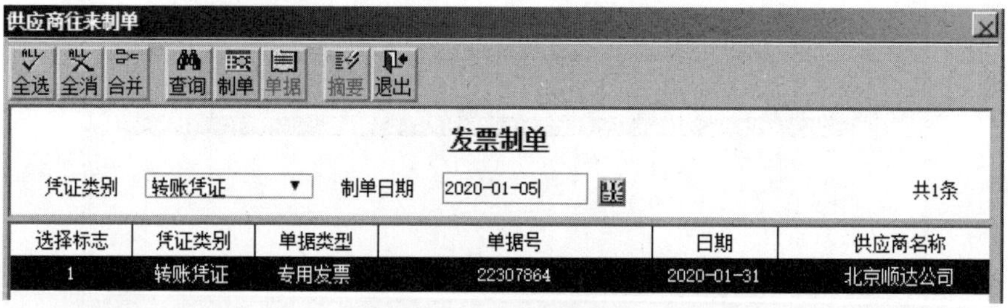

图 9-13　选择采购发票

(3) 单击“制单”按钮，进入“填制凭证”窗口，检查无误，单击“保存”按钮，如图 9-14 所示。

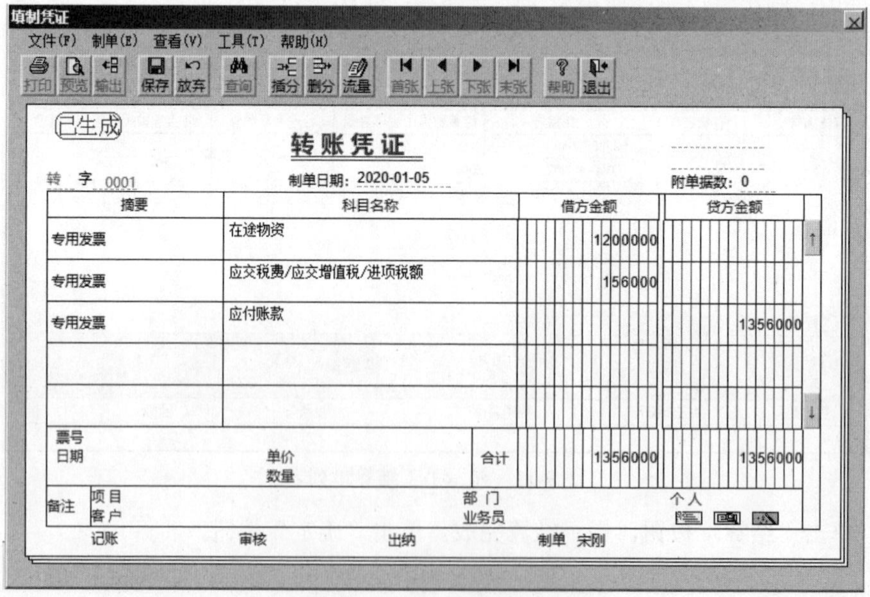

图 9-14　生成采购发票凭证

说明：

❑ 采购发票处理完毕，请继续完成任务 1.2 中的工作步骤。

任务 1.4　付款单处理

知识准备

1. 付款单

收发当日收到供应商提供的货物和发票之后，财务部门核对发票和入库情况，若无误，则按双方约定的付款日期、付款方式和付款条件向供应商支付货款。付款结算需录入付款单据，并与应付给该供应商的应付货款进行核销。

付款单据录入，是将支付供应商款项和供应商退回的款项录入应付款管理模块，包括付款单与收款单(即红字付款单)的录入。付款单是采购与应付模块必填的单据并生成相应的记账凭证。

采购业务的核销，是指确定付款单与采购发票、应付单之间的对应关系的操作，核销的作用是处理付款核销应付款，建立付款与应付款的核销记录。核销时需要指明每一次付款是付的哪几笔采购业务的款项。明确核销关系后，可以进行精确的账龄分析，监督应付款及时核销，加强往来款项的管理。

核销的基本业务规则如下。

- 如果支付的货款等于应付款，则进行完全核销。
- 如果支付的货款小于应付款，则进行部分核销。
- 如果支付的货款大于应付款，则余款作为预付款处理。

核销的方法分为两种，一种是手工核销，一种是自动核销。

(1) 手工核销，通过人工确定系统内付款与应付款的对应关系，选择进行核销。通过本功能可以根据查询条件选择需要核销的单据，然后手工核销，加强了往来款项核销的灵活性。

(2) 自动核销，由系统自动确定系统内付款与应付款的对应关系并进行核销。

2. 付款单的处理流程

(1) 在采购模块填制付款单并与对应发票进行核销。

(2) 在核算模块对付款单制单(核销制单)。

生成的会计分录如下。

借：应付账款

　　贷：银行存款

工作任务

1月6日，支付给北京顺达转账支票一张，为采购空白光盘的货税款，共计13 560元，支票号为33902817。

工作步骤

1. 在采购模块填制付款单并与对应发票进行核销

(1) 执行“采购→供应商往来→付款结算”命令，进入“结算单录入”窗口。

(2) 选择供应商“北京顺达”。

(3) 单击"增加"按钮，输入或选择表头数据：日期"2020-01-06"；结算方式"支票"；金额"13 560"，票据号"33902817"。

(4) 单击"保存"按钮，如图9-15所示。

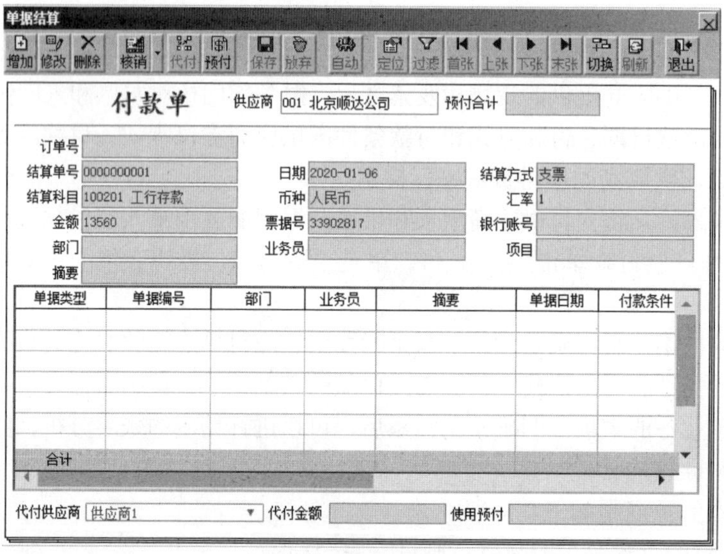

图9-15 填制付款单

(5) 单击"核销"按钮，对单据日期为"2020-01-05"的单据进行核销，输入本次结算金额"13 560"，如图9-16所示。

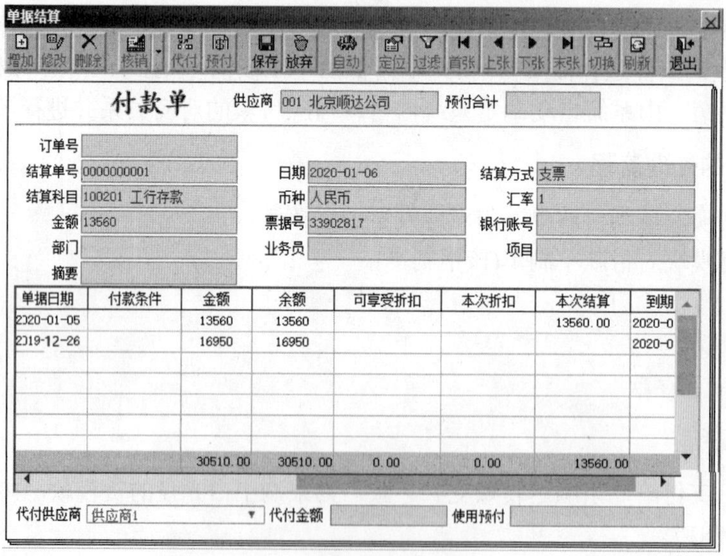

图9-16 核销付款单

(6) 单击"保存"按钮，再单击"退出"按钮退出。

2. 在核算模块对付款单制单(核销制单)

(1) 执行"核算→供应商往来制单"命令，选择"核销制单"，如图9-17所示，单击"确定"按钮。

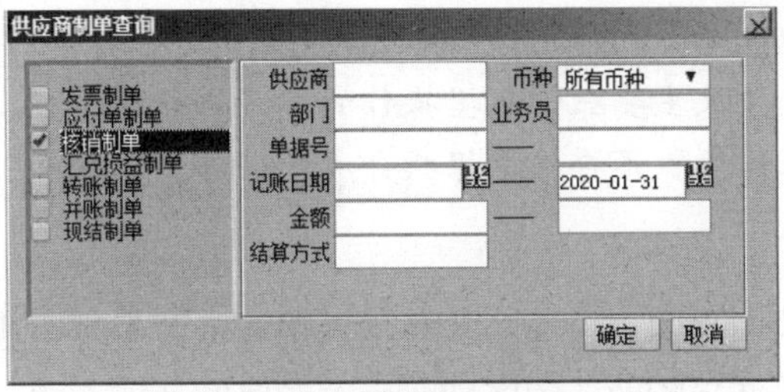

图 9-17 选择制单方式

(2) 单击选择要制单的付款单，修改凭证类别为“付款凭证”，日期为“2020-01-06”，如图 9-18 所示。

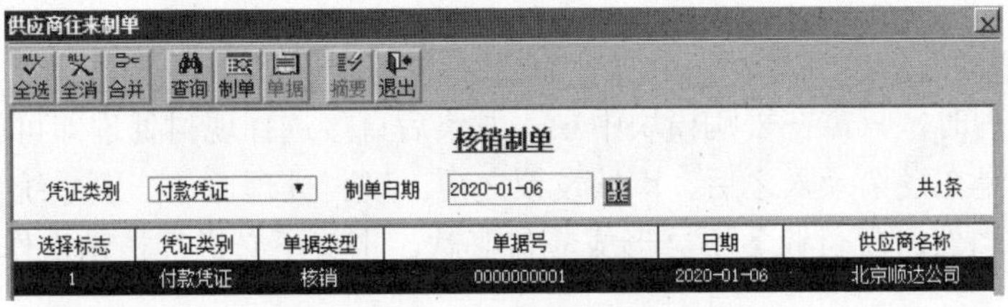

图 9-18 选择付款单

(3) 单击“制单”按钮，生成付款凭证，如图 9-19 所示。检查凭证无误后，单击“保存”按钮，再单击“退出”按钮退出。

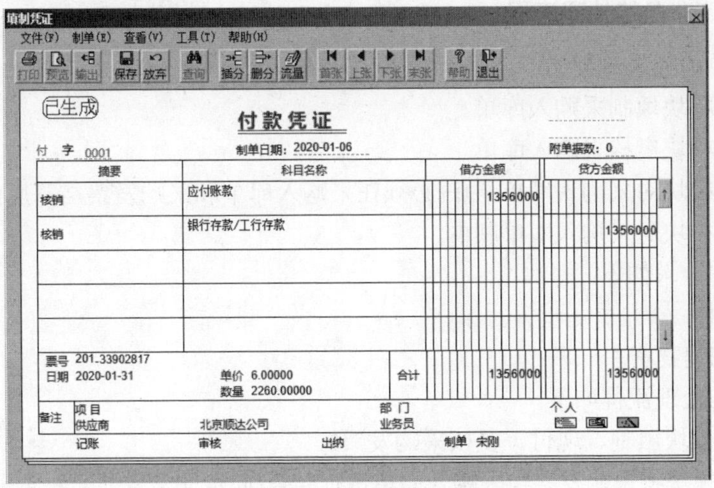

图 9-19 生成付款单凭证

任务 2 采购现结业务

知识准备

说明：

其他采购业务类型都是以普通采购业务的主要三张单据(采购入库单、采购发票、付款单)为基础，所以：

(1) 由于采购订单为非必填单据，不生成记账凭证，所有其他业务中不再涉及采购订单。

(2) 其他采购业务中涉及主要三张单据操作的，不再详述。

(3) 其他采购业务工作步骤不再按单据拆分成子任务。

1. 采购现结业务

现结业务在采购模块中也叫现付业务，是指采购业务发生时企业直接付款并由供货单位开具发票。现付业务与普通采购业务的区别在于对发票的处理不同。由前面可以看出，在应付款模块中对发票的默认处理方式是看作未付款，在发票复核后会登记应付账款明细账，并生成确认采购成本、进项税额和应付账款的凭证传递到总账子系统。所以，发生现付业务后需要一些特殊处理。

1) 现付处理

进行现付处理时，只需在采购模块中录入发票后直接选择现付处理即可。但一定要注意现付处理的时机是在发票录入之后、审核发票之前。现付处理后，一般系统会自动出现付款单供用户填写。当然，现付业务不会形成应付账款，也就不必进行核销操作了。

2) 现结制单

在核算模块中，对现结发票制单，凭证的贷方不再是应付账款，而是银行存款。

除以上两点外，现付业务与普通采购业务类似，不再赘述。

2. 现结采购业务的处理流程

采购入库单的处理流程如下。

(1) 在采购模块填制采购入库单。

(2) 在库存模块审核采购入库单。

(3) 在核算模块对采购入库单记账(必须在采购入库单和采购发票结算后)。

(4) 在核算模块对采购入库单制单。

生成的会计分录如下。

借：原材料

　　贷：在途物资

采购发票的处理流程如下。

(1) 在采购模块填制、现付、复核采购发票。

(2) 在采购模块将采购发票与采购入库单进行结算(此步非常重要，决定采购入库单的记账单价)。

(3) 在核算模块对采购发票制单(现结制单)。

生成的会计分录如下。

借：在途物资

　　应交税费/应交增值税/进项税额

　　贷：银行存款

工作任务

1 月 7 日，从上海明辉采购的包装盒验收入原料库，同时收到专用发票一张(票号

33901267)，数量 2000 张，单价 3 元，增值税税额为 780 元(税率为 13%)，价税合计 6 780 元。企业当天以电汇方式将款项付给明辉公司。

工作步骤

1. 在采购模块填制采购入库单

执行“采购→采购入库单”命令，填制采购入库单，如图 9-20 所示。

图 9-20　填制采购入库单

2. 在库存模块审核采购入库单

执行“库存→采购入库单审核”命令，审核该采购入库单。

3. 在采购模块填制、现付、复核采购专用发票

(1) 执行“采购→采购发票”命令，填制采购专用发票，如图 9-21 所示。

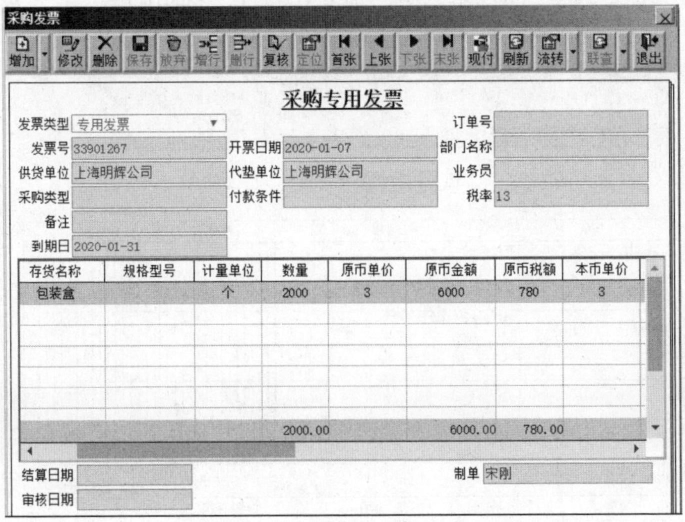

图 9-21　填制采购专用发票

(2) 单击“现付”按钮，输入结算方式“汇兑”和结算金额“6 780”，如图 9-22 所示，单击“确定”按钮。

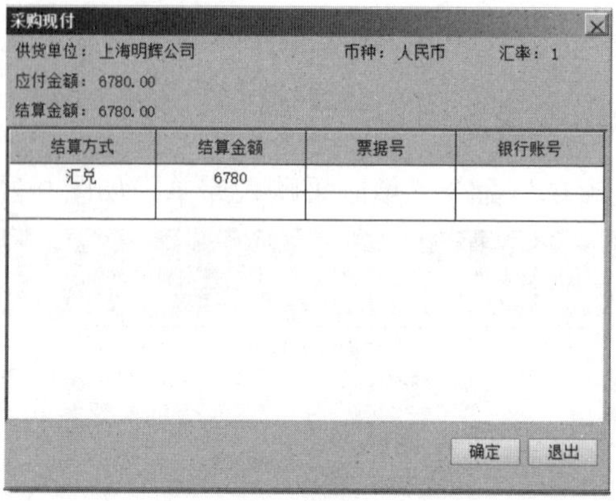

图 9-22　采购现付

(3) 单击“复核”按钮，审核该专用发票。

4. 在采购模块将采购发票与采购入库单进行采购结算

执行“采购→采购结算→手工结算”命令，将采购发票与相应的入库单进行结算，如图 9-23 所示。

图 9-23　显示结算单

5. 在核算模块对采购发票制单(现结制单)

执行“核算→凭证→供应商往来制单”命令，选择“现结制单”。生成采购发票凭证如图 9-24 所示。

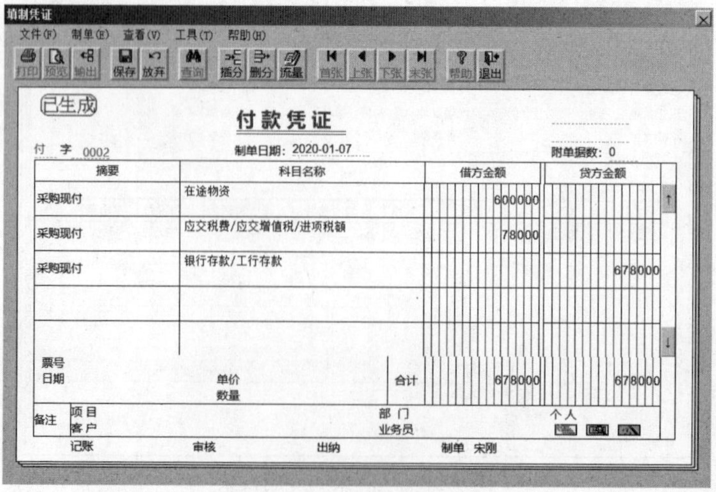

图 9-24　生成采购发票凭证

6. 在核算模块对采购入库单记账

执行“核算→核算→正常单据记账”命令，对该采购入库单记账，如图9-25所示。

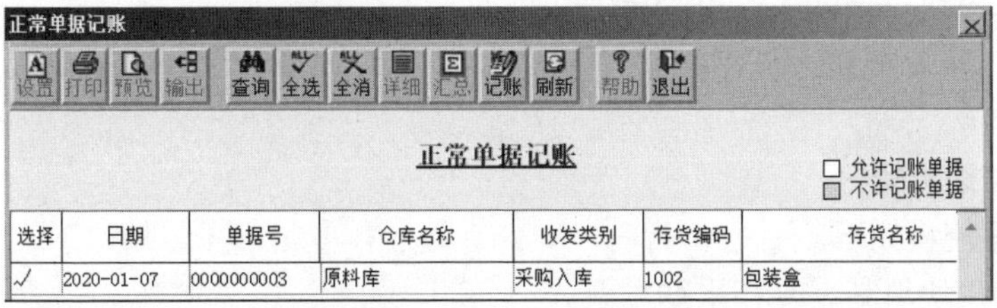

图9-25 对采购入库单记账

7. 在核算模块对采购入库单制单

执行“核算→凭证→购销单据制单”命令，生成采购入库单凭证如图9-26所示。

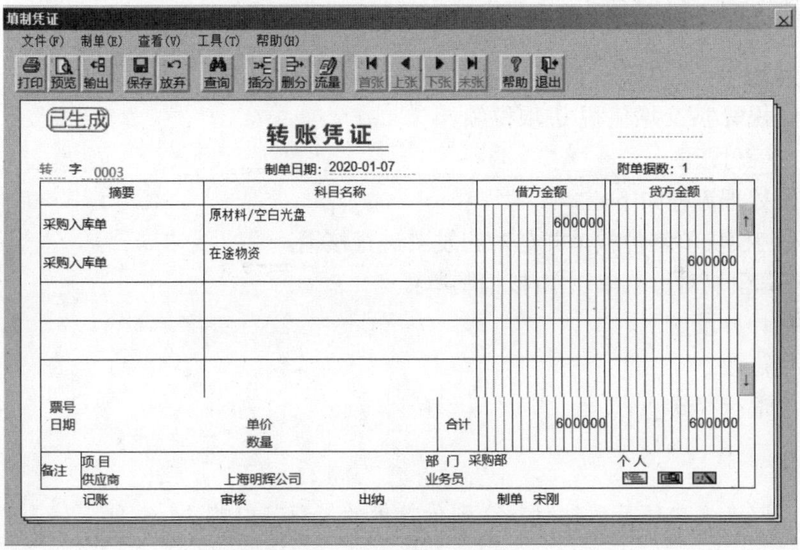

图9-26 生成采购入库单凭证

任务3 采购运费业务

知识准备

1. 采购运费业务

采购运费业务是在普通采购业务的三张基本单据的基础上增加了一张运费发票，在采购结算上与普通采购业务不同。采购结算时需要将采购发票、运费发票和采购入库单一起结算，在生成凭证时需要将采购发票与运费发票合并制单，将运费计入采购成本中。

2. 采购运费业务的处理流程

采购入库单的处理流程如下。

(1) 在采购模块填制采购入库单。

(2) 在库存模块审核采购入库单。

(3) 在核算模块对采购入库单记账(必须在采购入库单和采购发票、运费发票结算后)。

(4) 在核算模块对采购入库单制单。

生成的会计分录如下。

借：原材料

　　贷：在途物资

发票的处理流程如下。

(1) 在采购模块填制、复核采购发票。

(2) 在采购模块填制、复核运费发票。

(3) 在采购模块将采购发票、运费发票与采购入库单进行结算。

(4) 在核算模块对采购发票、运费发票合并制单(两张发票付款方式一样，都是现结或未现结)(根据需要也可分开制单)。

生成的会计分录如下。

借：在途物资

　　应交税费/应交增值税/进项税额

　　贷：应付账款

付款单的处理流程如下。

(1) 在采购模块填制付款单并与对应发票进行核销。

(2) 在核算模块对付款单制单(核销制单)。

生成的会计分录如下。

借：应付账款

　　贷：银行存款

说明：

付款也可以在发票环节现结付款，则付款单的流程可以略去。

工作任务

1 月 9 日，从北京顺达公司采购的空白光盘验收入原料库，同时收到专用发票一张(票号 23456781)，数量 5000 张，单价 6 元，增值税税额为 3 900 元(税率为 13%)，价税合计 33 900 元。款项尚未支付。

1 月 9 日，收到北京如风快递公司运费专用发票一张(票号 22789034)，金额 400 元，增值税税额为 36 元(税率为 9%)，价税合计 436 元，以现金支付。

1 月 10 日，以转账支票支付北京顺达公司货税款 33 900 元，支票号为 30902167。

工作步骤

1. 在采购模块填制采购入库单

执行“采购→采购入库单”命令，填制采购入库单，如图 9-27 所示。

图 9-27 填制采购入库单

2. 在库存模块审核采购入库单

执行“库存→采购入库单审核”命令，审核该采购入库单。

3. 在采购模块填制、复核采购专用发票

执行“采购→采购发票”命令，填制并复核采购专用发票，如图 9-28 所示。

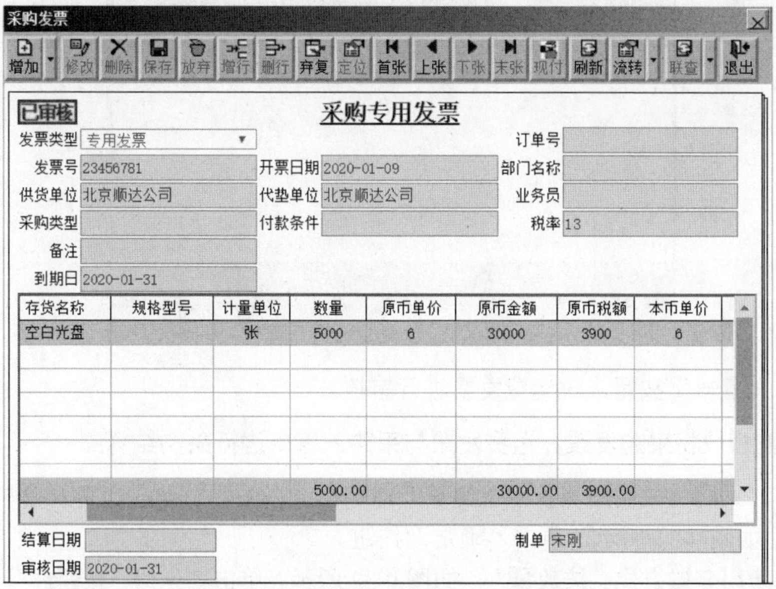

图 9-28 填制并复核采购专用发票

4. 在采购模块填制、现付、复核运费专用发票

(1) 执行“采购→采购发票”命令，填制运费专用发票，如图 9-29 所示。

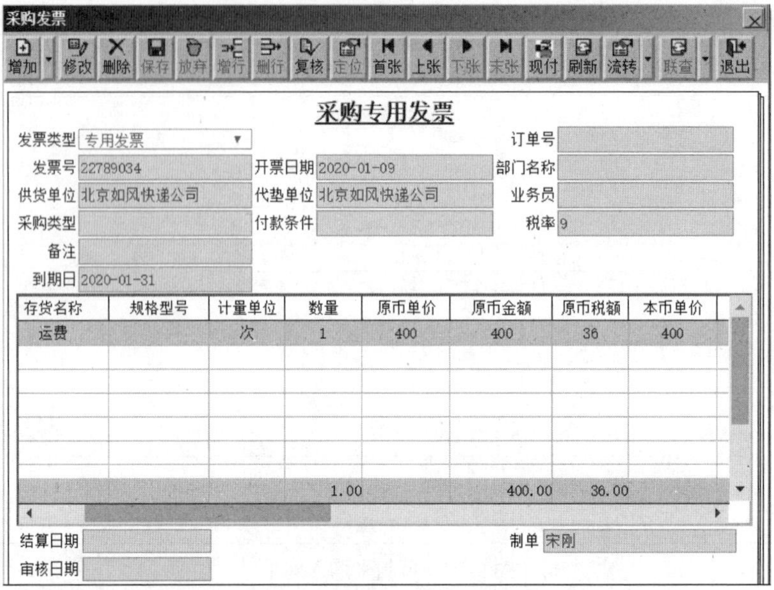

图 9-29 填制运费专用发票

(2) 单击“现付”按钮，对运费发票现付，如图 9-30 所示。

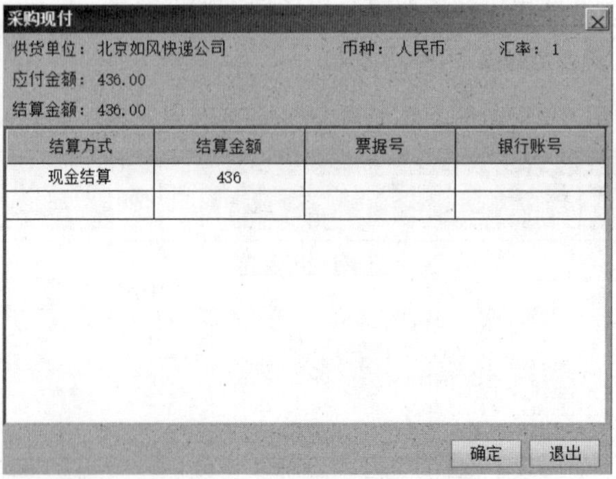

图 9-30 对运费发票进行现付

(3) 单击“复核”按钮，对运费发票进行审核。

5. 在采购模块将采购发票、运费发票与采购入库单进行采购结算

(1) 执行“采购→采购结算→手工结算”命令，选择采购发票、运费发票与相应的入库单进行结算，如图 9-31 所示，单击“确定”按钮。

(2) 选择费用分摊方式“按数量”，如图 9-32 所示。单击“分摊”按钮，再单击“结算”按钮。

6. 在核算模块对采购发票制单(发票制单)

执行“核算→凭证→供应商往来制单”命令，选择“发票制单”。生成采购发票凭证，如图 9-33 所示。

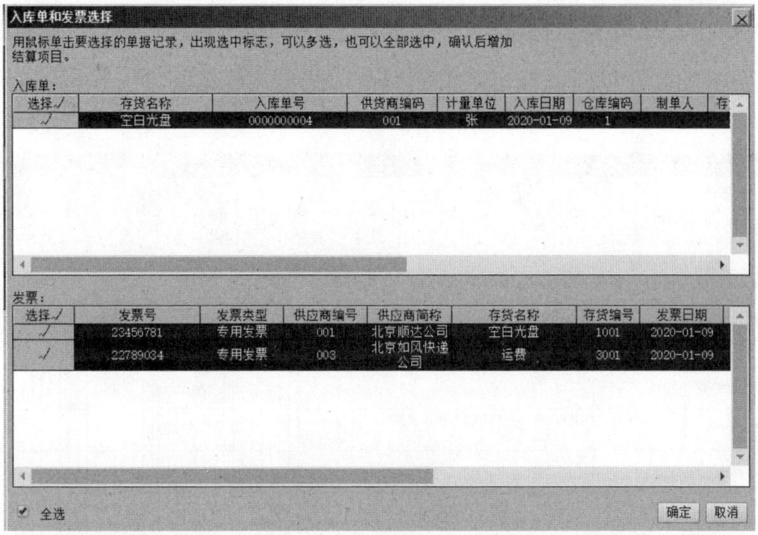

图 9-31　选择结算单据

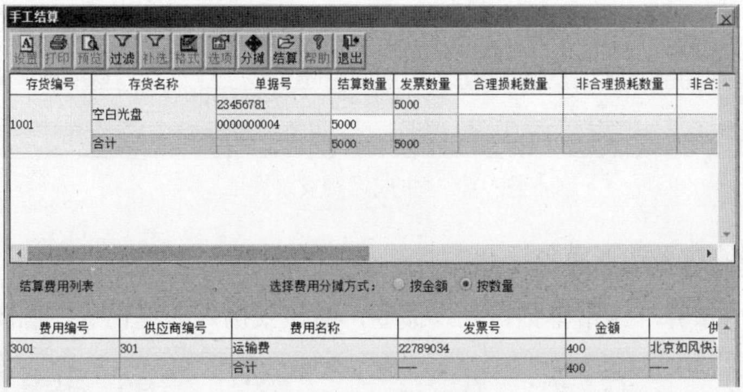

图 9-32　显示结算单

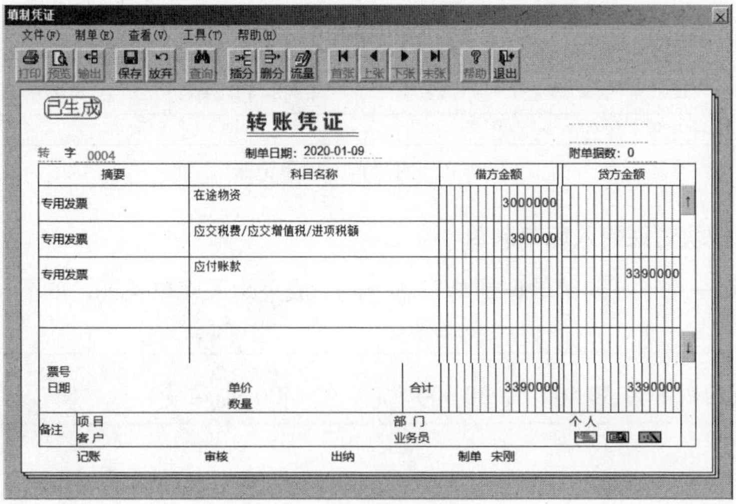

图 9-33　生成采购发票凭证

7. 在核算模块对运费发票制单(现结制单)

执行“核算→凭证→供应商往来制单”命令，选择“现结制单”。生成运费发票凭证，如图 9-34 所示。

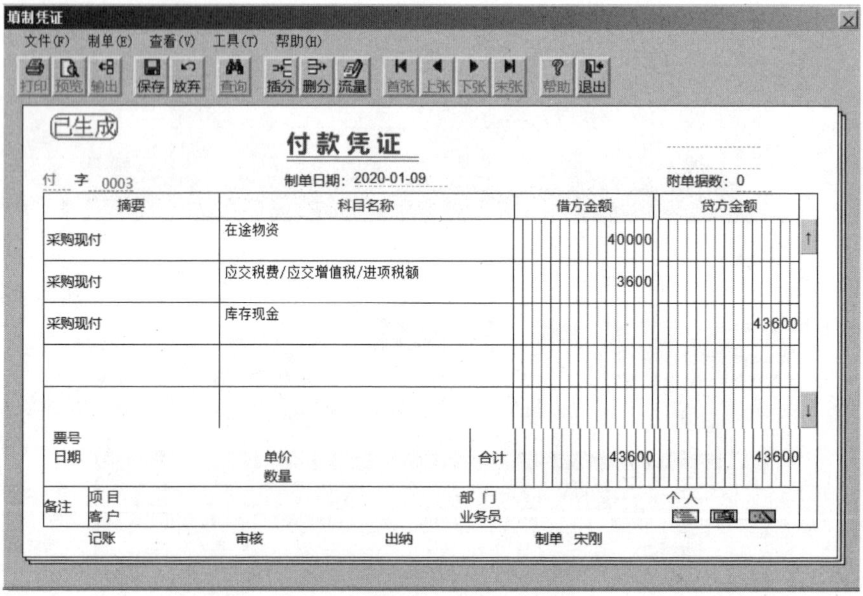

图 9-34 生成运费发票凭证

8. 在核算模块对采购入库单记账

执行“核算→核算→正常单据记账”命令，对该采购入库单记账，如图 9-35 所示。

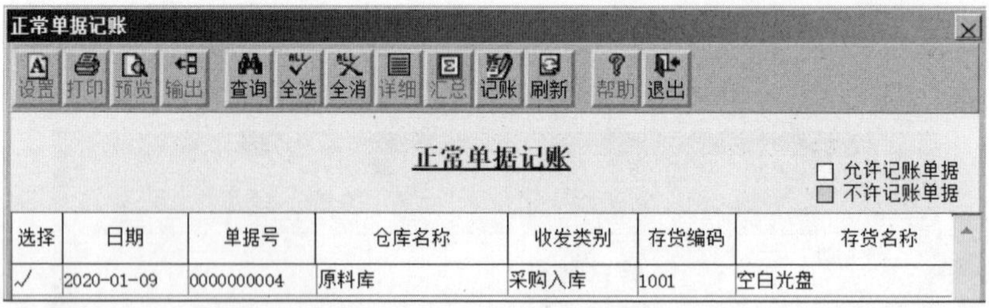

图 9-35 对采购入库单记账

9. 在核算模块对采购入库单制单

执行“核算→凭证→购销单据制单”命令，生成采购入库单凭证，如图 9-36 所示。

注意：

- 原材料的成本为 30 400 元=30 000 元(买价)+400 元(运费)。

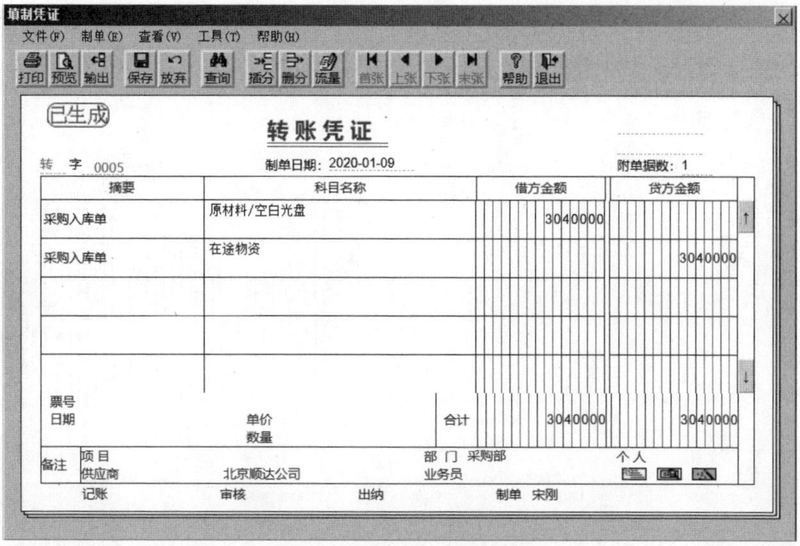

图 9-36 生成采购入库单凭证

10. 在采购模块填制付款单并与对应发票进行核销

执行“采购→供应商往来→付款结算”命令，填制付款单并与相应发票核销，如图 9-37 所示。

图 9-37 填制付款单并核销

11. 在核算模块对付款单制单(核销制单)

执行“核算→供应商往来制单”命令，选择“核销制单”，生成记账凭证如图 9-38 所示。

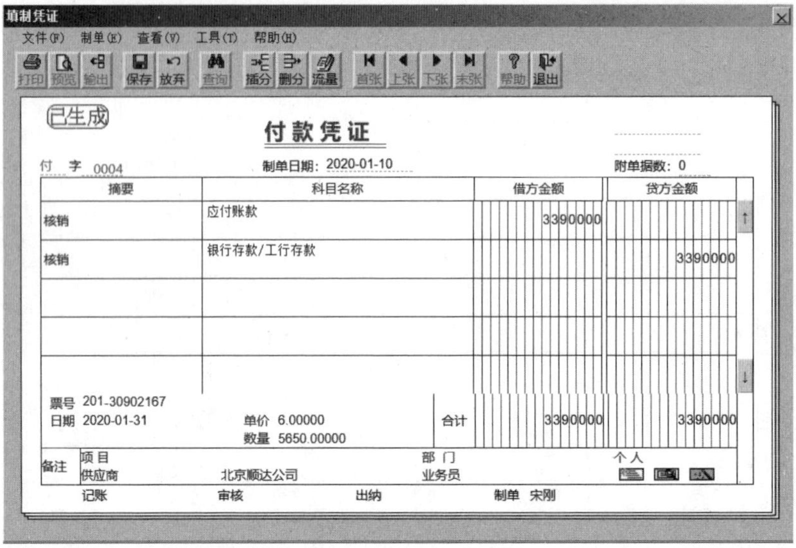

图 9-38 生成付款单凭证

任务 4 暂估处理业务

知识准备

暂估是指本月存货已经入库，但采购发票尚未收到，不能确定存货的入库成本。月底时为了正确核算企业的库存成本，需要将这部分存货暂估入账，形成暂估凭证。对暂估业务，系统提供了以下 3 种不同的处理方法。

1) 月初回冲

进入下月后，核算模块在存货明细账自动生成与暂估入库单完全相同的“红字回冲单”，冲回存货明细账中上月的暂估入库；对“红字回冲单”制单，冲回上月的暂估凭证。收到采购发票后，录入采购发票，对采购入库单和采购发票做采购结算。结算完毕后，进入核算模块，执行“暂估处理”功能，进行暂估处理后，系统根据发票自动生成一张“蓝字回冲单”，其上的金额为发票上的报销金额；同时登记存货明细账，使库存增加。对“蓝字回冲单”制单，生成采购入库凭证。

2) 单到回冲

下月初不做处理，采购发票收到后，在采购模块中录入并进行采购结算；再到核算模块中进行“暂估处理”，系统自动生成红字回冲单、蓝字回冲单，同时据以登记存货明细账。红字回冲单的入库金额为上月暂估金额，蓝字回冲单的入库金额为结算单上的报销金额。

3) 单到补差

下月初不做处理，采购发票收到后，在采购模块中录入并进行采购结算；再到核算模块中进行“暂估处理”，在存货明细账中根据报销金额与暂估金额的差额产生调整单，自动记入存货明细账；最后对“调整单”制单，生成凭证，传递到总账。

工作任务

1 月 12 日，上月从上海明辉公司采购的 5000 个包装盒发票已到(发票号 39017824)，单价 3 元，增值税税额为 1 950 元(税率为 13%)，价税合计 16 950 元。进行暂估处理。

工作步骤

1. 在采购模块填制、复核采购专用发票

执行“采购→采购发票”命令，填制并复核采购专用发票，如图 9-39 所示。

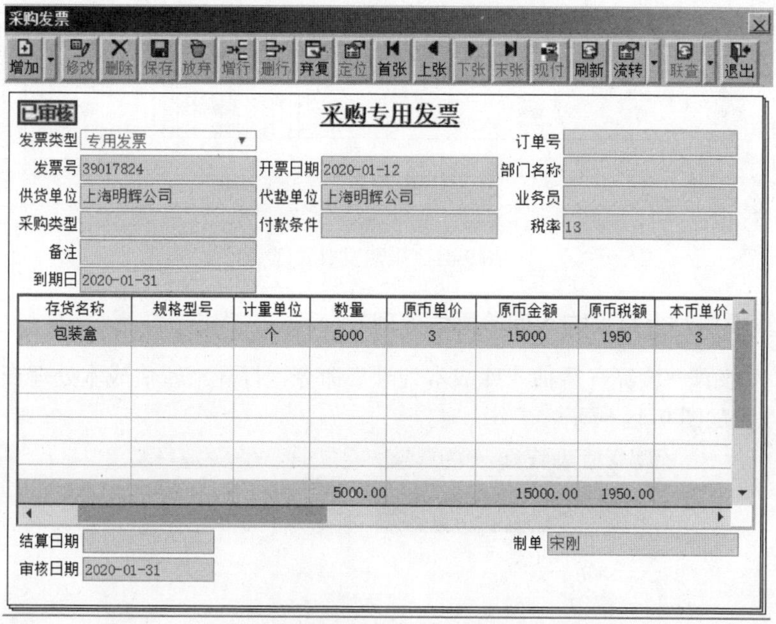

图 9-39　填制并复核采购专用发票

2. 在采购模块将采购专用发票与期初采购入库单进行结算

执行“采购→采购结算→手工结算”命令，过滤日期为“2019-01-01—2020-01-31”，将采购发票与期初采购入库单按数量分摊并结算，如图 9-40 所示。

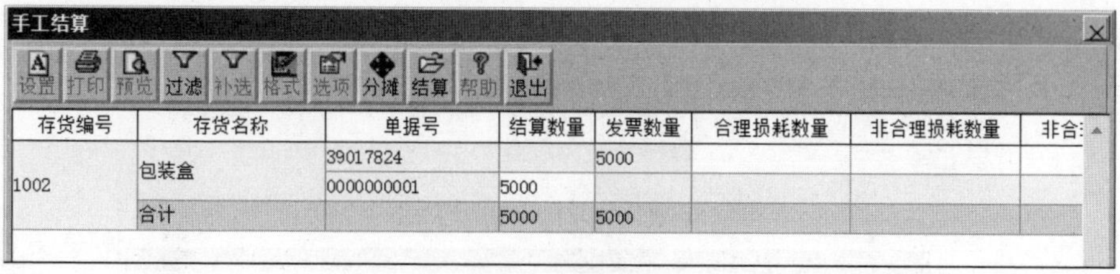

图 9-40　采购结算

3. 在核算模块对采购专用发票制单(发票制单)

执行“核算→凭证→供应商往来制单”命令，默认选择“发票制单”，生成采购专用发票凭证，如图 9-41 所示。

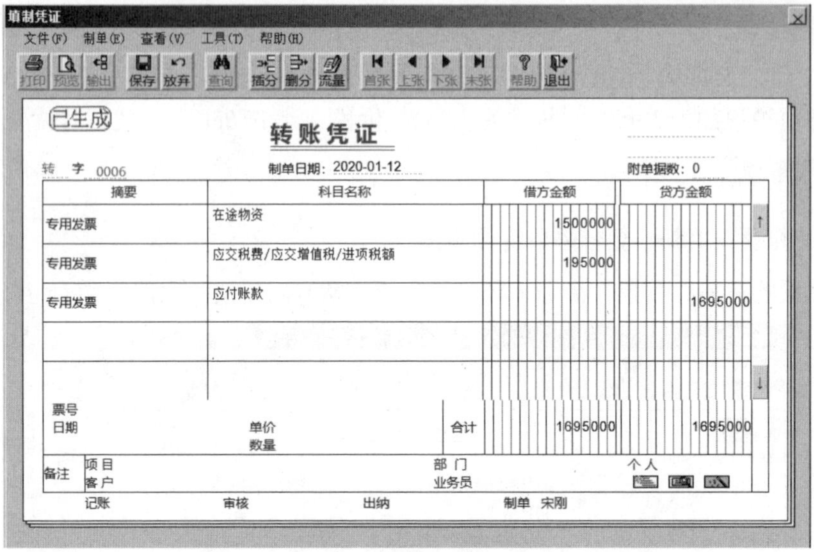

图 9-41　采购发票凭证

4. 在核算模块对上月采购入库单暂估处理

(1) 执行“核算→核算→暂估入库成本处理”命令，打开“暂估成本处理查询”对话框，选择查询条件，如图 9-42 所示。

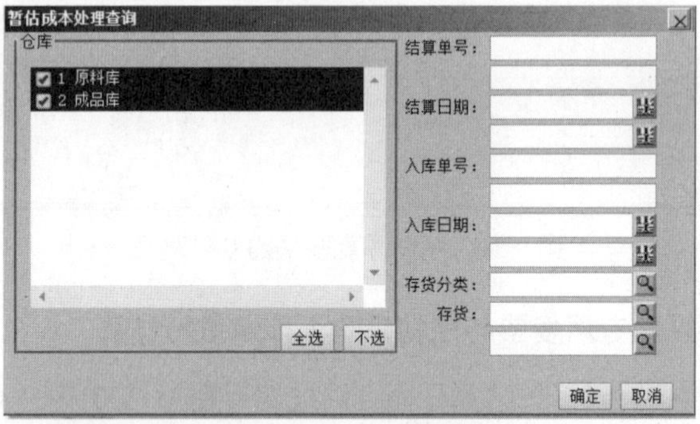

图 9-42　确定查询条件

(2) 单击选择需要暂估的入库单，如图 9-43 所示。

图 9-43　选择暂估入库单

(3) 单击“暂估”按钮，再单击“退出”按钮退出。

5. 在核算模块对红字回冲单制单

执行“核算→凭证→购销单据制单”命令，对红字回冲单制单，对方科目为 2202，如图 9-44 所示。

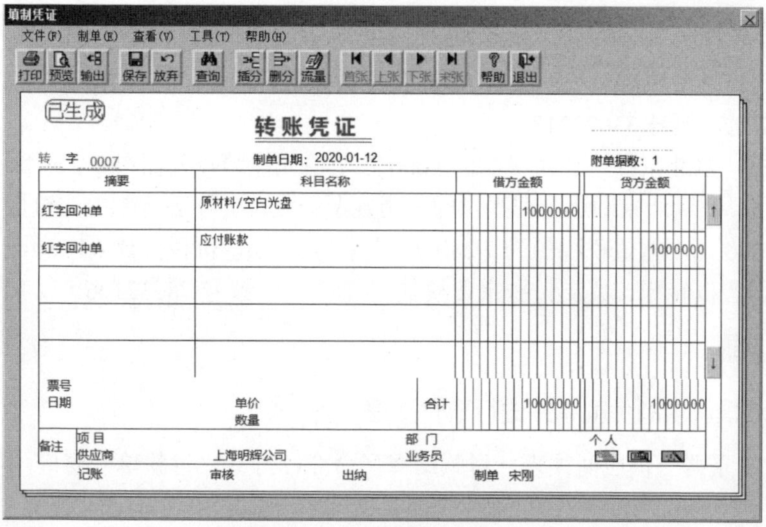

图 9-44　红字回冲单制单

6. 在核算模块对蓝字回冲单(报销)制单

执行“核算→凭证→购销单据制单”命令，对蓝字回冲单(报销)制单，对方科目为 1402，如图 9-45 所示。

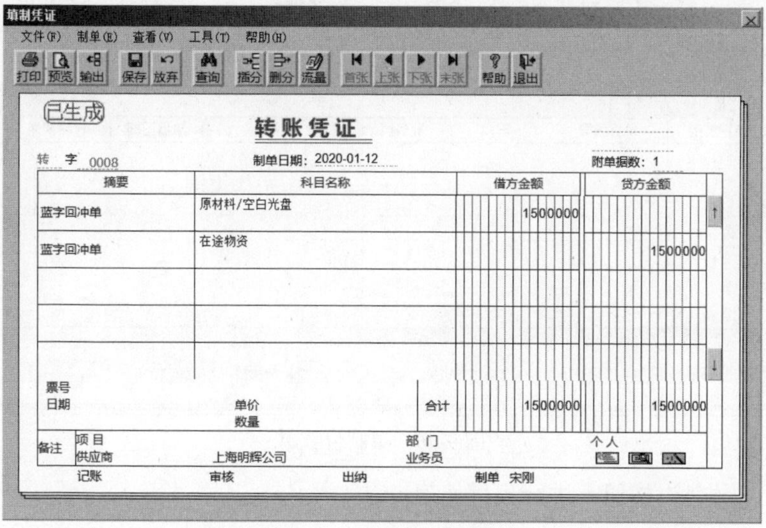

图 9-45　蓝字回冲单制单

任务 5　预付货款业务

知识准备

采购业务在签订采购合同后，通常会要求采购方预付采购订金。此时需要先填制付款单(预付款)，待货物验收入库和采购发票到达企业后，进行采购入库单和采购发票的处理，然后企业将剩余货款支付给供货方，同时结转预付的采购订金。

工作任务

1 月 15 日，从北京顺达公司采购 8000 张空白光盘，单价 7 元，预付采购订金 6 000 元，以转账支票支付，票号 33072318。

1 月 17 日，从北京顺达公司采购的 8000 张空白光盘验收入原料库。

1 月 17 日，收到北京顺达公司提供的专用发票一张，票号 28902175，数量 8000，单价 7 元，金额 56 000 元，增值税税额为 7 280 元(税率为 13%)，价税合计 63 280 元。

1 月 18 日，以转账支票支付剩余货税款 57 280 元，票号 78532106。

工作步骤

1. 在采购模块填制付款单并进行预付处理

(1) 执行“采购→供应商往来→付款结算”命令，打开“付款单”窗口，填制付款单，如图 9-46 所示。

图 9-46 填制付款单

(2) 执行“预付”按钮，进行预付处理。

2. 在核算模块对付款单制单(核销制单)

执行“核算→供应商往来制单”命令，打开“采购入库单”窗口，选择“核销制单”，生成付款单凭证，如图 9-47 所示。

3. 在采购模块填制采购入库单

执行“采购→采购入库单”命令，打开“采购入库单”窗口，填制采购入库单，如图 9-48 所示。

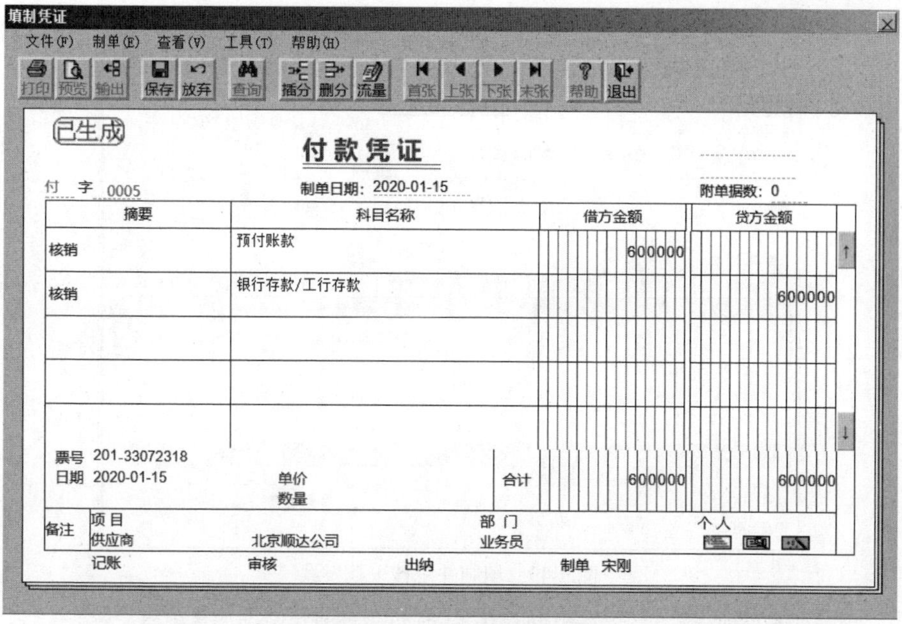

图 9-47 生成付款单凭证

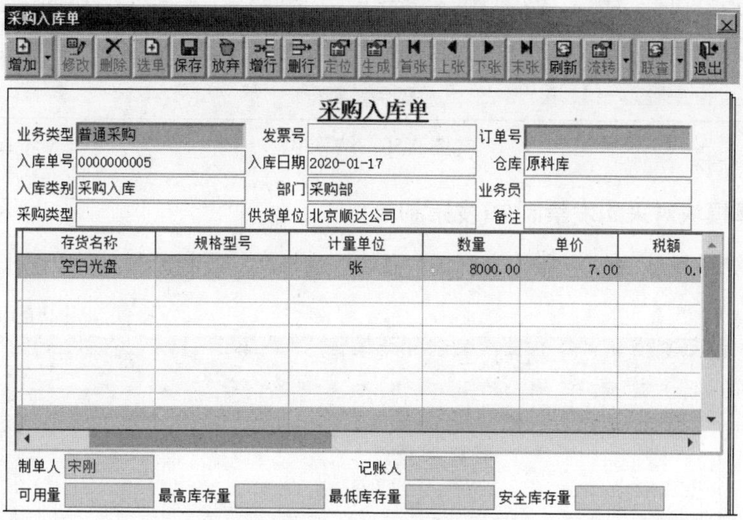

图 9-48 填制采购入库单

4. 在库存模块审核采购入库单

执行“库存→采购入库单审核”命令，审核该采购入库单。

5. 在采购模块填制、复核采购专用发票

执行“采购→采购发票”命令，填制并复核采购专用发票，如图 9-49 所示。

6. 在采购模块将采购发票与采购入库单进行采购结算

执行“采购→采购结算→手工结算”命令，选择采购发票与相应的入库单进行结算，如图 9-50 所示。

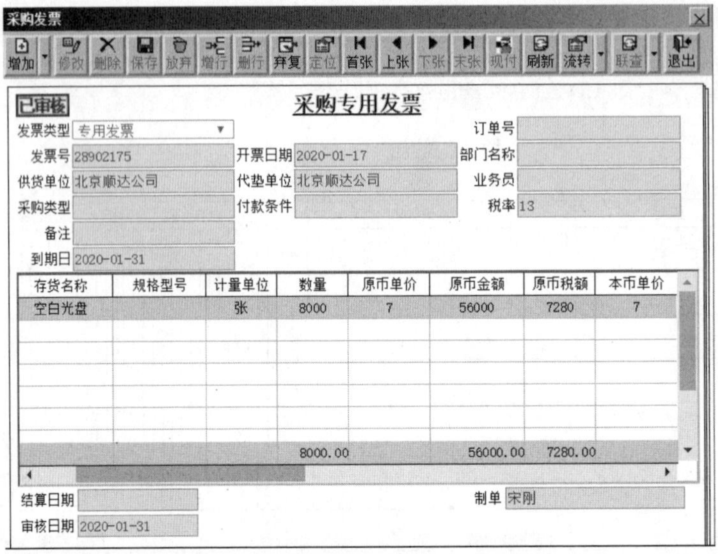

图 9-49 填制并复核采购发票

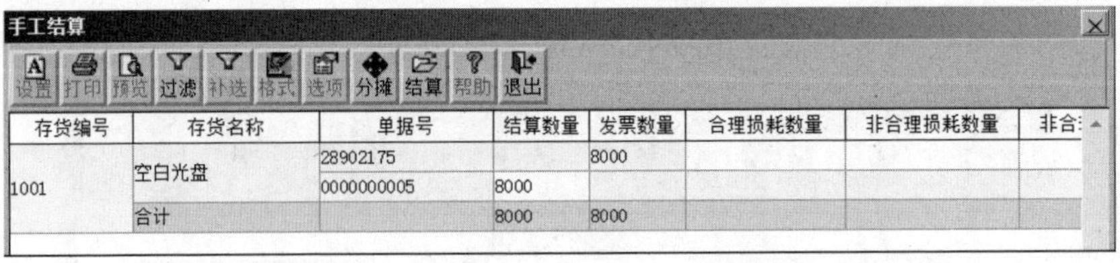

图 9-50 结算单

7. 在核算模块对采购发票制单(发票制单)

执行“核算→凭证→供应商往来制单”命令，选择“发票制单”。生成记账凭证如图 9-51所示。

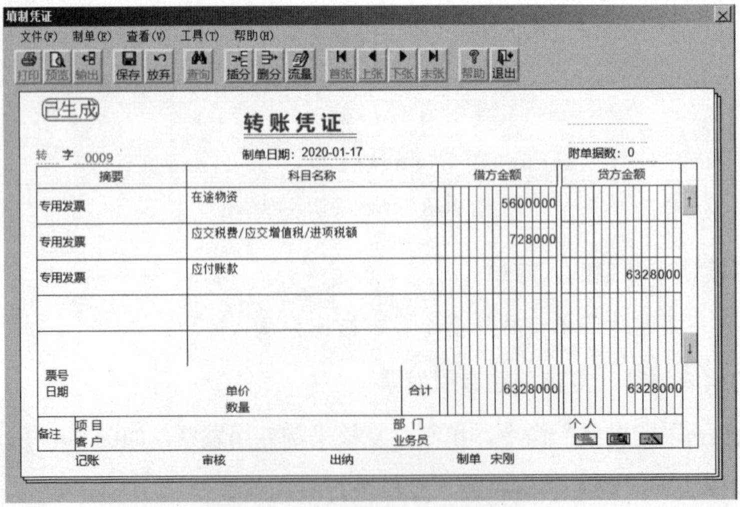

图 9-51 生成采购发票凭证

8. 在核算模块对采购入库单记账

执行“核算→核算→正常单据记账”命令，打开“正常单据记账”窗口，对该采购入库单记账，如图 9-52 所示。

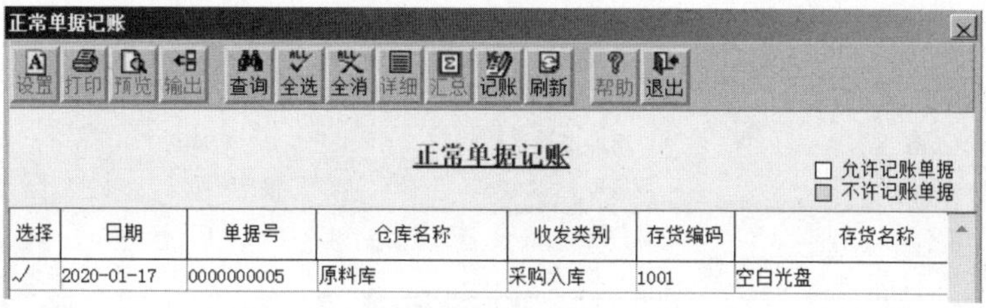

图 9-52　对采购入库单记账

9. 在核算模块对采购入库单制单

执行“核算→凭证→购销单据制单”命令，选择“采购入库单(报销记账)”，生成采购入库单凭证，如图 9-53 所示。

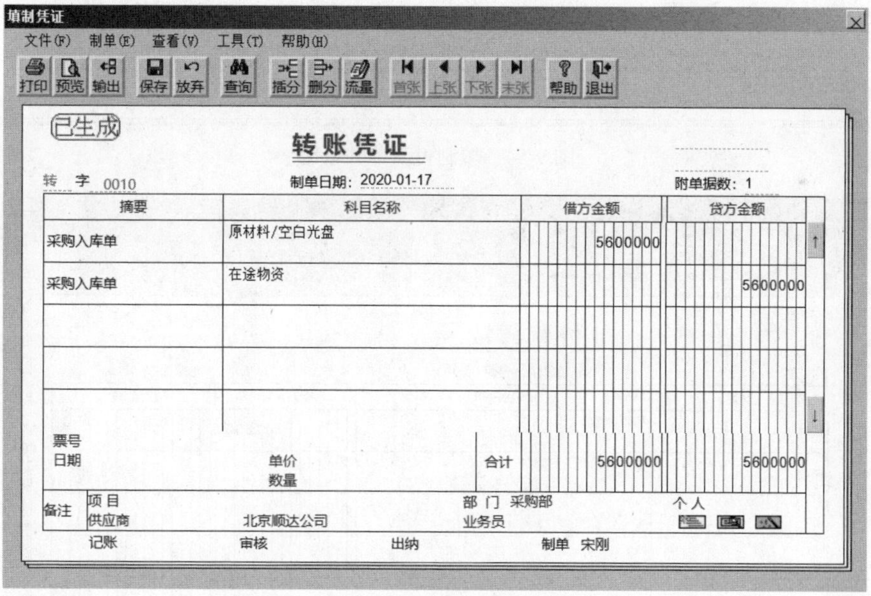

图 9-53　生成采购入库单凭证

10. 在采购模块填制付款单并与对应发票进行核销

执行“采购→供应商往来→付款结算”命令，打开“付款单”窗口，填制付款单并与相应发票核销，本次结算金额为 57 280 元，如图 9-54 所示。

11. 在核算模块对付款单制单(核销制单)

执行“核算→供应商往来制单”命令，选择“核销制单”。生成记账凭证，如图 9-55 所示。

图 9-54　填制付款单并核销

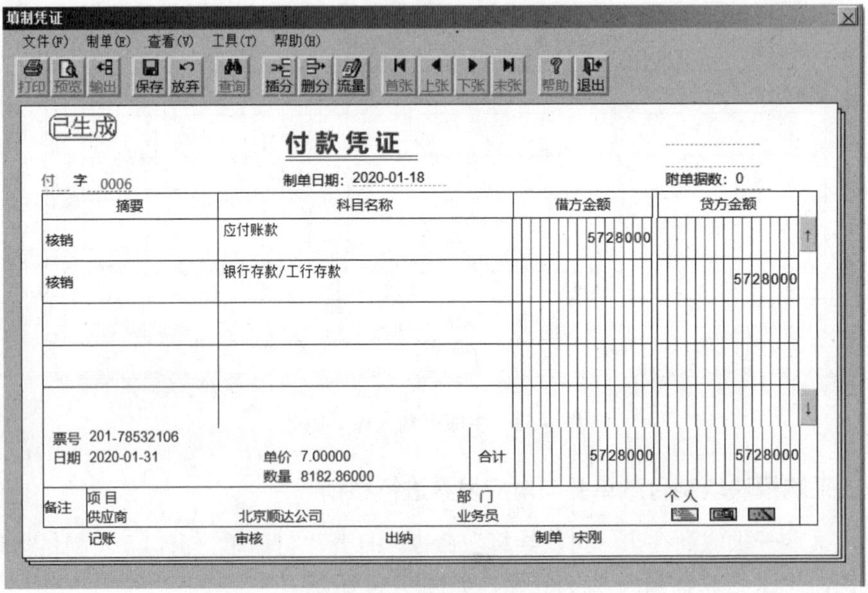

图 9-55　生成付款单凭证

12. 在采购模块进行预付冲应付处理

(1) 执行“采购→供应商往来→预付冲应付”命令，打开“预付冲应付”对话框，修改日期为 2020-01-18。

(2) 在“预付款”页签，选择供应商“北京顺达公司”。单击“过滤”按钮，输入转账金额 6 000，如图 9-56 所示。

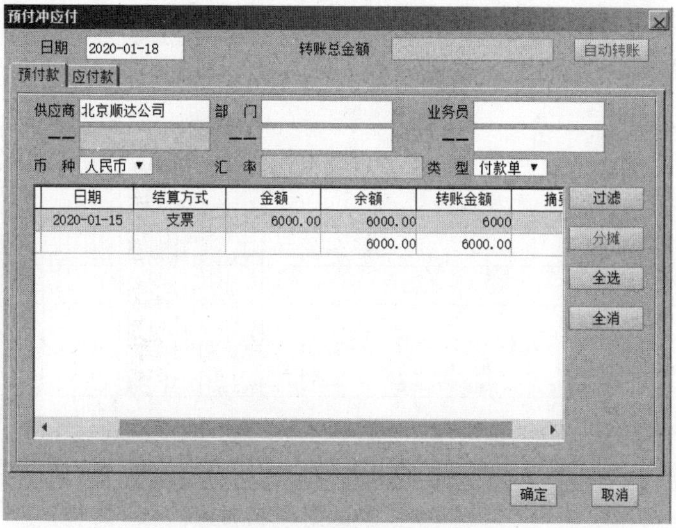

图 9-56　确定预付款转账金额

(3) 单击“应付款”页签，再单击“过滤”按钮，在 1 月 17 日单据行输入转账金额 6 000，如图 9-57 所示。

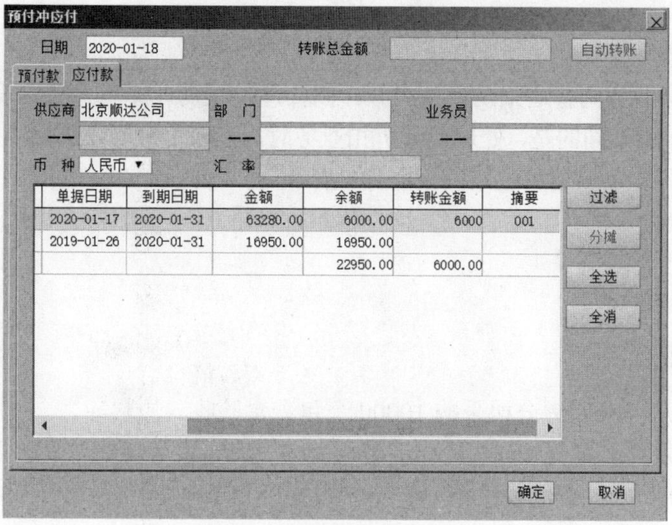

图 9-57　确定应付款转账金额

(4) 单击“确定”按钮，保存成功。

13. 在核算模块对预付冲应付处理制单(转账制单)

执行“核算→供应商往来制单”命令，选择“转账制单”。生成预付冲应付凭证，如图 9-58 所示。

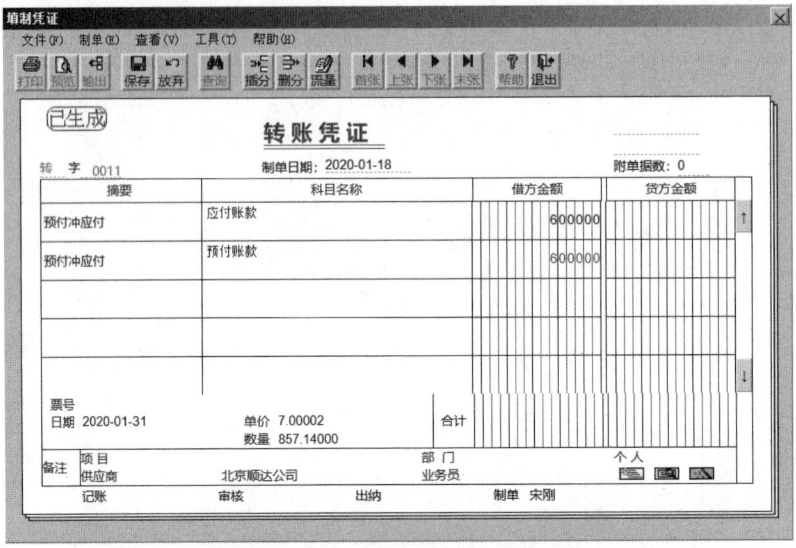

图 9-58　生成预付冲应付凭证

任务 6　采购现金折扣业务

知识准备

采购现金折扣业务同普通采购业务类似，同样涉及采购入库单、采购发票和付款单 3 张主要单据的处理。所不同的是，处理现金折扣业务时，采购发票可以选择使用现金折扣条件，采购付款单与采购发票核销后生成的记账凭证如下。

借：应付账款

　　贷：银行存款

　　　　财务费用

工作任务

1 月 20 日，从上海明辉公司采购 10000 个包装盒验收入原料库。

1 月 20 日，收到上海明辉公司提供的专用发票一张，票号 90217843，数量 10000，单价 2.5 元，金额 25 000 元，增值税税额为 3 250 元(税率为 13%)，价税合计 28 250 元。(付款条件为：2/10,1/20,n/30)。

1 月 23 日，以电汇方式支付货税款 27 685 元。

工作步骤

1. 在采购模块填制采购入库单

执行“采购→采购入库单”命令，打开“采购入库单”窗口，填制采购入库单，如图 9-59 所示。

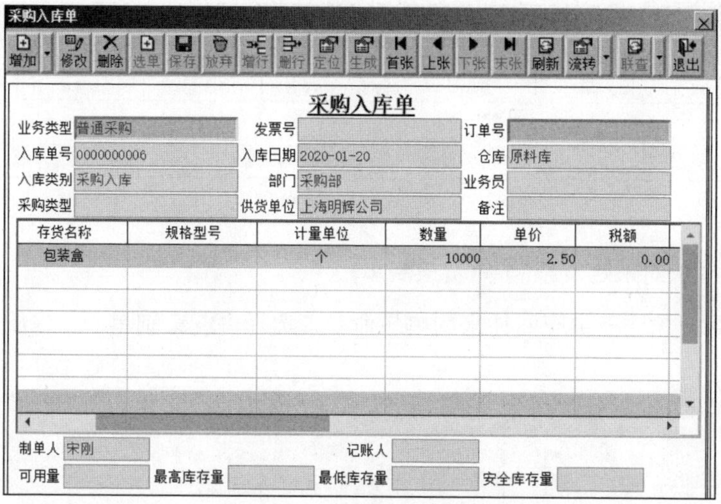

图 9-59 填制采购入库单

2. 在库存模块审核采购入库单

执行“库存→采购入库单审核”命令，审核该采购入库单。

3. 在采购模块填制、复核采购专用发票

执行“采购→采购发票”命令，填制并复核采购专用发票，注意选择付款条件“2/10,1/20,n/30”，如图 9-60 所示。

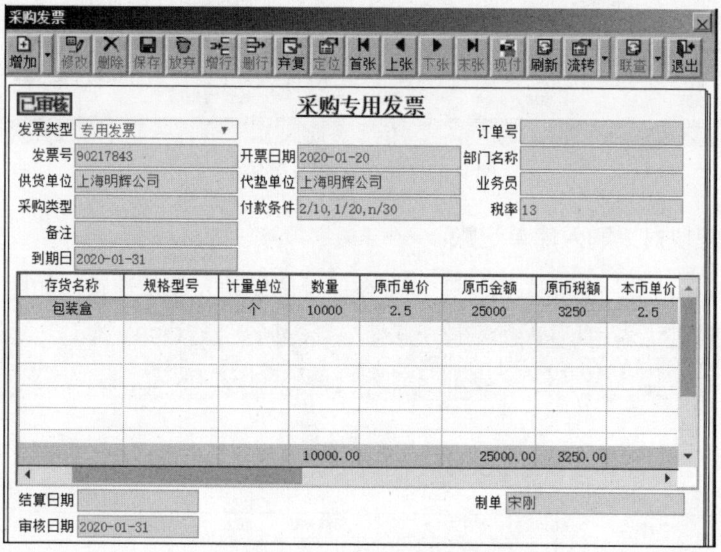

图 9-60 填制并复核采购发票

4. 在采购模块将采购发票与采购入库单进行采购结算

执行“采购→采购结算→手工结算”命令，打开“手工结算”对话框，选择采购发票与相应的入库单进行结算，如图 9-61 所示。

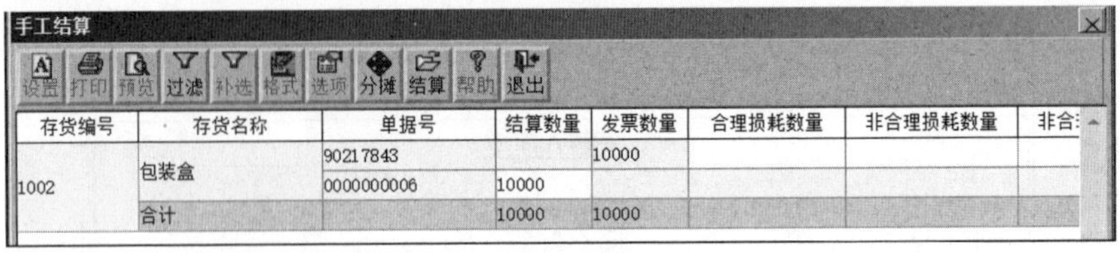

图 9-61　结算单

5. 在核算模块对采购发票制单(发票制单)

执行“核算→凭证→供应商往来制单”命令，选择“发票制单”。生成采购发票凭证，如图 9-62 所示。

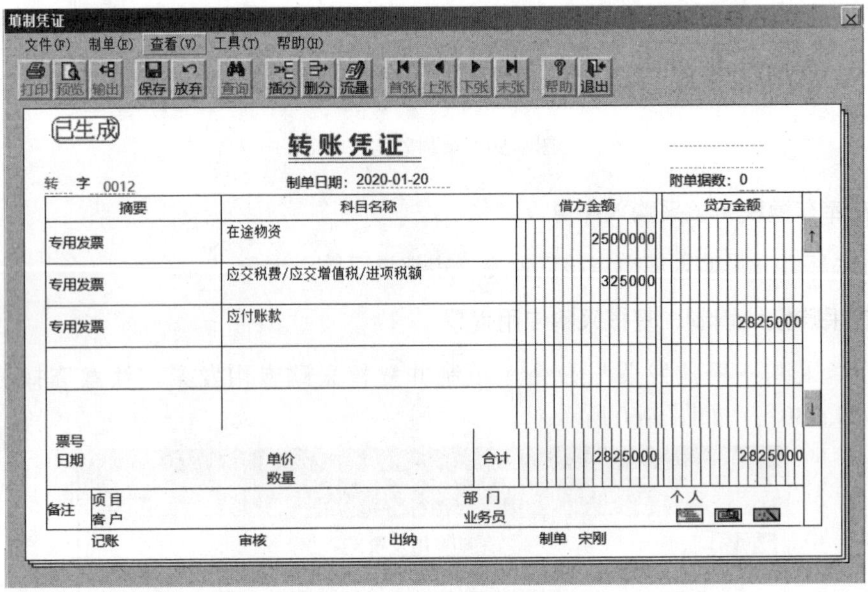

图 9-62　生成采购发票凭证

6. 在核算模块对采购入库单记账

执行“核算→核算→正常单据记账”命令，对该采购入库单记账，如图 9-63 所示。

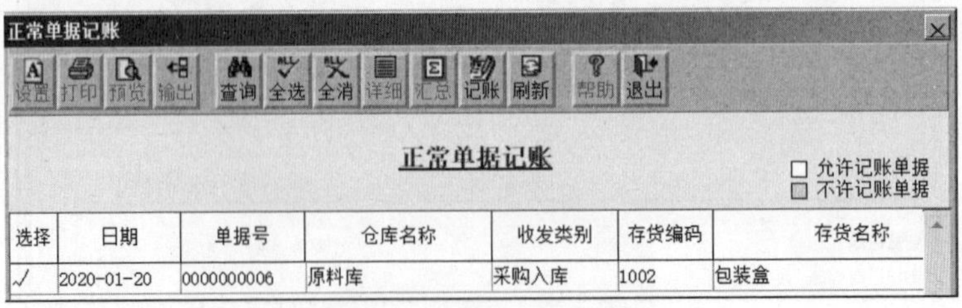

图 9-63　对采购入库单记账

7. 在核算模块对采购入库单制单

执行“核算→凭证→购销单据制单”命令，选择“采购入库单(报销记账)”。生成采购入库单凭证，如图 9-64 所示。

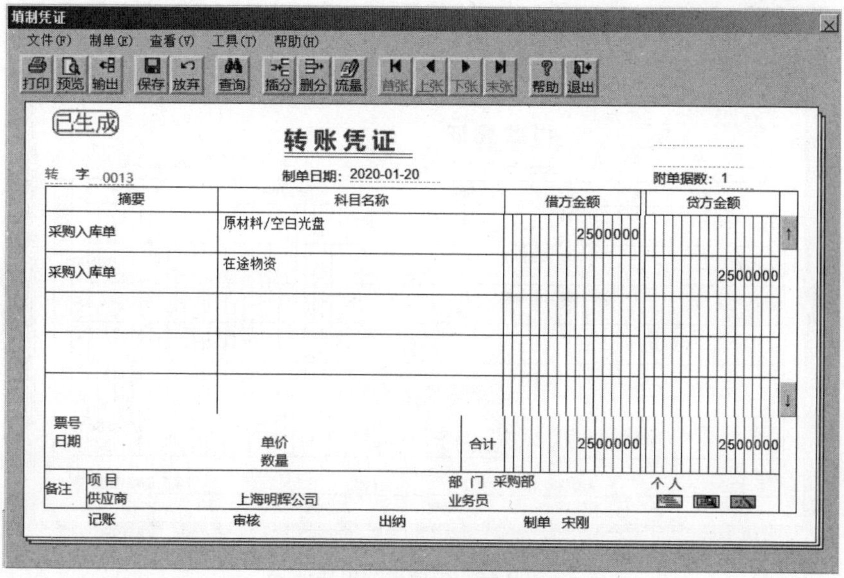

图 9-64　生成采购入库单凭证

8. 在采购模块填制付款单并与对应发票进行核销

执行“采购→供应商往来→付款结算”命令，打开“付款单”窗口，填制付款单并与相应发票核销，在相应的单据行输入本次折扣 565 元，本次结算金额为 27 865 元，如图 9-65 所示。

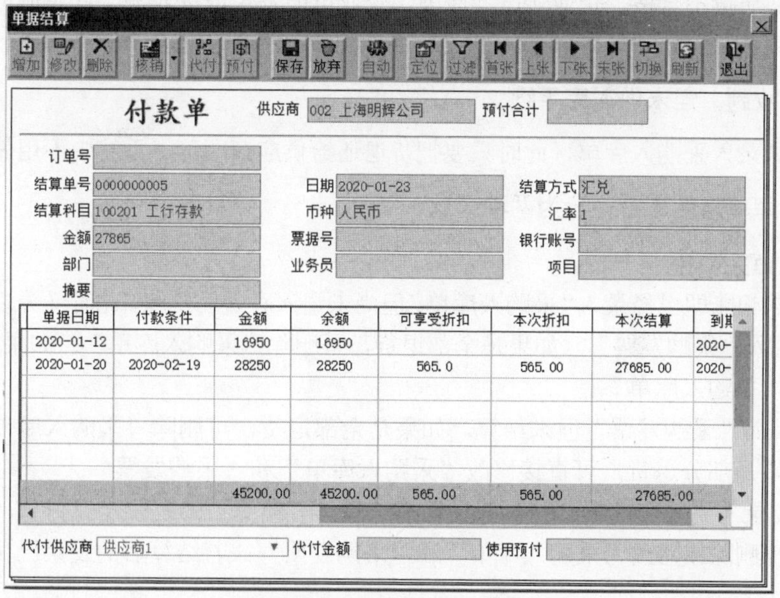

图 9-65　填制付款单并核销

9. 在核算模块对付款单制单(核销制单)

执行“核算→供应商往来制单”命令，选择“核销制单”。生成付款单凭证，如图 9-66 所示。

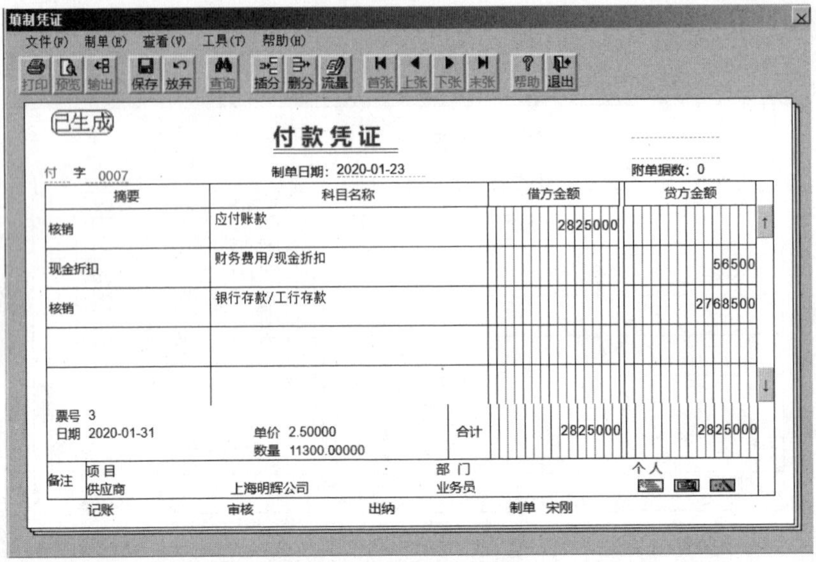

图 9-66 生成付款单凭证

任务 7 采购退货业务

知识准备

由于材料质量不合格、企业转产等原因，企业可能发生退货业务，针对退货业务发生的不同时机，系统采用了不同的解决方法。

1. 货虽收到，但未做入库手续

如果尚未录入采购入库单，此时只要把货退还给供应商即可，系统中不用做任何处理。

2. 从入库单角度来看，分为两种情况

1) 入库单未记账

入库单未记账即已经录入“采购入库单”但尚未记入存货明细账。此时又分以下3种情况。

(1) 未录入“采购发票”。如果是全部退货，可删除“采购入库单”；如果是部分退货，可直接修改“采购入库单”。

(2) 已录入“采购发票”但未结算。如果是全部退货，可删除“采购入库单”和“采购发票”；如果是部分退货，可直接修改“采购入库单”和“采购发票”。

(3) 已经录入“采购发票”并执行了采购结算。若结算后的发票没有付款，此时可取消采购结算，再删除或修改“采购入库单”和“采购发票”；若结算后的发票已付款，则必须录入退货单。

2) 入库单已记账

此时无论是否录入“采购发票”、“采购发票”是否结算、结算后的“采购发票”是否付款都需要录入退货单。

3. 从采购发票角度来看，分为两种情况

1) 采购发票未付款

当入库单尚未记账时，直接删除“采购入库单”和“采购发票”，已结算的“采购发票”需先取消结算再删除。当入库单已经记账时，必须录入退货单。

2) 采购发票已付款

此时无论入库单是否记账，都必须录入退货单。

工作任务

1 月 25 日，发现 1 月 5 日从北京顺达公司采购的 25 张空白光盘有质量问题，要求退货。

1 月 25 日，收到北京顺达公司提供的专用发票一张，票号 90237806，数量-25，单价 6 元，金额-150 元，增值税税额为-19.5 元(税率为 13%)，价税合计-169.5 元。

1 月 26 日，收到转账支票一张，票号 87209462，金额 169.5 元，为退货款。

工作步骤

1. 在采购模块填制采购入库单(红字)

执行“采购→采购入库单”命令，单击“增加”按钮右侧的下拉箭头，选择“采购入库单(红字)”，填制红字采购入库单，如图 9-67 所示。

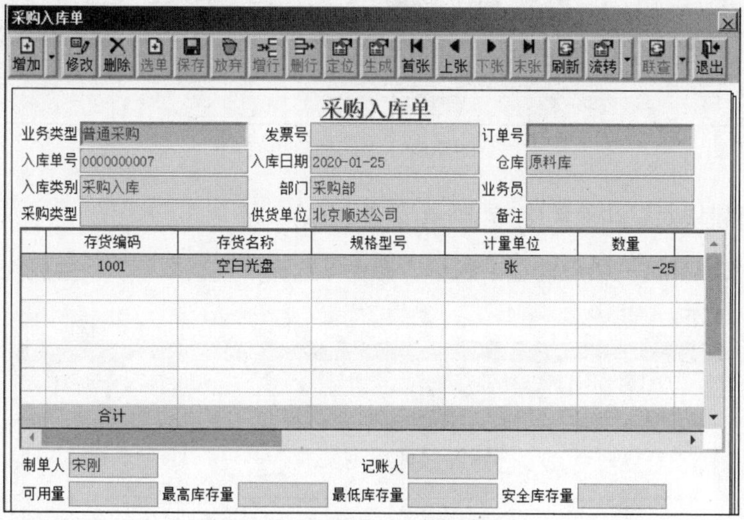

图 9-67 填制采购入库单(红字)

2. 在库存模块审核采购入库单(红字)

执行“库存→采购入库单审核”命令，审核该采购入库单。

3. 在采购模块填制、复核采购专用发票(红字)

执行“采购→采购发票”命令，单击“增加”按钮右侧的下拉箭头，选择“采购专用发票(红字)”，填制并复核红字采购专用发票，如图 9-68 所示。

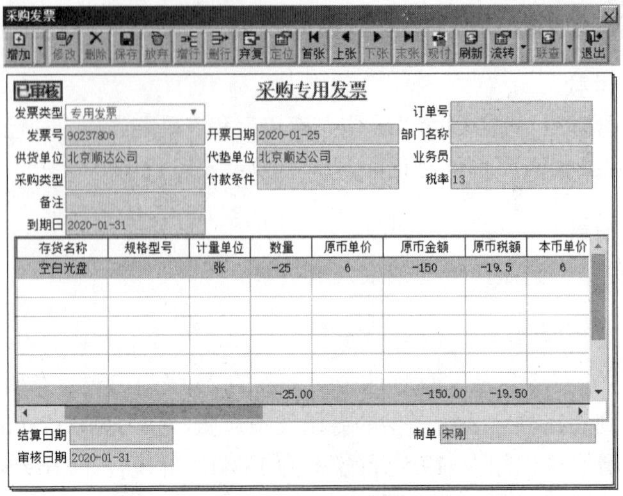

图 9-68　填制并复核采购专用发票(红字)

4. 在采购模块将采购发票(红字)与采购入库单(红字)进行采购结算

执行“采购→采购结算→手工结算”命令，选择采购发票与相应的入库单进行结算，如图 9-69 所示。

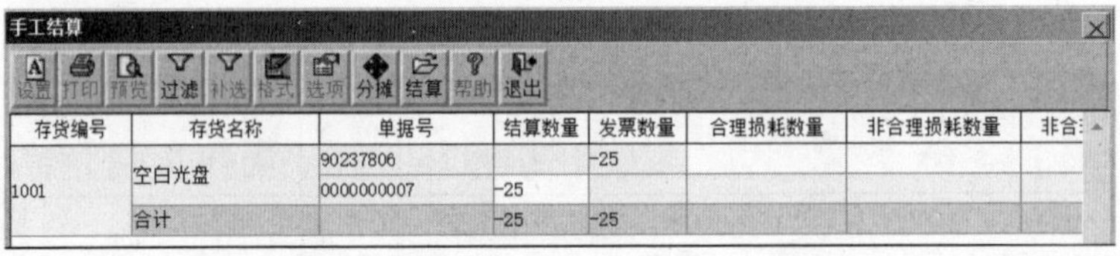

图 9-69　显示结算单

5. 在核算模块对采购发票(红字)制单(发票制单)

执行“核算→凭证→供应商往来制单”命令，选择“发票制单”。生成红字采购发票凭证，如图 9-70 所示。

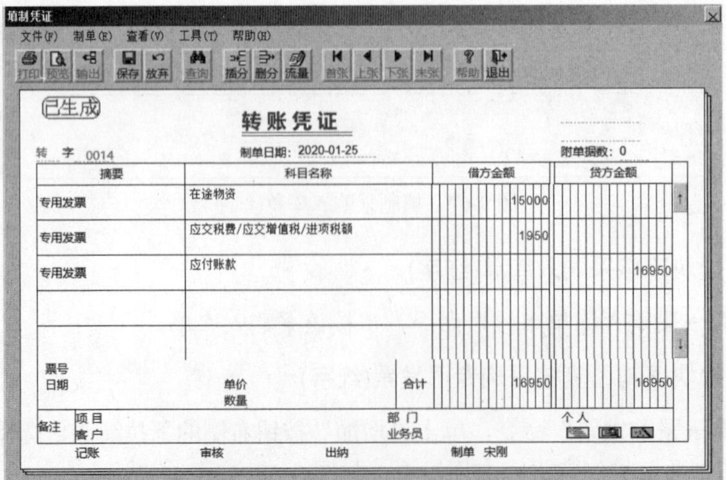

图 9-70　生成采购发票凭证(红字)

6. 在核算模块对采购入库单(红字)记账

执行“核算→核算→正常单据记账”命令，对该采购入库单记账，如图 9-71 所示。

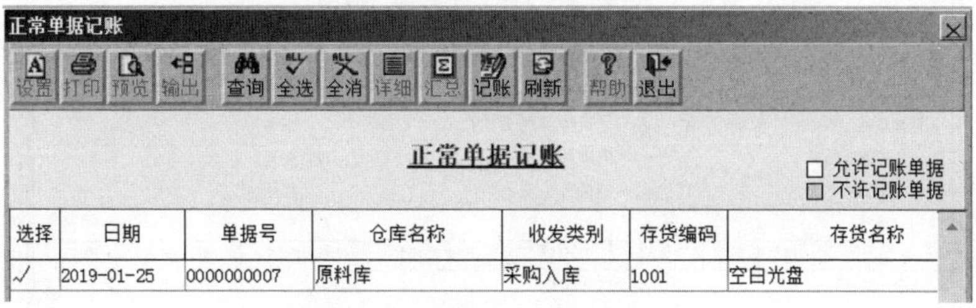

图 9-71 对采购入库单记账

7. 在核算模块对采购入库单(红字)制单

执行“核算→凭证→购销单据制单”命令，选择“采购入库单(报销记账)”，生成红字采购入库单凭证，如图 9-72 所示。

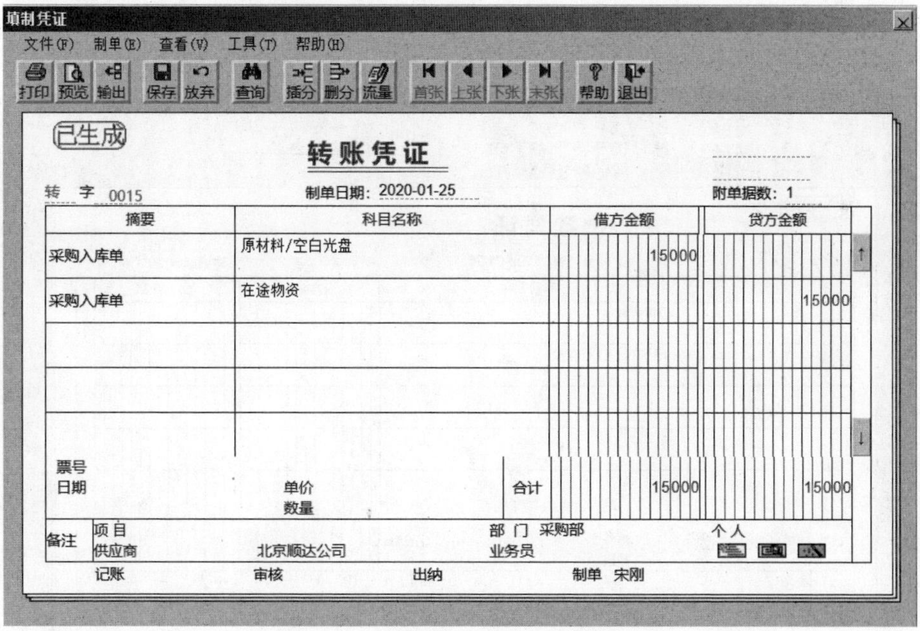

图 9-72 生成采购入库单凭证(红字)

8. 在采购模块填制红字付款单(收款单)并与对应发票(红字)进行核销

执行“采购→供应商往来→付款结算”命令，单击“切换”按钮，变为收款单(即红字付款单)，填制收款单并与相应红字发票核销，本次结算金额为 169.5 元，如图 9-73 所示。

9. 在核算模块对收款单制单(核销制单)

执行“核算→供应商往来制单”命令，选择“核销制单”，生成收款单凭证，如图 9-74 所示。

图 9-73　填制收款单并核销(红字)

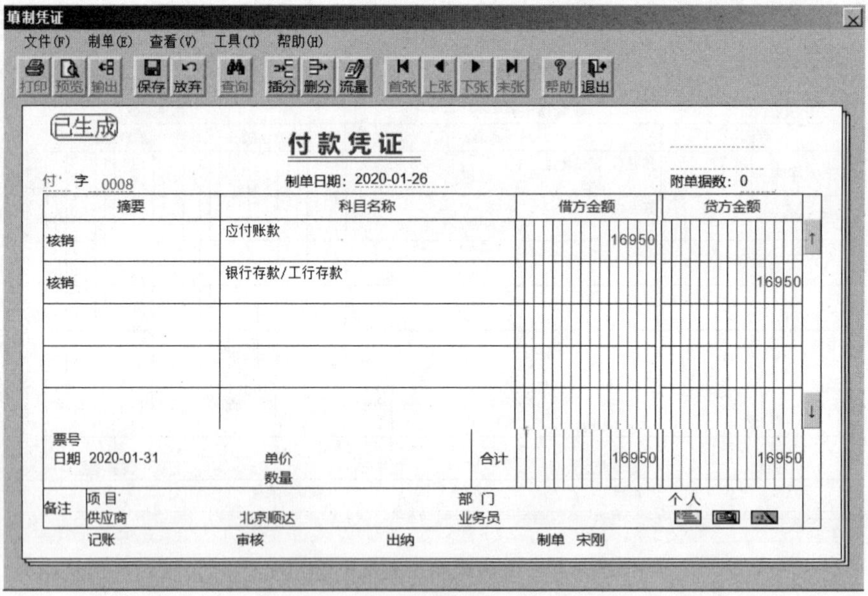

图 9-74　生成收款单凭证

任务 8　采购期末处理

知识准备

采购期末处理主要是指月末结账，即是将当月的单据数据封存。结账后不允许再对该会计期的采购单据进行增加、修改、删除处理。

当各模块集成使用时，应注意各模块的结账顺序为采购与应付、销售与应收模块结账；库存模块结账；核算模块结账；工资、固定资产模块结账；总账模块结账。

工作任务

1 月 31 日，对采购与应付模块结账。

工作步骤

(1) 执行“采购→月末结账”命令，在选择标记栏中单击选中 1 月。

(2) 单击“结账”按钮，提示结账成功，单击“确定”按钮。在 1 月是否结账栏显示“已结账”标记，如图 9-75 所示。单击“退出”按钮退出。

图 9-75 采购月末结账

实训应用

实训十 采购与应付业务处理

【实训目的】

1. 熟悉采购退货业务、采购期末处理等操作。

2. 掌握普通采购业务、采购现结业务、预付货款业务、现金折扣业务、暂估处理业务、采购运费等操作。

【实训要求】

以采购员魏大鹏(编号：6605；密码：5)的身份进行采购与应付业务处理

【实训内容】

1. 普通采购业务

1 月 1 日，采购部与沈阳联诚签订采购合同，订购空白光盘 3500 张，单价 4 元。

1月2日，从沈阳联诚采购的空白光盘验收入原料库。数量3500张，单价4元。

1月2日，收到沈阳联诚提供的增值税专用发票一张，票号52890153。数量3500张，单价4元，增值税税率为13%。

1月3日，以电汇方式支付给沈阳联诚购货款，共计15 820元。

2. 暂估处理业务

1月5日，上月从北京大华采购的800包包装纸发票已到(发票号24189047)，单价25元，增值税税额为2 600元(税率为13%)，价税合计22 600元。进行暂估处理。

3. 预付货款业务

1月6日，从沈阳联诚采购1000套英语口语多媒体课件，单价50元，预付采购订金10 000元，以电汇方式支付订金。

1月8日，从沈阳联诚采购1000套英语口语多媒体课验收入产品一库。

1月8日，收到沈阳联诚提供的专用发票一张，票号73640912，数量1000，单价50元，金额50 000元，增值税税额为6 500元(税率为13%)，价税合计56 500元。

1月9日，以电汇方式支付剩余货款46 500元。

4. 采购现结业务

1月11日，从北京大华采购的包装盒纸验收入原料库，同时收到专用发票一张(票号82013355)，数量650包，单价24元，金额15 600元，增值税税额为2 028元(税率为13%)，价税合计17 628元。企业当天开出转账支票(票号35902178)一张支付该货款。

5. 采购退货业务

1月13日，发现1月1日从沈阳联诚公司采购的空白光盘100张有质量问题，要求退货。

1月13日，收到沈阳联诚提供的红字专用发票一张，票号89017676，数量-100，单价4元，金额-400元，增值税税额为-52元(税率为13%)，价税合计-452元。

1月15日，以电汇方式收到该退货款452元。

6. 采购运费业务

1月16日，从北京大华采购的包装纸验收入原料库，同时收到专用发票一张(票号88992210)，数量1200包，单价25元，金额30 000元，增值税税额为3 900元(税率为13%)，价税合计33 900元。款项尚未支付。

1月16日，收到北京速达快递公司运费专用发票一张(票号22789034)，金额500元，增值税税额为45元(税率为9%)，价税合计545元，以现金支付。

1月18日，以转账支票(票号33890216)支付北京大华公司货款33 900元。

7. 现金折扣业务

1月21日，从沈阳联诚公司采购1500套英语口语多媒体课件，验收入产品一库。

1月21日，收到沈阳联诚公司提供的专用发票(票号57629013)一张，数量1500，单价46元，金额69 000元，增值税税额为8 970元，价税合计77 970元。(付款条件为：1/10,n/20)。

1月27日，以电汇方式支付货税款77 190.3元。

8. 采购模块期末处理

1 月 31 日，对采购与应付模块结账。

巩固提高

一、单选题

1. 采购结算是指(　　)之间的结算。
   A. 采购发票与采购订单　　B. 采购发票与采购到货单
   C. 采购发票与采购入库单　　D. 采购发票与付款单
2. 采购业务的核销就是指确定(　　)之间的对应关系的操作。
   A. 付款单与收款单　　B. 付款单与采购发票
   C. 付款单与入库单　　D. 付款单与采购订单
3. 采购模块填制采购入库单后，需要在(　　)中审核后才能记账。
   A. 销售模块　　B. 总账模块　　C. 采购模块　　D. 库存模块
4. 根据采购入库单自动生成的会计分录是(　　)。
   A. 借：原材料
   　　贷：在途物资
   B. 借：生产成本
   　　贷：原材料
   C. 借：材料采购
   　　应交税费/应交增值税/进项税额
   　　贷：应付账款
   D. 借：原材料
   　　贷：生产成本
5. 下列不生成记账凭证的采购单据是(　　)。
   A. 采购订单　　B. 采购发票　　C. 采购入库单　　D. 付款单

二、多选题

1. 采购与应付模块必须填制的单据包括(　　)。
   A. 采购发票　　B. 采购入库单　　C. 付款单　　D. 采购订单
2. 对暂估业务，系统提供了(　　)处理办法。
   A. 月初回冲　　B. 单到补差　　C. 单到回冲　　D. 月末回冲
3. 在处理采购运费业务时，需要(　　)单据进行采购结算。
   A. 采购入库单　　B. 采购发票　　C. 运费发票　　D. 付款单
4. 采购入库单在核算模块需要进行(　　)操作。
   A. 结算　　B. 录入　　C. 记账　　D. 制单
5. 采购发票在采购模块需要进行(　　)操作。
   A. 录入　　B. 结算　　C. 记账　　D. 制单

三、判断题

1. 采购结算就是确定采购发票和付款单之间的对应关系。 ( )
2. 采购入库单是在库存模块填制的。 ( )
3. 采购现结业务不需要处理付款单。 ( )
4. 现金折扣业务需要在付款单上选择付款条件。 ( )
5. 采购订单生成的记账凭证是“借：原材料，贷：在途物资”。 ( )

四、简答题

1. 普通采购业务中三张必填的单据是什么？处理流程是怎样的？生成的记账凭证是什么？

2. 货到票未到(暂估入库)业务的系统处理方法有几种？分别怎样处理？

3. 若货物已到，采购发票已付款，发现货物有质量问题需要退货，则采购退货业务的处理流程是怎样的？

4. 采购现结业务的处理流程是怎样的？

5. 采购运费业务的处理流程是怎样的？

项目 10

销售与应收管理

学习目标

通过本项目的学习，学员应具备处理如下业务的能力：

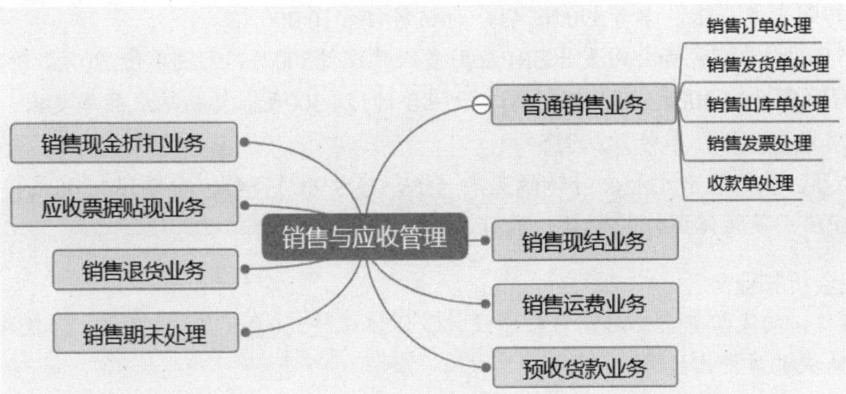

情境案例

日盛科技公司进行2020年1月的销售与应收业务核算。

1. 业务分工

销售员赵宁进行销售与应收业务的相关处理。

2. 本月发生的销售与应收业务

1) 普通销售业务

1月2日，北京元和公司与销售部签订销售合同，预订购ERP应用多媒体课件400套，无税单价200元。

1月3日，向北京元和公司发出其订购的ERP应用多媒体课件400套，无税单价200元，货物从成品库发出。

1月3日，北京元和公司订购的ERP应用多媒体课件400套，已从成品库出库。

1月3日，向北京元和公司开出增值税专用发票一张，票号67290831，ERP应用多媒体课件400套，无税单价200元，价款80 000元，增值税税额为10 400元(税率为13%)，价税合计90 400元。

1月5日，收到北京元和公司转账支票一张，票号33789021，为ERP应用多媒体课件的货税款，共计90 400元。

2) 销售现结业务

1月8日，销售给沈阳智宏公司的程序设计多媒体课件已经从成品库发货。同时开出专用发票一张(票号56289015)，数量300套，单价150元，增值税税额为5 850元(税率为13%)，价税合计50 850元。企业当天以电汇方式将款项付给智宏公司。

3) 运费销售业务

1月8日，销售给沈阳智宏公司的程序设计多媒体课件300套，发生代垫运费545元，以现金支付。

4) 预收货款业务

1月12日，向北京元和公司销售ERP应用多媒体课件500套，无税单价220元，价款110 000元。收到转账支票一张，票号89026743，为销售订金10 000元。

1月15日，向北京元和公司发出ERP应用多媒体课件500套，无税单价220元，价款110 000元，增值税税额为14 300元(税率为13%)，价税合计124 300元。货物从成品库发出，同时开出增值税专用发票一张，票号78209154。

1月16日，收到北京元和公司转账支票一张，票号90217845，金额114 300元，为其支付的购买ERP应用多媒体课件的余款。同日，结转销售订金。

5) 现金折扣业务

1月17日，向沈阳智宏公司销售程序设计多媒体课件500套，单价170元，价款共计85 000元，货物从成品库发出。

1月17日，向沈阳智宏公司开出专用发票一张，票号25670936，数量500，单价170元，金额85 000元，增值税税额为11 050元(税率为13%)，价税合计96 050元。(现金折扣条件为：2/10,1/20,n/30)。

1月20日，以电汇方式收到货税款94 129元。

6) 应收票据贴现业务

1月21日，企业将2019年12月21日从北京元和公司取得的一张期限为3个月的商业汇票(银行承兑汇票)到银行贴现，银行月贴现率为0.8%，贴现息为1 446.4(90 400×0.008×2=1 446.4)元，实际收到银行存款88 953.6元。

7) 销售退货业务

1月24日，发现1月3日向北京元和公司发出的ERP应用多媒体课件中15套有质量问题，无税单价200元，对方退货，货物入成品库。

1月24日，向北京元和公司开出红字专用发票一张，票号90237806，数量-15，单价200元，金额-3 000元，增值税税额为-390元(税率为13%)，价税合计-3 390元。

1月25日，开出转账支票一张，票号23641907，金额3 390元，为退货款。

任务学习

销售业务处理主要包括销售订货、销售发货、销售出库、销售发票等销售业务全过程的管理，可以处理普通销售业务、现结销售业务、销售退货业务等业务类型。企业可根据实际业务情况，对销售业务流程进行可选配置。

应收业务处理可以实现企业与购买方资金的结算，具体包括预收、现收和应收方式。其最重要的单据为收款单。

任务 1 普通销售业务

任务 1.1 销售订单处理

知识准备

销售订货是确认客户要货需求的过程。客户的订货需求通过销售订单的形式反映，企业根据销售订单组织货源，并对订单的执行进行管理、控制和追踪。销售订单的处理具体包括录入销售订单、审核销售订单、关闭销售订单、销售订单查询统计等操作。

销售订单非销售业务必须填制的单据，可根据企业的管理需要选择填制。销售订单不生成记账凭证。

工作任务

1 月 2 日，北京元和公司与销售部签订销售合同，预订购 ERP 应用多媒体课件 400 套，无税单价 200 元。

工作步骤

以销售员赵宁的身份登录信息门户。输入或选择如下信息：操作员“5504”；密码“4”；账套“555 日盛公司账套”；会计年度“2020”；日期“2020-01-31”。

(1) 执行“销售→销售订单”命令，进入“销售订单”窗口。

(2) 单击“增加”按钮，输入订单日期“2020-01-02”，选择客户名称“北京元和”，销售类型“普通销售”，销售部门“销售部”，到期日“2020-01-31”。

(3) 选择存货编号为“2001”，输入数量“400”、无税单价“200”。

(4) 单击“保存”按钮，再单击“审核”按钮，如图 10-1 所示。

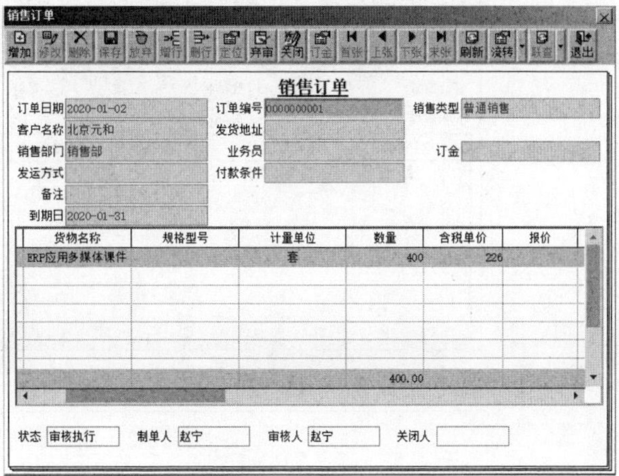

图 10-1 输入订单

(5) 单击“退出”按钮，退出“销售订单”窗口。

任务 1.2　销售发货单处理

知识准备

销售发货是企业执行与客户签订的销售合同或销售订单，将货物发往客户的行为，是销售业务的执行阶段。销售发货是处理销售业务的必要环节，但此环节不生成记账凭证。

在必有订单销售模式下，发货单必须根据审核后的销售订单生成，可以一张订单多次发货，也可以多张订单一次发货，但是否可以超订单量发货取决于系统参数的设置。在非必有销售订单情况下，如果是先发货后开票销售模式，应先由销售部门根据销售订单、其他发货单生成或直接手工填写发货单，然后根据审核后的发货单生成销售发票；如果是开票直接发货销售模式，则销售部门根据销售订单、其他发票生成或直接填写销售发票并审核后，系统将自动生成销售发货单，生成的发货单只能查询，不能进行编辑操作。

工作任务

1 月 3 日，向北京元和公司发出其订购的 ERP 应用多媒体课件 400 套，无税单价 200 元，货物从成品库发出。

工作步骤

(1) 执行“销售→销售发货单”命令，进入“发货单”窗口。

(2) 单击“增加”按钮，输入发货日期“2020-01-03”，选择客户名称“北京元和”，销售类型“普通销售”，销售部门“销售部”。输入税率“13”，到期日“2020-01-31”。

(3) 选择仓库“成品库”，存货编号为“2001”，输入数量“400”、无税单价“200”。

(4) 单击“保存”按钮，再单击“审核”按钮，如图 10-2 所示。

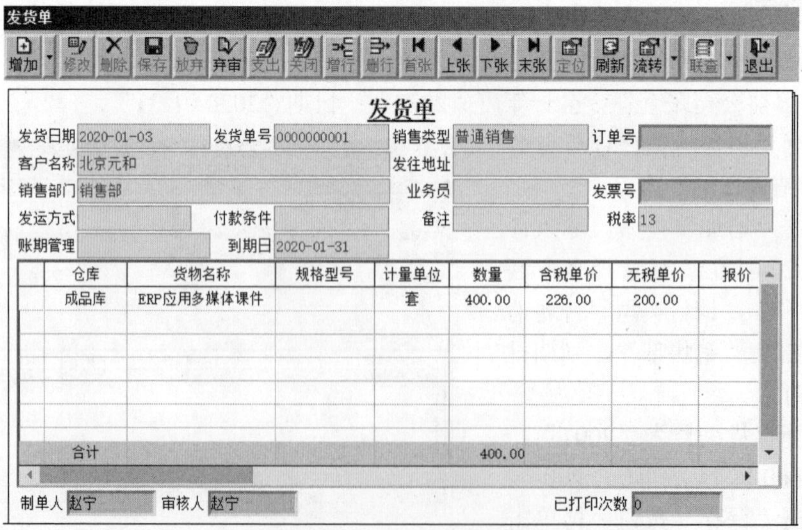

图 10-2　输入销售发货单

(5) 单击“退出”按钮，退出“销售发货单”窗口。

任务 1.3 销售出库单处理

知识准备

1. 销售出库单

销售出库也是销售业务处理的必要环节。销售出库单在库存管理模块中用于核算存货出库数量，在存货核算子系统中用于核算存货出库成本。

在先发货后开票模式下，销售出库单是根据销售发货单自动生成的，在库存管理模块对其进行审核即可。销售出库单是销售模块必要的单据并生成相应的记账凭证。

2. 销售出库单的处理流程(先发货后开票模式)

(1) 在库存模块审核销售出库单(已由销售发货单自动生成)。

(2) 在核算模块对销售出库单记账。

(3) 在核算模块对销售出库单制单。

生成的会计分录如下。

借：主营业务成本

　　贷：库存商品

工作任务

1 月 3 日，北京元和公司订购的 ERP 应用多媒体课件 400 套，已从成品库出库。

工作步骤

1. 在库存模块审核销售出库单

(1) 执行“库存→销售出库单生成/审核”命令，进入“销售出库单”窗口。

(2) 通过“上张、下张”按钮找到相应的出库单，单击“复核”按钮，如图 10-3 所示，单击“退出”按钮。

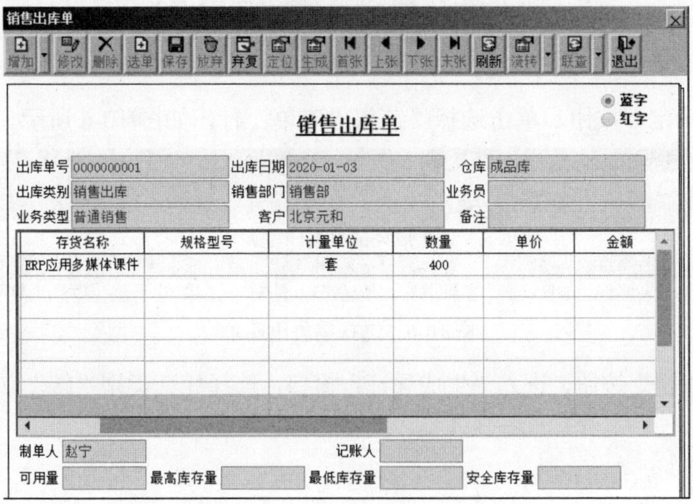

图 10-3　审核销售出库单

2. 在核算模块对销售出库单记账

(1) 执行“核算→核算→正常单据记账”命令，打开“正常单据记账条件”对话框。

(2) 单击“确定”按钮，进入“正常单据记账”窗口。

(3) 单击选择要记账的单据，如图 10-4 所示。

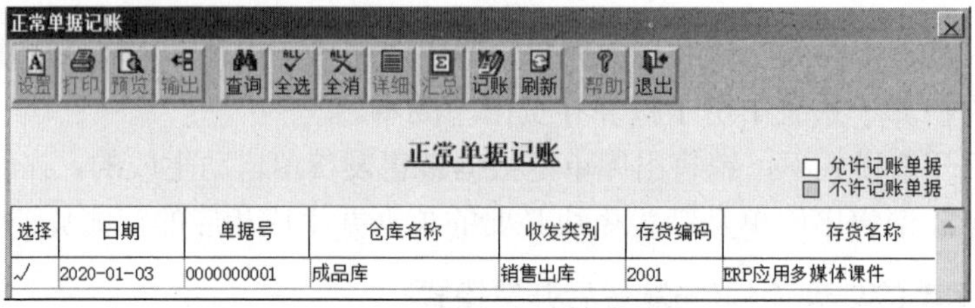

图 10-4　选择要记账的单据

(4) 单击“记账”按钮，记账完毕。单击“确定”按钮。

3. 在核算模块对销售出库单制单

(1) 执行“核算→凭证→购销单据制单”命令，单击“选择”按钮，选择“销售出库单”，如图 10-5 所示。

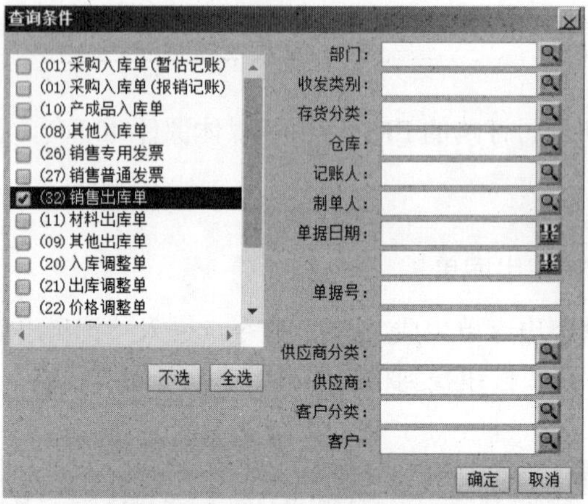

图 10-5　选择单据类型

(2) 单击“确定”按钮。单击选择“销售出库单”行，如图 10-6 所示。

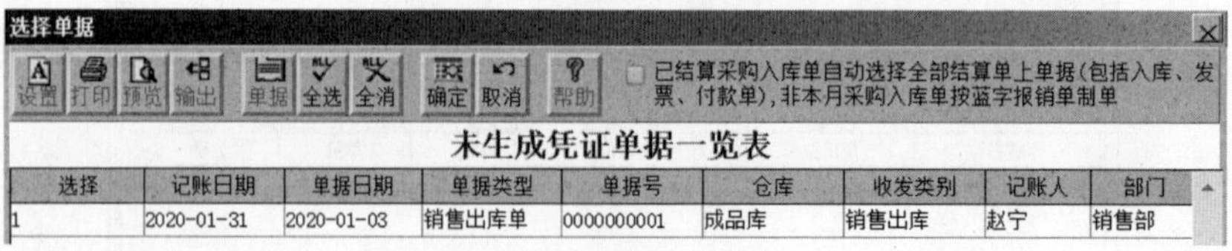

图 10-6　选择销售出库单

(3) 单击“确定”按钮，进入“生成凭证”窗口，选择凭证类别“转”，如图 10-7 所示。

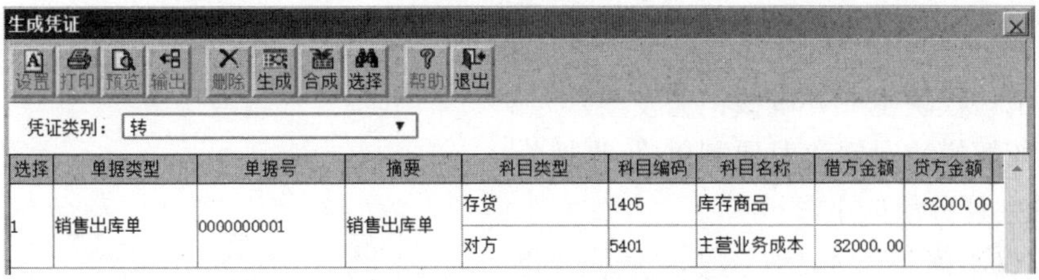

图 10-7　设置凭证模板

注意：

❑ 若借贷方金额不正确，可双击手工更改。

(4) 单击“生成”按钮，进入“填制凭证”窗口，修改制单日期为“2020-01-03”，检查凭证其他信息无误后，单击“保存”按钮，生成销售出库单凭证，如图 10-8 所示。

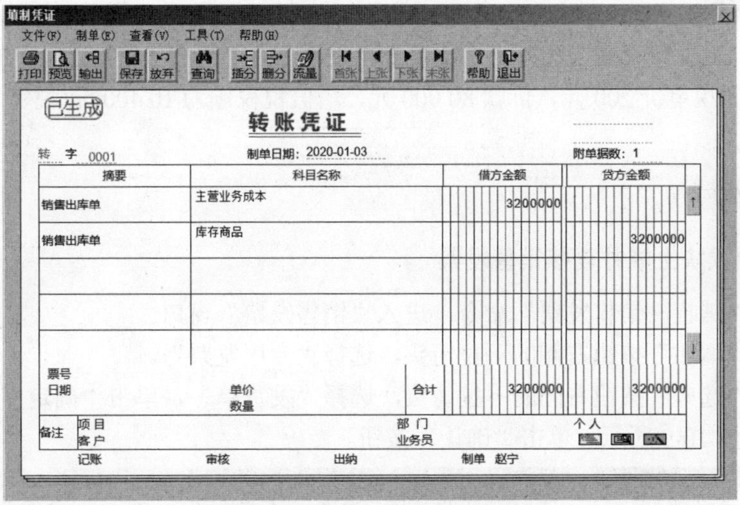

图 10-8　生成销售出库单凭证

任务 1.4　销售发票处理

知识准备

1. 销售发票

销售开票是销售业务的重要环节，它是销售收入的确认、销售成本计算、应交销售税金确认和应收账款确认的依据。销售发票是指给客户开具的增值税专用发票、普通发票及其所附清单等原始销售票据，一般包括产品或服务的说明、客户名称地址，以及货物的名称、单价、数量、总价、税额等资料。

销售发票按发票类型分为普通发票及专用发票；按业务性质分为蓝字发票和红字发票。

销售发票是销售模块必要的单据并生成相应的记账凭证。

2. 销售发票的处理流程

(1) 在销售模块生成并审核销售发票。

(2) 在核算模块对销售发票制单(发票制单)。

生成的会计分录如下。

借：应收账款

　　贷：主营业务收入

　　　　应交税费/应交增值税/销项税额

说明：

在先发货后开票模式下，销售发票只能根据发货单生成，不能手工填制。方法一：在填制销售发票窗口，参照发货单生成销售发票。方法二：在填制销售发货单窗口，通过流转功能将发货单驱动生成销售发票。

工作任务

1月3日，向北京元和公司开出增值税专用发票一张，票号67290831，ERP应用多媒体课件400套，无税单价200元，价款80 000元，增值税税额为10 400元(税率为13%)，价税合计90 400元。

工作步骤

1. 在销售模块生成并复核销售发票

(1) 执行“销售→销售发票”命令，进入“销售发票”窗口。

(2) 单击“增加”按钮右侧的下拉箭头，选择“专用发票”。

(3) 单击“选单”按钮右侧的下拉箭头，选择“发货单”，单击“确定”按钮。选择相应发货单，如图10-9所示。单击“确认”按钮。

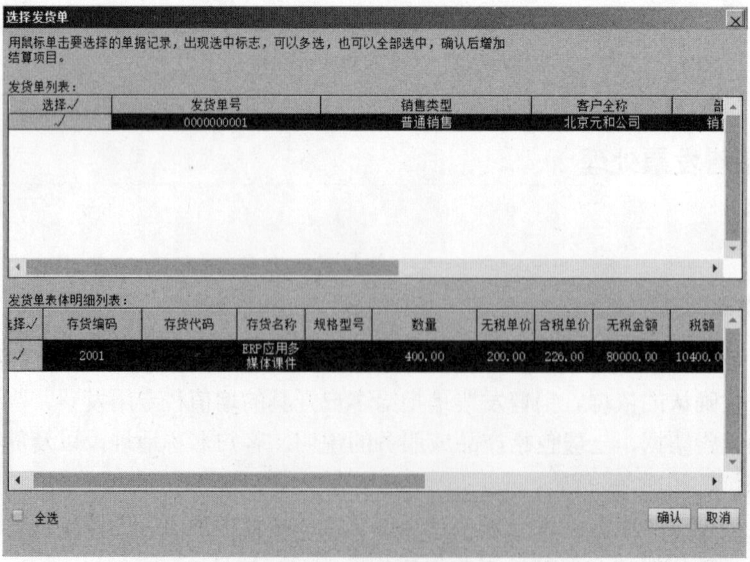

图10-9　选择发货单

(4) 修改发票号“67290831”，检查无误后，单击“保存”按钮。单击“复核”按钮，如图 10-10 所示。单击“退出”按钮。

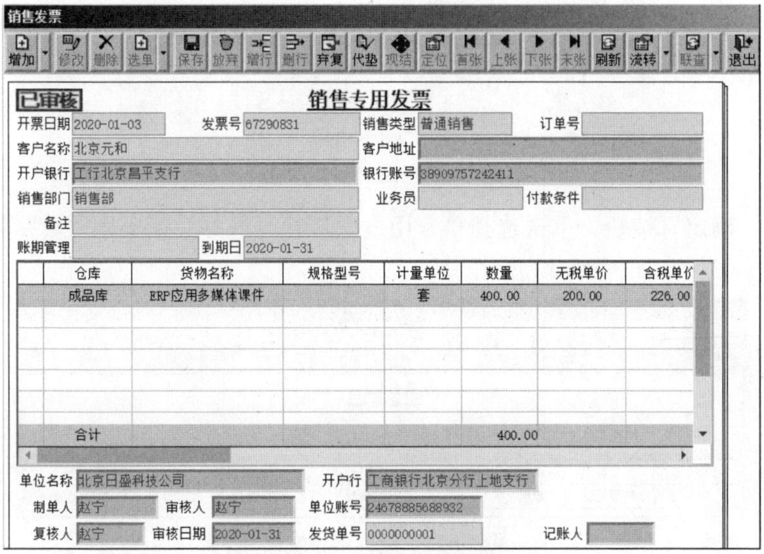

图 10-10　生成并复核销售发票

注意：

- 在先发货后开票模式下，销售发票不能手工填制，必须参照发货单生成。
- 在先发货后开票模式下，销售发票的另外一种参照生成方式：在销售发货单窗口，单击“流转”按钮，生成销售专用发票，如图 10-11 所示。这种方式生成发票方式更快些。
- 在先开票后发货模式下，填制并审核发票后，可自动生成销售发货单和销售出库单。

图 10-11　发货单流转生成销售专用发票

2. 在核算模块对销售发票制单(发票制单)

(1) 执行“核算→凭证→客户往来制单”命令，默认选择“发票制单”，如图 10-12 所示。

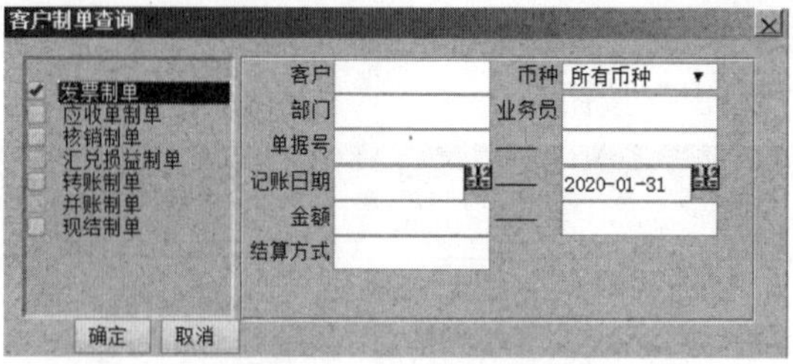

图 10-12　选择单据类型

(2) 单击“确定”按钮。单击选择“专用发票”行，选择凭证类别“转账凭证”，制单日期“2020-01-03”，如图 10-13 所示。

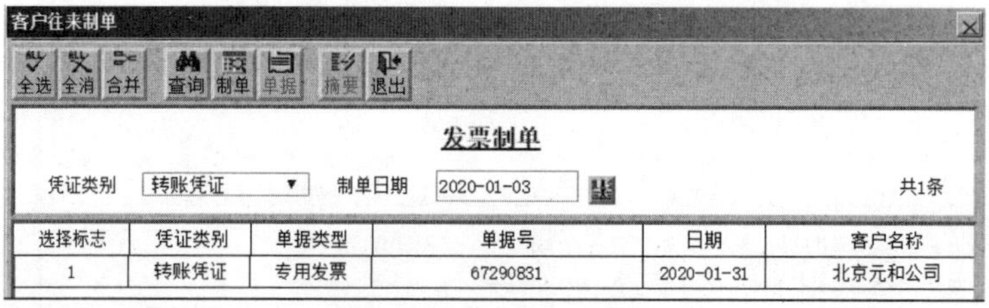

图 10-13　选择销售发票

(3) 单击“制单”按钮，进入“填制凭证”窗口，检查无误，单击“保存”按钮，生成销售发票凭证，如图 10-14 所示。

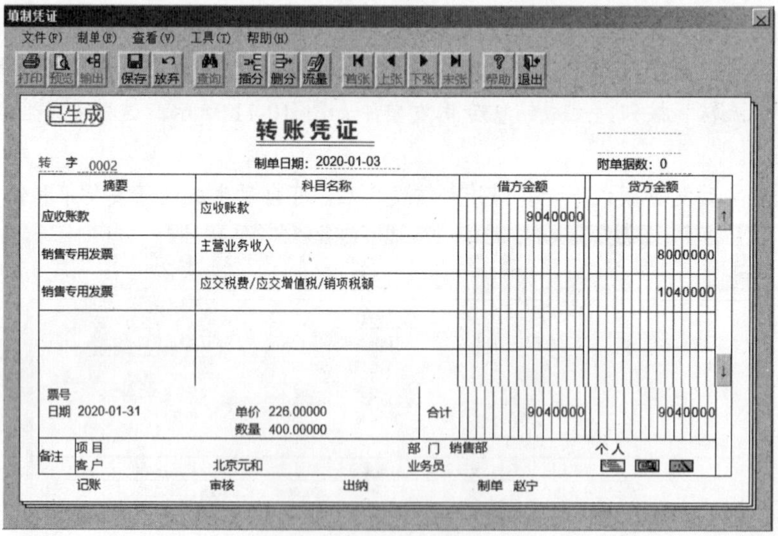

图 10-14　生成销售发票凭证

任务 1.5　收款单处理

知识准备

1. 收款单

当将客户购买的货物发出并开具发票后，要按收款条件向客户收取货款。这时要录入收款单据，并与应收该客户的应收款项进行核销。

1) 填制收款单

收款单用来记录企业收到的款项，当企业收到每一笔款项时，应知道该款项是客户结算所欠货款，还是提前支付的货款，还是支付其他费用。系统用款项类型来区别不同的用途，因此在录入收款单时，需要指定其款项用途。对于同一张收款单，如果包含不同用途的款项，应在表体记录中分行显示。

2) 销售核销

核销指用户日常进行的收款核销应收款的工作。单据核销的作用是解决收回客户款项核销该客户应收款的处理，建立收款与应收款的核销记录，以达到监督应收款及时核销，加强往来款项的管理的目的。

核销的情况分为以下几种。

(1) 如果收取的货款等于应收款，则进行完全核销。

(2) 如果收取的货款小于应收款，则进行部分核销。

(3) 如果收取的货款大于应收款，则余款作为预收款处理。

核销的方式有两种，即手工核销和自动核销。

2. 收款单的处理流程

(1) 在销售模块填制收款单并与对应发票进行核销。

(2) 在核算模块对收款单制单(核销制单)。

生成的会计分录如下。

借：银行存款

　　贷：应收账款

工作任务

1 月 5 日，收到北京元和公司转账支票一张，票号 33789021，为 ERP 应用多媒体课件的货税款，共计 90 400 元。

工作步骤

1. 在销售模块填制收款单并与对应发票进行核销

(1) 执行“销售→客户往来→收款结算”命令，进入“收款结算”窗口。

(2) 选择客户“北京元和”。

(3) 单击“增加”按钮，输入或选择表头数据：日期“2020-01-05”；结算方式 “支票”；金额“90 400”；票据号“33902817”。

(4) 单击“保存”按钮，如图 10-15 所示。

(5) 单击“核销”按钮，对日期 2020-01-03 的单据进行核销，输入本次结算金额“90 400”，如图 10-16 所示。

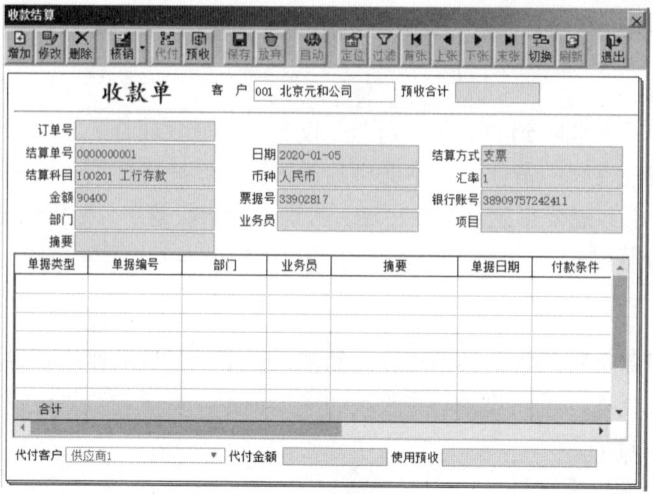

图 10-15　填制收款单

图 10-16　核销收款单

(6) 单击“保存”按钮，再单击“退出”按钮退出。

2. 在核算模块对收款单制单(核销制单)

(1) 执行“核算→凭证→客户往来制单”命令，选择“核销制单”，如图 10-17 所示，单击“确定”按钮。

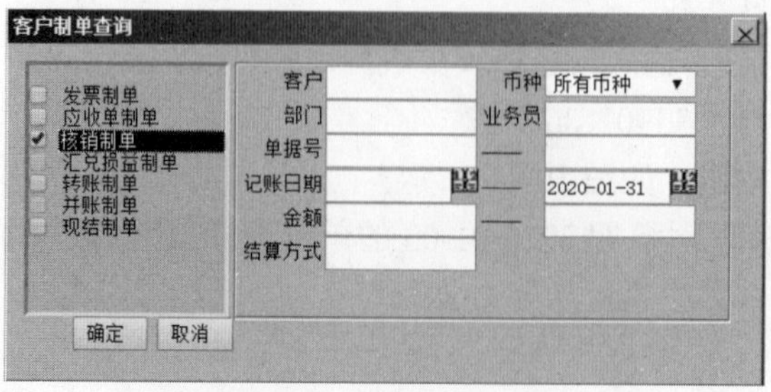

图 10-17　选择制单方式

(2) 单击选择要制单的收款单，修改凭证类别为“收款凭证”，制单日期为“2020-01-05”，如图 10-18 所示，单击“制单”按钮。

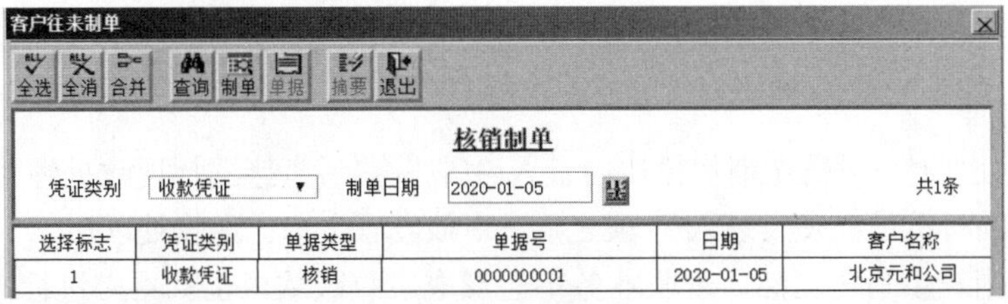

图 10-18　选择收款单

(3) 检查凭证无误后，单击“保存”按钮，生成收款单凭证，如图 10-19 所示。单击“退出”按钮退出。

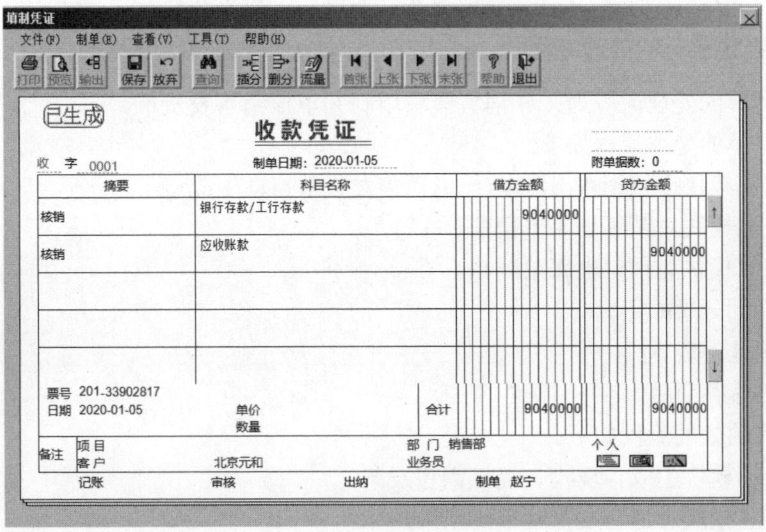

图 10-19　生成收款单凭证

任务 2　销售现结业务

知识准备

说明：

其他销售业务类型都是以普通销售业务的主要4张单据(销售发货单、销售出库单、销售发票、收款单)为基础，所以：

(1) 由于销售订单为非必要单据，不生成记账凭证，所有其他业务中不再涉及销售订单。

(2) 其他销售业务中涉及主要4张单据操作的，不再详述。

(3) 其他销售业务工作步骤不再按单据拆分成子任务。

1. 销售现结业务

现结业务在销售模块中也叫现收业务，是指销售业务发生时企业直接收款并由销货单位开具发票。现收业务与普通销售业务的区别在于对发票的处理不同。由前面可以看出，在应收款模块中对发票的默认处理方式是看作未收款，在发票复核后会登记应收账款明细账，并生成确认销售成本、销项税额和应收账款的凭证传递到总账模块。所以，发生现收业务后需要一些特殊处理。

1) 现收处理

进行现收处理时，只需在销售模块中录入/生成发票后直接选择现收处理即可。但一定要注意现收处理的时机是在发票录入/生成之后、审核发票之前。现收处理后，一般系统会自动出现收款单供用户填写。当然，现收业务不会形成应收账款，也就不必进行核销操作了。

2) 现结制单

在核算模块中，对现结发票制单，凭证的借方不再是应收账款，而是银行存款。

除以上两点外，现收业务与普通销售业务类似，不再赘述。

2. 现结销售业务的处理流程

销售发货单的处理流程为：在销售模块填制并审核销售发货单。

销售出库单的处理流程如下。

(1) 在库存模块审核销售出库单(已由销售发货单自动生成)。

(2) 在核算模块对销售出库单记账。

(3) 在核算模块对销售出库单制单。

生成的会计分录如下。

借：主营业务成本

　　贷：库存商品

销售发票的处理流程如下。

(1) 在销售模块生成、现收、复核销售发票。

(2) 在核算模块对销售发票制单(现结制单)。

生成的会计分录如下。

借：银行存款

　　贷：主营业务收入

　　　　应交税费/应交增值税/销项税额

工作任务

1 月 8 日，销售给沈阳智宏公司的程序设计多媒体课件已经从成品库发货。同时开出专用发票一张(票号 56289015)，数量 300 套，单价 150 元，增值税税额为 5 850 元(税率为 13%)，价税合计 50 850 元。企业当天以电汇方式将款项付给智宏公司。

工作步骤

1. 在销售模块填制销售发货单

执行“销售→销售发货单”命令，填制并审核销售发货单，如图 10-20 所示。

2. 在库存模块审核销售出库单

执行“库存→销售出库单生成/审核”命令，审核该销售出库单。

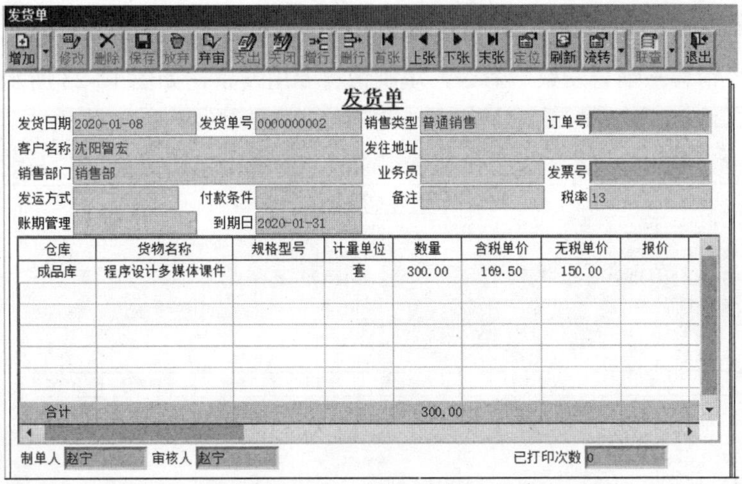

图 10-20 填制并审核销售发货单

3. 在核算模块对销售出库单记账

执行“核算→核算→正常单据记账”命令，对该销售出库单记账，如图 10-21 所示。

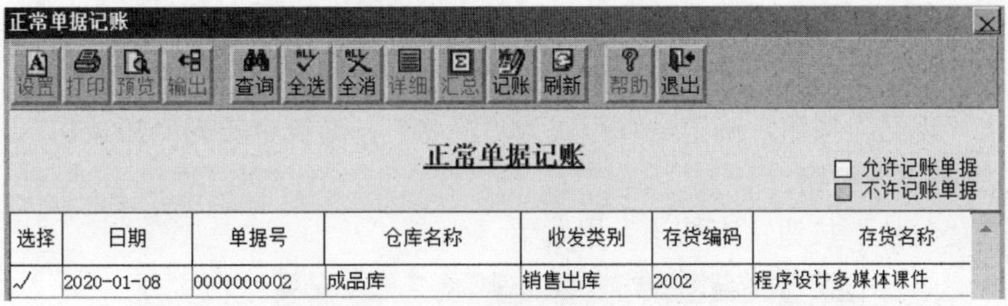

图 10-21 对销售出库单记账

4. 在核算模块对销售出库单制单

执行“核算→凭证→购销单据制单”命令，生成销售出库单凭证，如图 10-22 所示。

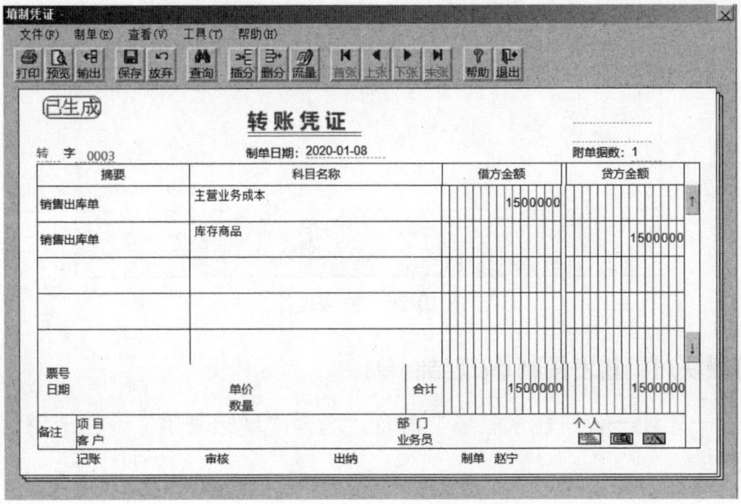

图 10-22 生成销售出库单凭证

5. 在销售模块填制、现收、复核销售专用发票

(1) 执行“销售→销售发票”命令，填制销售专用发票，如图 10-23 所示。

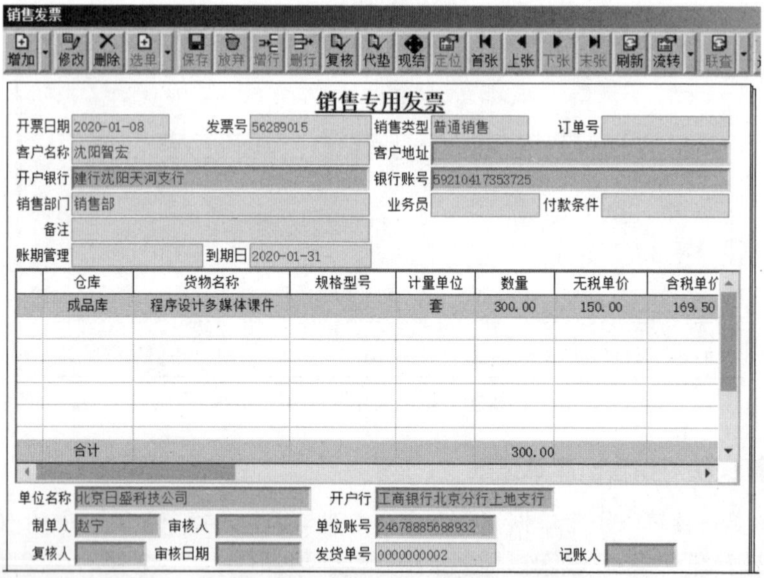

图 10-23 填制销售专用发票

(2) 单击“现结”按钮，确定结算方式为“汇兑”，结算金额为“50 850”，如图 10-24 所示。单击“确定”按钮。

(3) 单击“复核”按钮，审核该专用发票。

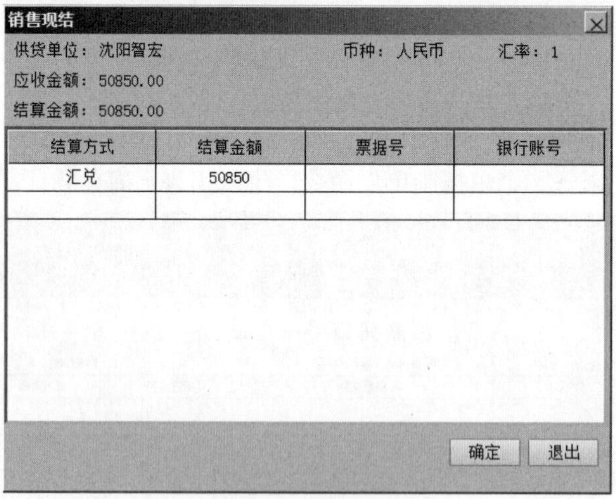

图 10-24 销售现结

6. 在核算模块对销售发票制单(现结制单)

执行“核算→凭证→客户往来制单”命令，选择“现结制单”。生成销售发票凭证，如图 10-25 所示。

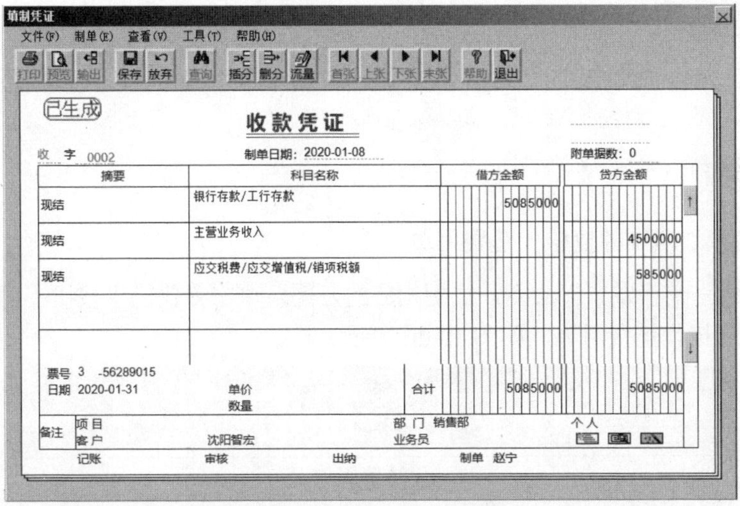

图 10-25 生成销售发票凭证

任务 3 销售运费业务

知识准备

1. 由企业自身负担的运费业务

企业在销售商品过程中发生的由自身负担的运费处理起来相对简单，直接计入销售费用科目即可。其处理流程为：在总账模块直接填制记账凭证。

生成的会计分录如下。

借：销售费用

　　应交税费/应交增值税/进项税额

　　贷：银行存款

2. 代垫销售运费业务

在销售业务中，有的企业随着货物的销售会发生代垫费用，如代垫运杂费、保险费等。代垫费用属于需要向客户收取的费用项目。对代垫费用的处理有两种方法：一种是以应税劳务的方式直接录入在销售发票中，这样做的好处是能将代垫费用和销售发票直接关联起来；代垫费用还可以随同发票的核销分摊到货物中。另一种方法是通过系统中提供的代垫费用单单独录入，再到应收款系统中进行收款处理。

在销售模块中仅对代垫费用的发生情况进行登记，收款核销由应收款核算系统完成。

代垫运费业务的处理流程如下。

(1) 在销售模块填制并审核代垫费用单。

(2) 在核算模块对代垫费用订单制单(应收单制单)。

生成的会计分录如下。

借：应收账款

　　贷：银行存款

工作任务

1 月 8 日，销售给沈阳智宏公司的程序设计多媒体课件 300 套，发生代垫运费 545 元，以现金支付。

工作步骤

1. 在销售模块填制并复核代垫费用单

执行“销售→销售发票”命令，找到相应的发票，单击“代垫”按钮，再单击“增加”按钮，填制并复核代垫费用单，如图 10-26 所示。

图 10-26　填制并复核代垫费用单

2. 在核算模块对代垫费用单制单(应收单制单)

执行“核算→凭证→客户往来制单”命令，选择“应收单制单”，补充贷方科目“1001”，生成记账凭证，如图 10-27 所示。

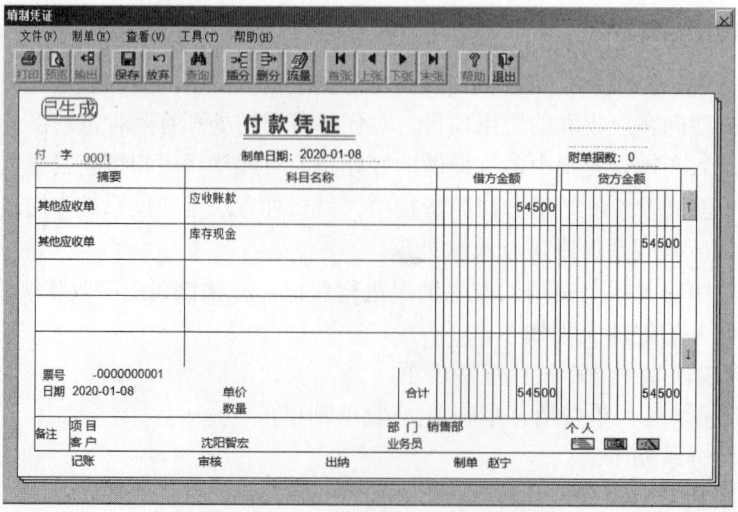

图 10-27　生成代垫费用单凭证

任务 4 预收货款业务

知识准备

销售业务在签订销售合同后，通常会要求购货方预付销售订金。此时需要先填制收款单(预收款)，待货物出库和销售发票开出后，进行发货单、销售出库单和销售发票的处理，然后购货方将剩余货款支付给销货方，同时结转预收的销售订金。

工作任务

1月12日，向北京元和公司销售ERP应用多媒体课件500套，无税单价220元，价款110 000元。收到转账支票一张，票号89026743，为销售订金10 000元。

1月15日，向北京元和公司发出ERP应用多媒体课件500套，无税单价220元，价款110 000元，增值税税额为14 300元(税率为13%)，价税合计124 300元。货物从成品库发出，同时开出增值税专用发票一张，票号78209154。

1月16日，收到北京元和公司转账支票一张，票号90217845，金额114 300元，为其支付的购买ERP应用多媒体课件的余款。同日，结转销售订金。

工作步骤

1. 在销售模块填制收款单并进行预收处理

(1) 执行“销售→客户往来→收款结算”命令，填制收款单，如图 10-28 所示。

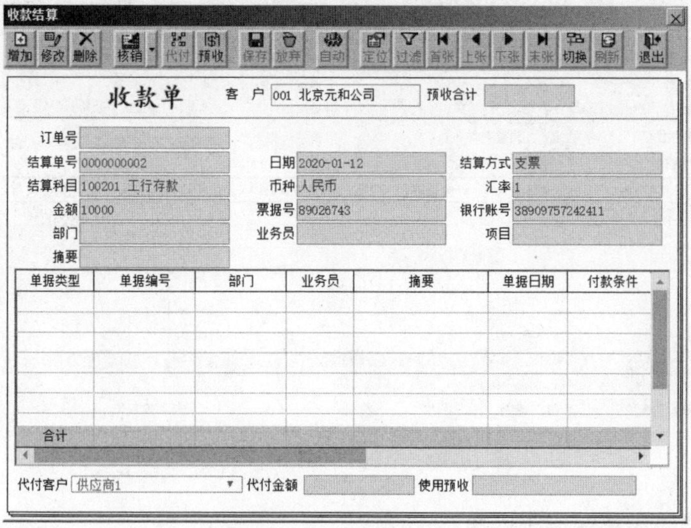

图 10-28 填制收款单

(2) 单击“预收”按钮，进行预收处理。

2. 在核算模块对收款单制单(核销制单)

执行“核算→客户往来制单”命令，选择“核销制单”，生成收款单凭证，如图10-29所示。

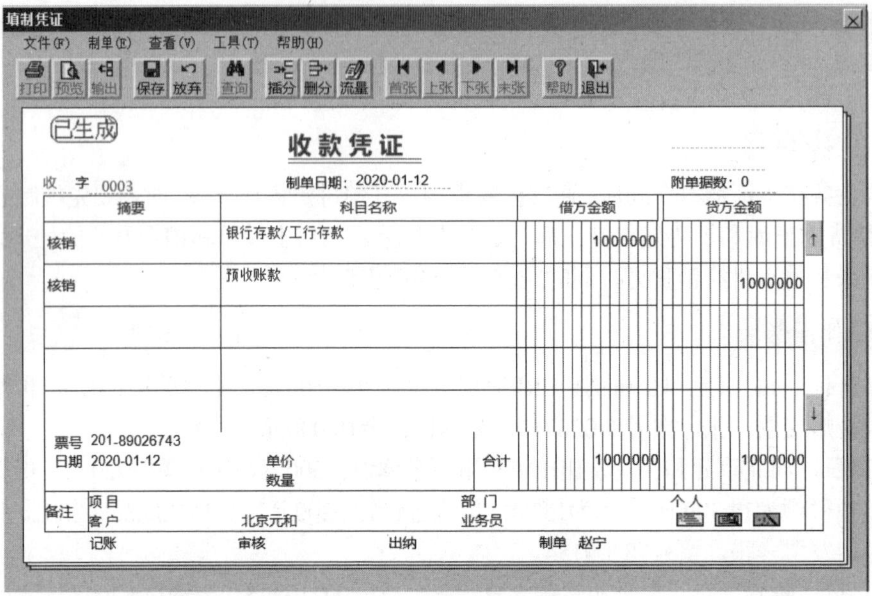

图 10-29　生成收款单凭证

3. 在销售模块填制并审核销售发货单

执行“销售→销售发货单”命令，填制并审核销售发货单，如图 10-30 所示。

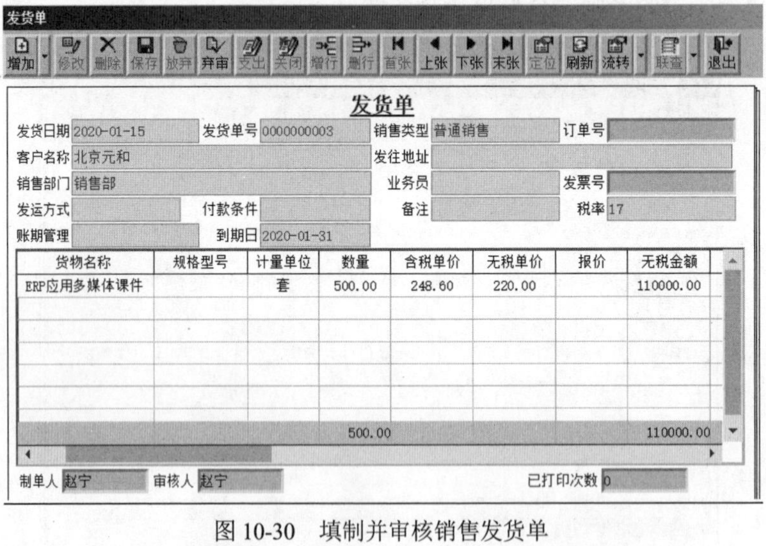

图 10-30　填制并审核销售发货单

4. 在库存模块审核销售出库单

执行“库存→销售出库单生成/审核”命令，审核该销售出库单。

5. 在核算模块对销售出库单记账

执行“核算→核算→正常单据记账”命令，对该销售出库单记账，如图 10-31 所示。

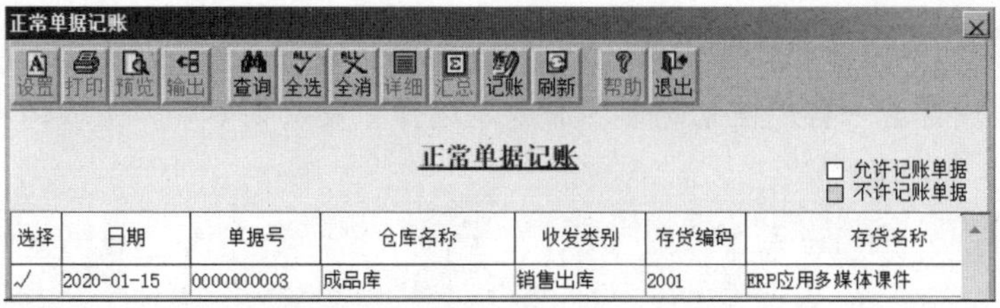

图 10-31　对销售出库单记账

6. 在核算模块对销售出库单制单

执行“核算→凭证→购销单据制单”命令，选择“销售出库单”，生成销售出库单凭证，如图 10-32 所示。

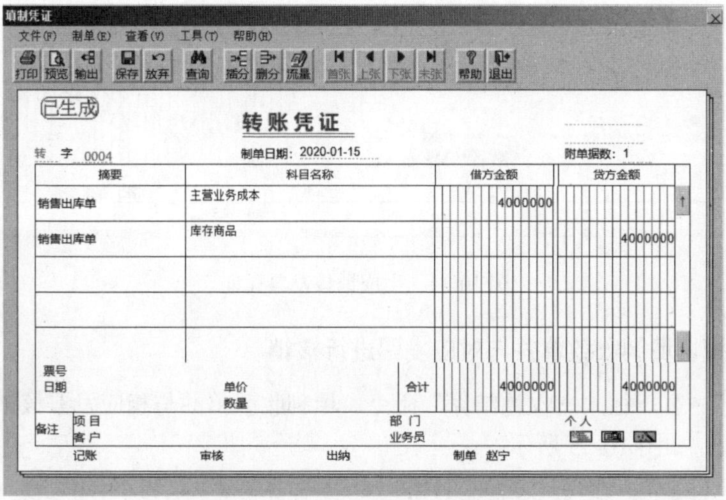

图 10-32　生成销售出库单凭证

7. 在销售模块生成并复核销售专用发票

执行“销售→销售发票”命令，参照发货单生成并复核销售专用发票，如图 10-33 所示。

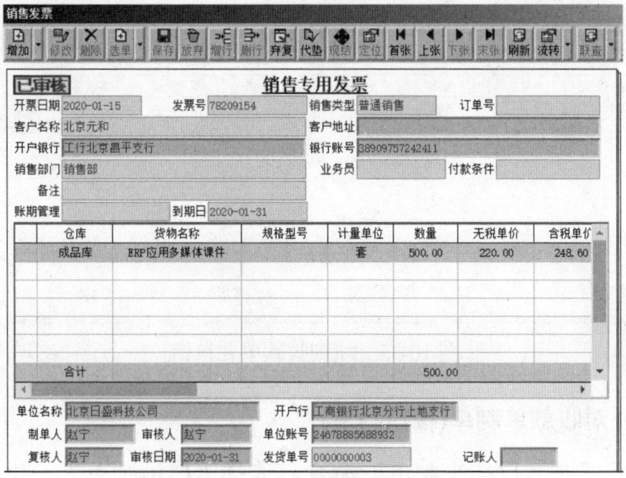

图 10-33　生成并复核销售专用发票

8. 在核算模块对销售发票制单(发票制单)

执行“核算→凭证→客户往来制单”命令，选择“发票制单”，生成销售发票凭证，如图 10-34 所示。

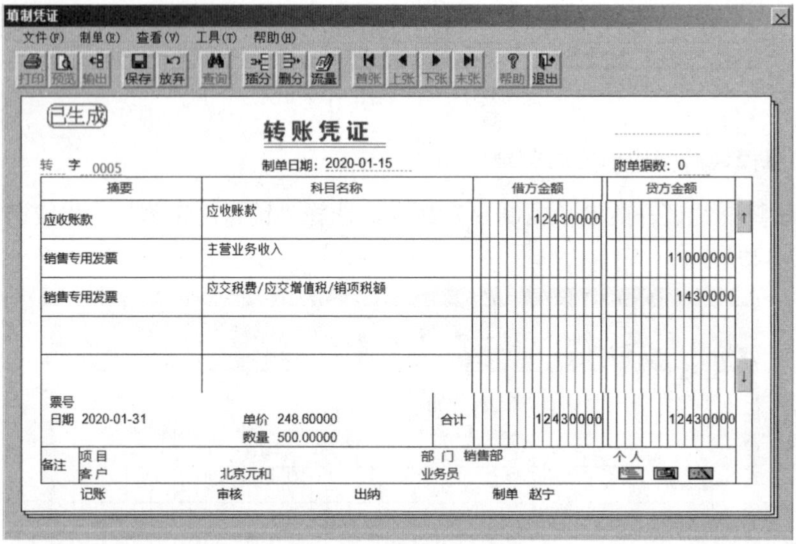

图 10-34　生成销售发票凭证

9. 在销售模块填制收款单并与对应发票进行核销

执行“销售→客户往来→收款结算”命令，填制收款单并与相应发票核销，本次结算金额为 114 300 元，如图 10-35 所示。

图 10-35　填制收款单并核销

10. 在核算模块对收款单制单(核销制单)

执行“核算→凭证→客户往来制单”命令，选择“核销制单”，生成收款单凭证，如图 10-36 所示。

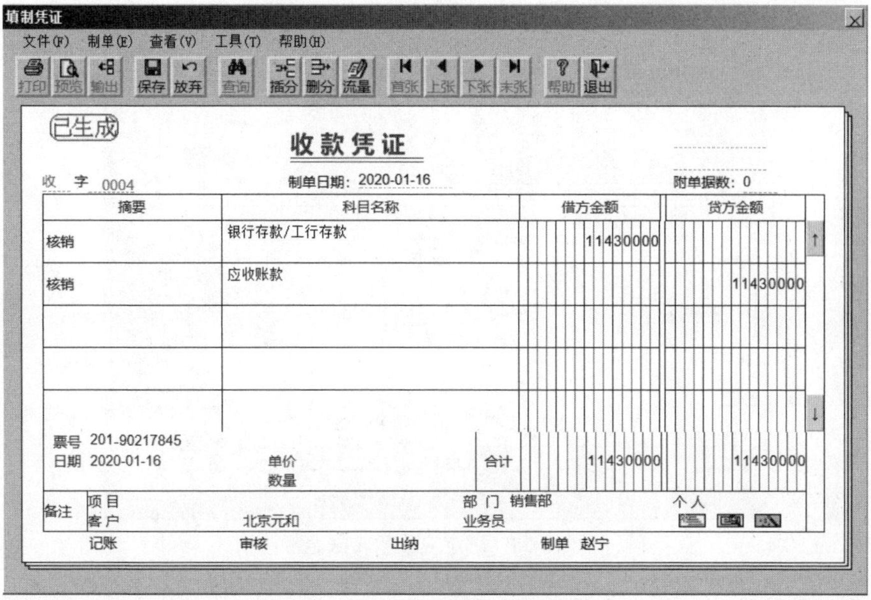

图 10-36　生成收款单凭证

11. 在销售模块进行预收冲应收处理

(1) 执行“销售→客户往来→预收冲应收”命令，修改日期为 2020-01-16。

(2) 在“预收款”选项卡中，选择客户“北京元和公司”。单击“过滤”按钮，输入转账金额 10 000，如图 10-37 所示。

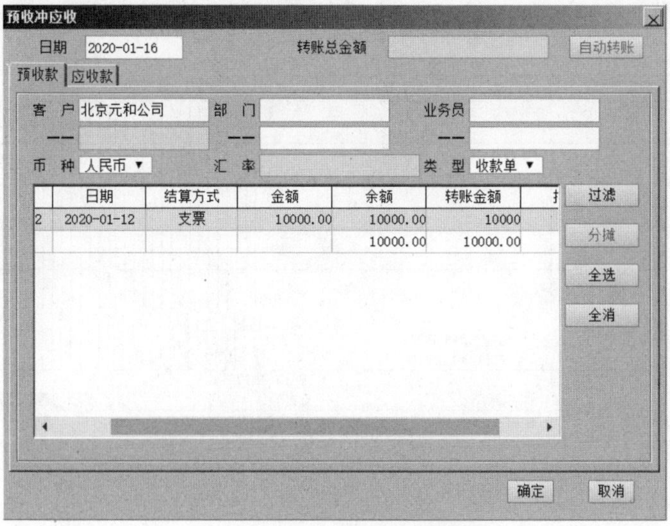

图 10-37　确定预收款转账金额

(3) 在“应收款”选项卡中，单击“过滤”按钮，在 1 月 15 日所在单据行输入转账金额 10 000，如图 10-38 所示。

(4) 单击“确定”按钮，保存成功。

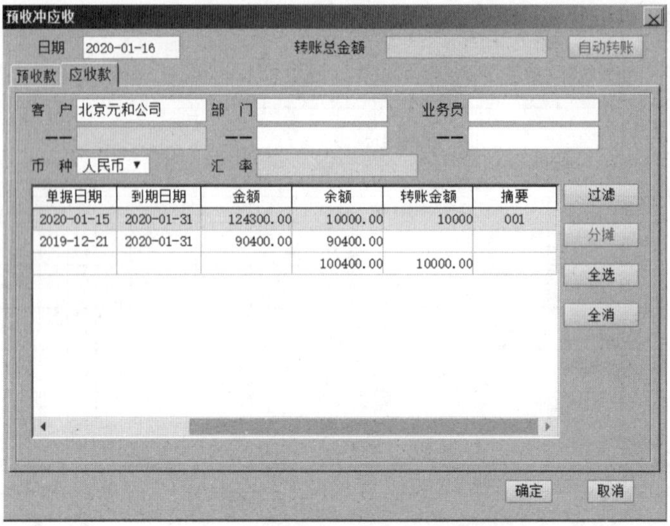

图 10-38 确定应收款转账金额

12. 在核算模块对预收冲应收处理制单(转账制单)

执行“核算→凭证→客户往来制单”命令，选择“转账制单”，生成预收冲应收凭证，如图 10-39 所示。

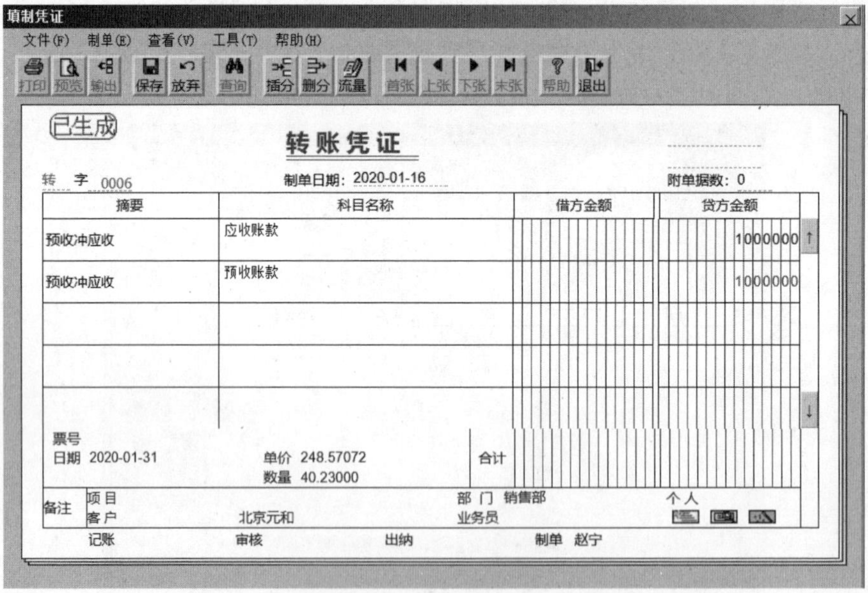

图 10-39 生成预收冲应收凭证

任务 5 销售现金折扣业务

知识准备

销售现金折扣业务同普通销售业务类似，同样涉及销售发货单、销售出库单、销售发票和收款单 4 张主要单据的处理。所不同的是，处理现金折扣业务时，销售发票可以选择使用现金折扣条件，销售收款单与销售发票核销后生成的会计分录如下。

借：银行存款

　　财务费用

　　贷：应收账款

工作任务

1月17日，向沈阳智宏公司销售程序设计多媒体课件500套，单价170元，价款共计85 000元，货物从成品库发出。

1月17日，向沈阳智宏公司开出专用发票一张，票号25670936，数量500，单价170元，金额85 000元，增值税税额为11 050元(税率为13%)，价税合计96 050元。(现金折扣条件为：2/10,1/20,n/30)。

1月20日，以电汇方式收到货税款94 129元。

工作步骤

1. 在销售模块填制并审核销售发货单

执行“销售→销售发货单”命令，填制并审核销售发货单，如图 10-40 所示。

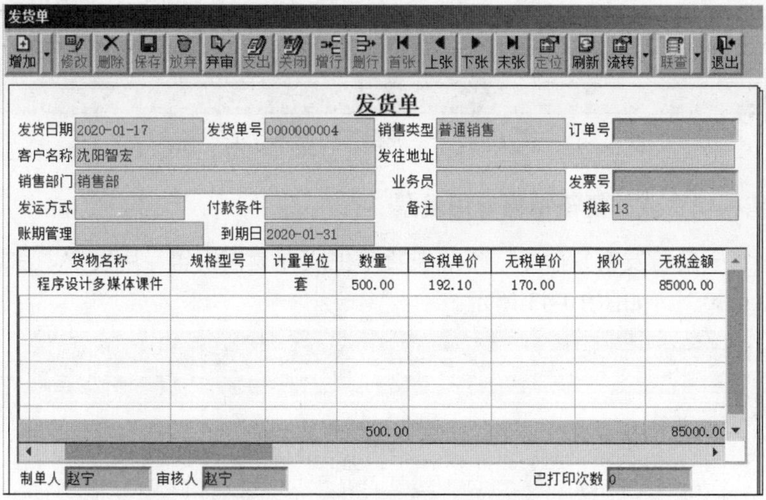

图 10-40　填制并审核销售发货单

2. 在库存模块审核销售出库单

执行“库存→销售出库单生成/审核”命令，审核该销售出库单。

3. 在核算模块对销售出库单记账

执行“核算→核算→正常单据记账”命令，对该销售出库单记账，如图 10-41 所示。

4. 在核算模块对销售出库单制单

执行“核算→凭证→购销单据制单”命令，选择“销售出库单”，生成销售出库单凭证，如图 10-42 所示。

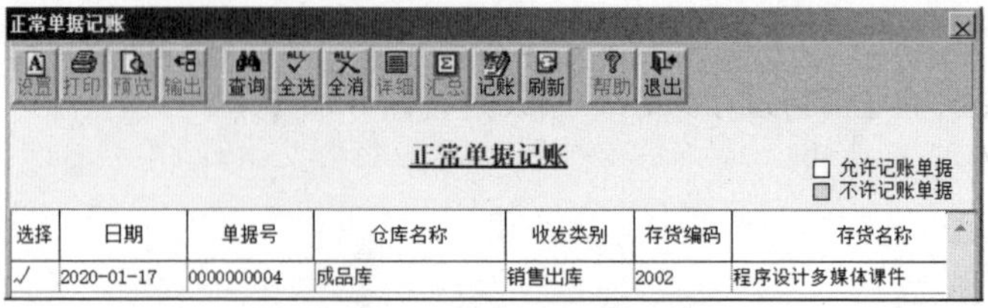

图 10-41　对销售出库单记账

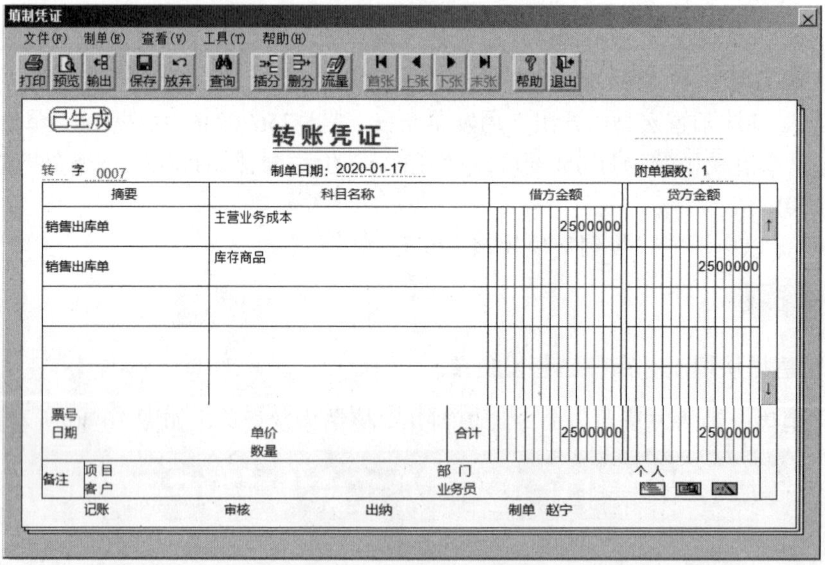

图 10-42　生成销售出库单凭证

5. 在销售模块生成并复核销售专用发票

执行“销售→销售发票”命令，参照发货单生成并复核销售专用发票，注意选择付款条件“2/10,1/20,n/30”，如图 10-43 所示。

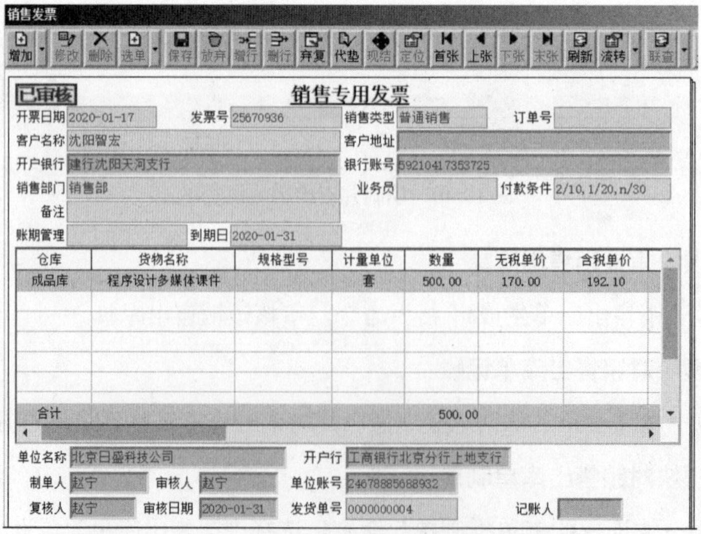

图 10-43　生成并复核销售专用发票

6. 在核算模块对销售发票制单(发票制单)

执行“核算→凭证→客户往来制单”命令，选择“发票制单”，生成销售发票凭证，如图 10-44 所示。

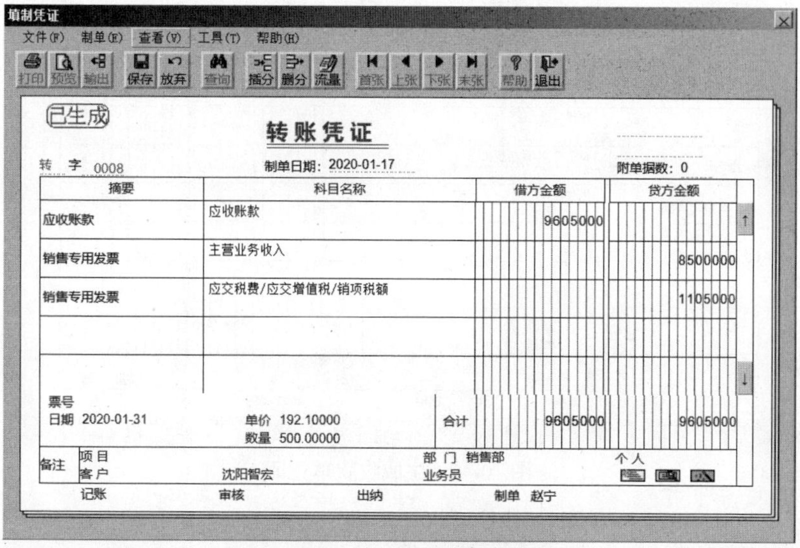

图 10-44　生成销售发票凭证

7. 在销售模块填制收款单并与对应发票进行核销

执行“销售→客户往来→收款结算”命令，填制收款单并与相应发票核销，在相应的单据行输入本次折扣 1 921 元，本次结算金额为 94 129 元，如图 10-45 所示。

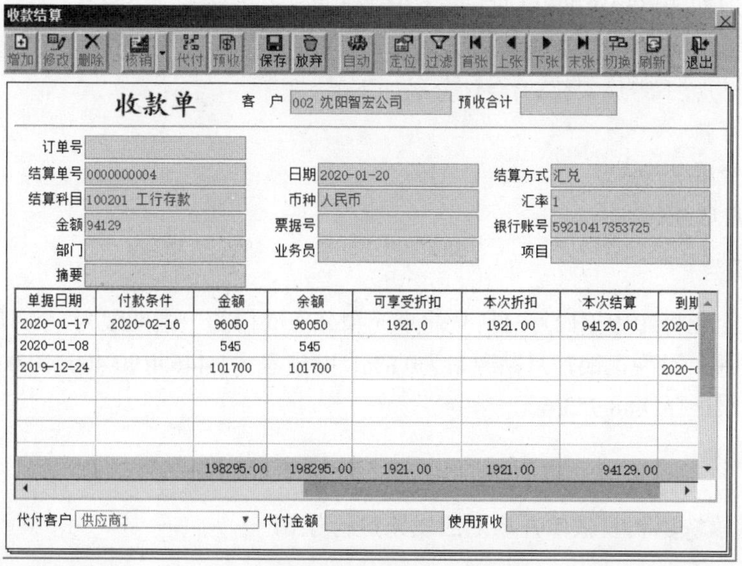

图 10-45　填制收款单并核销

8. 在核算模块对收款单制单(核销制单)

执行“核算→凭证→客户往来制单”命令，选择“核销制单”，生成收款单凭证，如

图 10-46 所示。

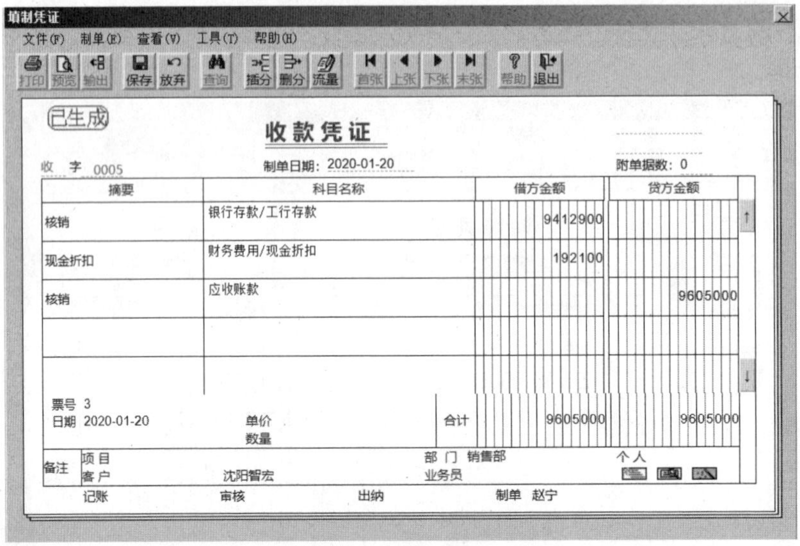

图 10-46　生成收款单凭证

任务 6　应收票据贴现业务

知识准备

应收票据贴现业务，是指企业对未到期的应收票据到银行贴现以取得银行存款的业务，企业需根据贴现期计算相应的贴现息支付给银行。

T3 软件中并没有商业汇票贴现业务处理的菜单，可以通过变通方式实现。

应收票据贴现(不带追索权)的会计分录如下。

借：银行存款

　　财务费用/贴现息

　　贷：应收票据

工作任务

1月21日，企业将2019年12月21日从北京元和公司取得的一张期限为3个月的商业汇票(银行承兑汇票)到银行贴现，银行月贴现率为0.8%，贴现息为1 446.4(90 400×0.008×2=1 446.4)元，实际收到银行存款88 953.6元。

工作步骤

1. 在销售模块填制收款单并与对应发票进行核销

执行“销售→客户往来→收款结算”命令，填制收款单并与相应发票核销，在相应的单据行输入本次折扣 1 446.4 元，本次结算金额为 88 953.6 元，如图 10-47 所示。

图 10-47 填制收款单并核销

2. 在核算模块对收款单制单(核销制单)

执行“核算→凭证→客户往来制单”命令，选择“核销制单”。修改“应收票据”“财务费用/贴现息”科目，生成收款单凭证，如图 10-48 所示。

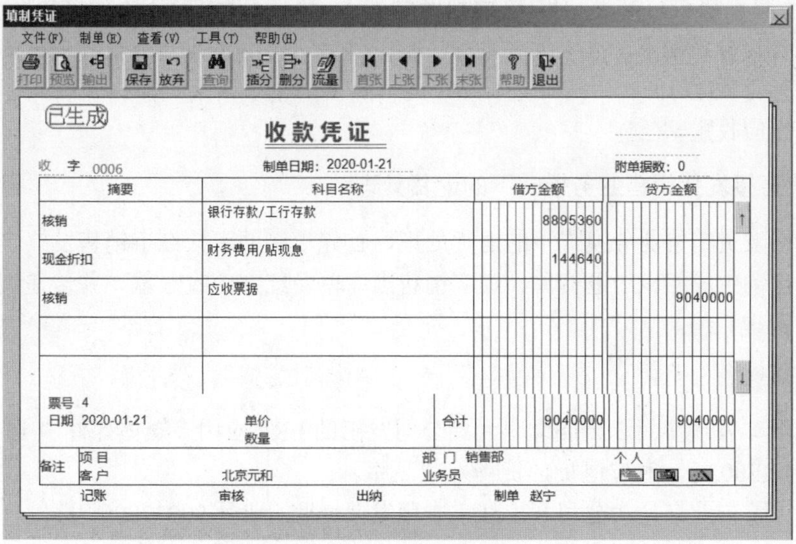

图 10-48 生成收款单凭证

任务 7 销售退货业务

知识准备

销售退货是指客户因质量、品种、数量不符合规定要求而将已购货物退回。

1. 先发货后开票销售业务模式下的退货处理

销售退货单的处理流程：在销售模块填制并审核销售退货单(即红字发货单)。

销售出库单(红字)的处理流程如下。

(1) 在库存模块审核销售出库单(红字)。

(2) 在核算模块对销售出库单(红字)记账。

(3) 在核算模块对销售出库单(红字)制单。

生成的会计分录如下。

借：主营业务成本(红)

　　贷：库存商品(红)

销售发票(红字)的处理流程如下。

(1) 在销售模块参照发货单生成并审核销售发票(红字)。

(2) 在核算模块对销售发票(红字)制单(发票制单)。

生成的会计分录如下。

借：应收账款(红)

　　贷：主营业务收入(红)

　　　　应交税费/应交增值税/销项税额(红)

收款单的处理流程如下。

(1) 在销售模块填制付款单并与对应发票(红字)进行核销。

(2) 在核算模块对付款单制单(核销制单)。

生成的会计分录如下。

借：银行存款(红)

　　贷：应收账款(红)

2. 开票直接发货销售业务模式下的退货处理

开票直接发货销售业务模式下的退货处理，首先填制并审核红字销售发票，审核后的红字销售发票自动生成相应的退货单、红字销售出库单及红字应收账款，并传递到库存管理系统和应收款管理系统。

工作任务

1 月 24 日，发现 1 月 3 日向北京元和公司发出的 ERP 应用多媒体课件中 15 套有质量问题，无税单价 200 元，对方退货，货物入成品库。

1 月 24 日，向北京元和公司开出红字专用发票一张，票号 90237806，数量-15，单价 200 元，金额-3 000 元，增值税税额为-390 元(税率为 13%)，价税合计-3 390 元。

1 月 25 日，开出转账支票一张，票号 23641907，金额 3 390 元，为退货款。

工作步骤

1. 在销售模块填制并审核销售退货单

执行“销售→销售发货单”命令，单击“增加”按钮右侧的下拉箭头，选择“退货单”，填制并审核退货单，如图 10-49 所示。

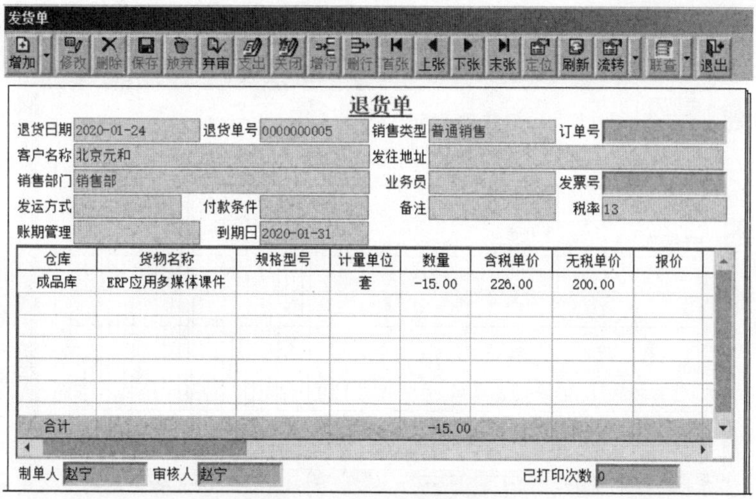

图 10-49　填制并审核退货单

2. 在库存模块审核销售出库单(红字)

执行“库存→销售出库单生成/审核”命令，审核该销售出库单(红字)。

3. 在核算模块对销售出库单(红字)记账

执行“核算→核算→正常单据记账”命令，对该销售出库单记账，如图 10-50 所示。

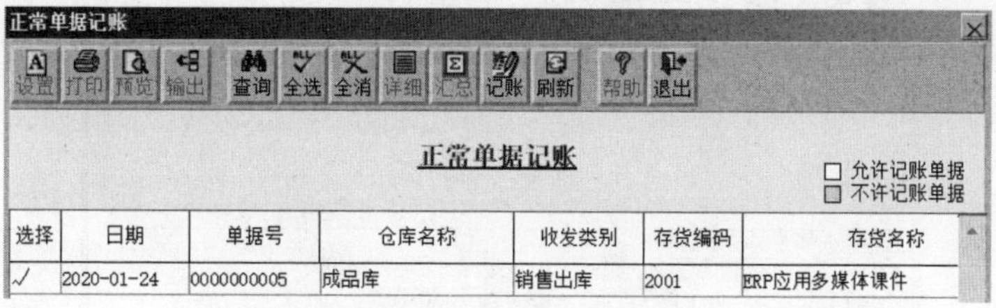

图 10-50　对销售出库单记账

4. 在核算模块对销售出库单(红字)制单

执行“核算→凭证→购销单据制单”命令，选择“销售出库单”。生成红字销售出库单凭证，如图 10-51 所示。

5. 在销售模块填制并复核销售专用发票(红字)

执行“销售→销售发票”命令，单击“增加”按钮右侧的下拉箭头，选择“销售专用发票(红字)”，参照退货单生成并复核红字销售专用发票，如图 10-52 所示。

6. 在核算模块对销售发票(红字)制单(发票制单)

执行“核算→凭证→客户往来制单”命令，选择“发票制单”，生成红字销售发票凭证，如图 10-53 所示。

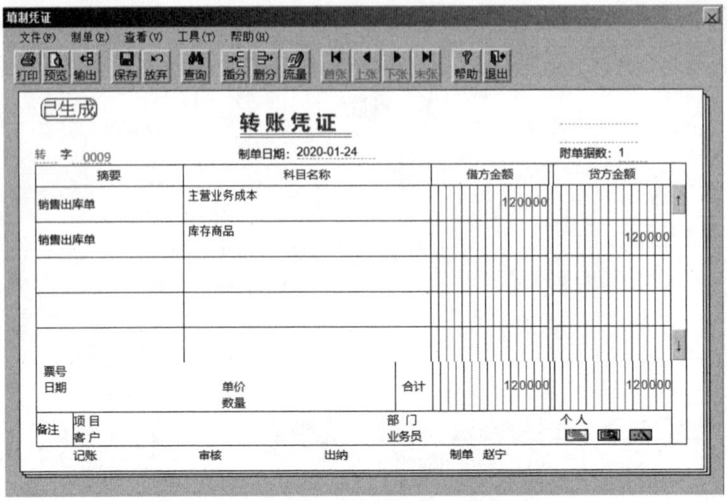

图 10-51　生成销售出库单凭证(红字)

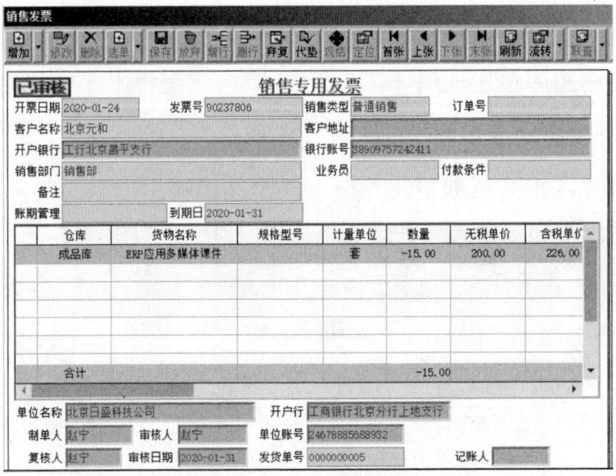

图 10-52　填制并复核销售专用发票(红字)

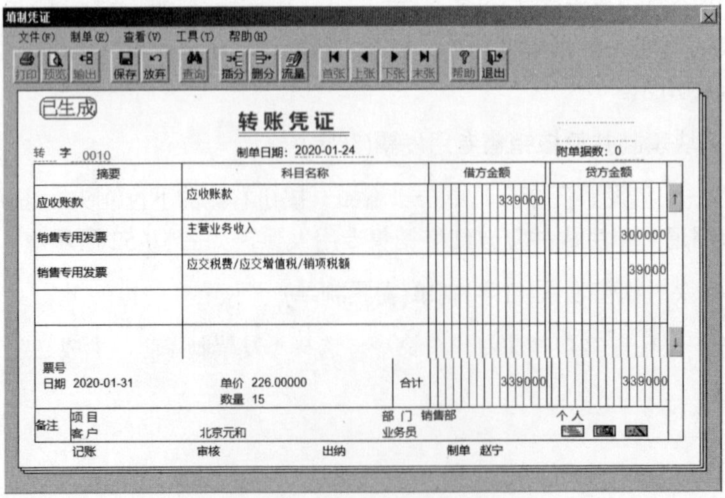

图 10-53　生成销售发票凭证(红字)

7. 在销售模块填制红字收款单(收款单)并与对应发票(红字)进行核销

执行“销售→客户往来→收款结算”命令，单击“切换”按钮，变为付款单(即红字收款单)，填制收款单并与相应红字发票核销，本次结算金额为 3 390 元，如图 10-54 所示。

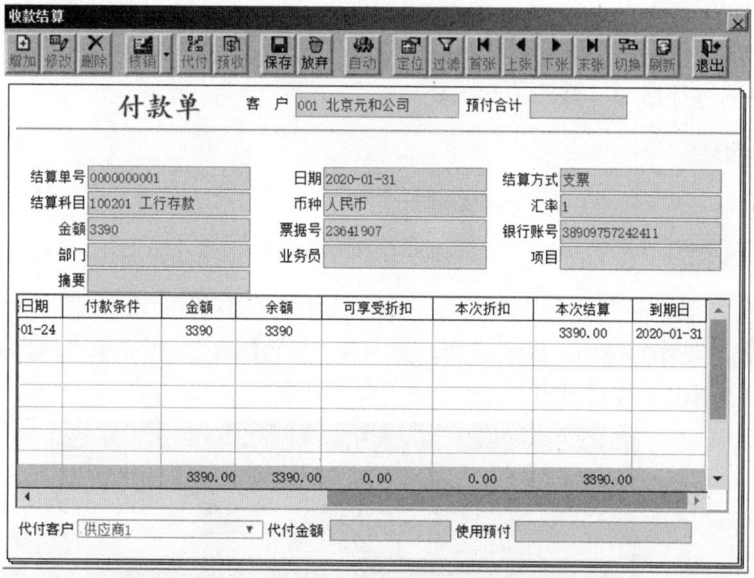

图 10-54 填制红字收款单并核销(红字)

8. 在核算模块对付款单制单(核销制单)

执行“核算→凭证→客户往来制单”命令，选择“核销制单”，生成付款单凭证，如图 10-55 所示。

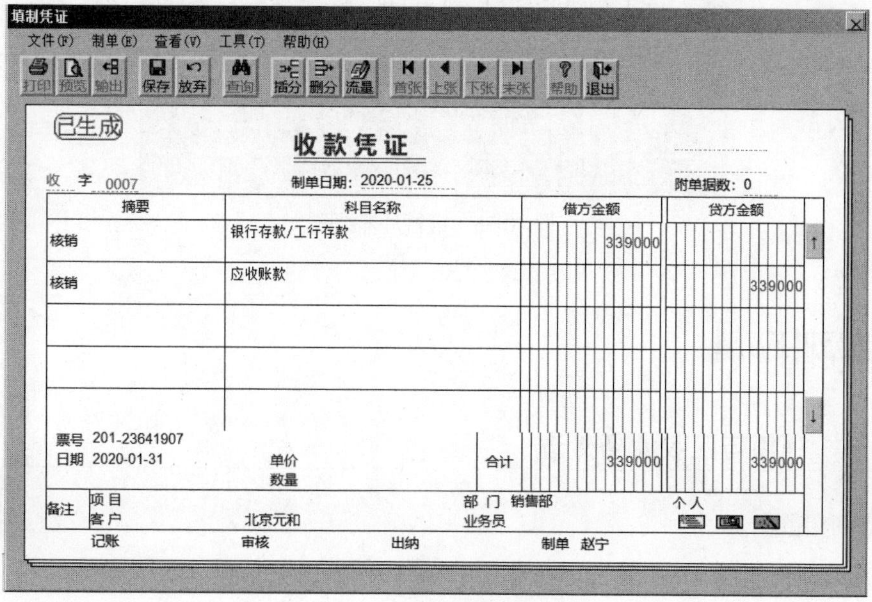

图 10-55 生成付款单凭证

任务 8 销售期末处理

知识准备

销售期末处理主要是指月末结账，即将当月的单据数据封存。结账后不允许再对该会计期的销售单据进行增加、修改、删除处理。

工作任务

1 月 31 日，对销售与应付模块结账。

工作步骤

(1) 执行“销售→月末结账”命令，单击选中 1 月份所在行。

(2) 单击“结账”按钮，提示成功，在 1 月“是否结账” 栏显示“是”标记，如图 10-56 所示。单击“退出”按钮退出。

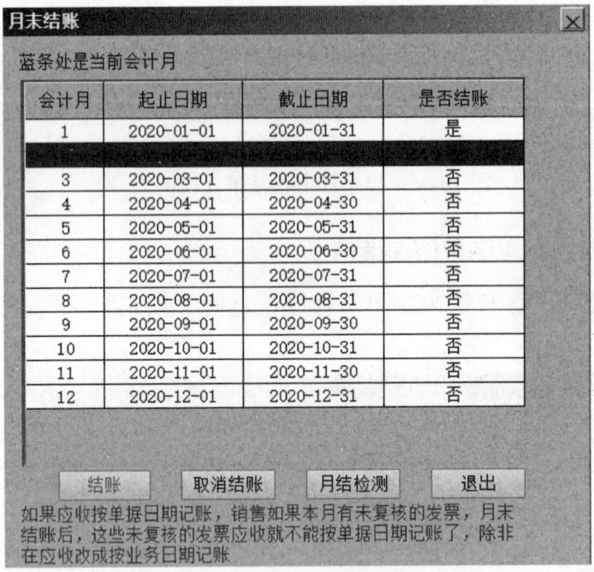

图 10-56 销售月末结账

实训应用

实训十一 销售与应收业务处理

【实训目的】

1. 熟悉销售退货业务、销售期末处理等操作。

2. 掌握普通销售业务、销售现结业务、预收货款业务、现金折扣业务、票据贴现业务、销售运费业务等操作。

【实训要求】

以销售员田晓宾(编号：6604；密码：4)的身份进行销售与应收业务处理。

【实训内容】

1. 普通销售业务

1 月 1 日，天津图书城与销售部签订销售合同，订购英语口语多媒体课件 300 套，无税单价 120 元。

1 月 4 日，向天津图书城发货，数量 300 套，无税单价 120 元，货物从产品一库发出。

1 月 4 日，向天津图书城开出增值税专用发票一张，票号 78902167，数量 300 套，无税单价 120 元，价款 36 000 元，增值税税额为 4 680 元(税率为 13%)，价税合计 40 680 元。

1 月 5 日，电汇方式收到天津图书城支付的货款 40 680 元。

2. 销售运费业务

1 月 6 日，销售给天津图书城的 300 套课件，发生代垫运费 654 元，收到运费专用发票一张(票号 56720819)，以现金支付。

3. 现金折扣业务

1 月 8 日，向软件学院销售 Python 语言多媒体课件 450 套，单价 220 元，价款共计 99 000 元，货物从产品二库发出。

1 月 8 日，向软件学院开出专用发票一张，票号 78012875，数量 450，单价 220 元，金额 99 000 元，增值税税额为 12 870 元(税率为 13%)，价税合计 111 870 元(现金折扣条件为：1/10,n/20)。

1 月 10 日，收到转账支票(票号 28902176)一张，金额为 110 751.3 元。

4. 销售现结业务

1 月 12 日，销售给上海创远公司的 Java 语言多媒体课件已经从产品二库发货。同时开出专用发票一张(票号 67012690)，数量 260 套，单价 180 元，增值税税额为 6 084 元(税率为 13%)，价税合计 52 884 元。企业当天以电汇方式将款项付给创远公司。

5. 销售退货业务

1 月 15 日，发现 1 月 1 日向天津图书城发出的英语口语多媒体课件中 5 套有质量问题，无税单价 120 元，对方退货，货物入产品一库。

1 月 15 日，向天津图书城开出红字专用发票一张，票号 928710925，数量-5，单价 120 元，金额-600 元，增值税税额为-78 元(税率为 13%)，价税合计-678 元。

1 月 16 日，以电汇方式支付退货款金额 678 元。

6. 应收票据贴现业务

1 月 18 日，企业将 2019 年 12 月 18 日从软件学院取得的一张期限为 3 个月的商业汇票(银行承兑汇票)到银行贴现，银行月贴现率为 0.7%，贴现息为 1 012.48 元，实际收到银行存款 71 307.52 元。

7. 预收货款业务

1月21日，向上海创远公司销售Python语言多媒体课件650套，无税单价230元，以电汇方式收到销售订金20 000元。

1月25日，向上海创远公司销售Python语言多媒体课件650套，无税单价230元，价款149 500元，增值税税额为19 435元(税率为13%)，价税合计168 935元。货物从成品库发出，同时开出增值税专用发票一张，票号29016734。

1月26日，以电汇方式收到上海创远公司剩余货款148 935元。同日，结转销售订金。

8. 销售模块期末处理

1月31日，对销售与应收模块结账。

巩固提高

一、单选题

1. 下列不生成记账凭证的单据是(　　)。
   A. 销售订单　B. 销售发票　C. 销售出库单　D. 收款单
2. 现金折扣业务是在(　　)单据上选择付款条件。
   A. 销售发票　B. 销售发货单　C. 销售出库单　D. 销售订单
3. 销售模块生成销售出库单后，需要在(　　)模块中审核后才能记账。
   A. 销售　B. 总账　C. 采购　D. 库存
4. 销售现结业务中，在销售模块对于销售发票的处理不包括(　　)。
   A. 录入　B. 现结　C. 复核　D. 结算
5. 销售业务中，发生的企业自己负担的运费需要在(　　)模块中处理。
   A. 销售　B. 库存　C. 总账　D. 核算

二、多选题

1. 销售与应收模块必需的单据包括(　　)。
   A. 销售发票　B. 销售出库单　C. 收款单　D. 销售订单
2. 销售业务收款核销是指确定(　　)之间的对应关系的操作。
   A. 收款单　B. 销售发票　C. 出库单　D. 发货单
3. 下列不生成记账凭证的单据是(　　)。
   A. 销售出库单　B. 销售发票　C. 销售订单　D. 销售发货单
4. 销售出库单在核算模块需要进行(　　)操作。
   A. 结算　B. 录入　C. 记账　D. 制单
5. 销售发票在销售模块需要进行(　　)操作。
   A. 录入　B. 复核　C. 记账　D. 制单

三、判断题

1. 收款核销就是确定销售发票和销售出库单之间的对应关系。　(　　)

2. 企业发生的代垫销售运费业务需要在销售模块处理。 (　　)

3. 销售现结业务不需要处理收款单。 (　　)

4. 收款单制单时选择的制单类型应为核销制单。 (　　)

5. 销售发货单生成的记账凭证是“借：主营业务成本，贷：库存商品”。 (　　)

四、简答题

1. 先发货后开票业务中4张必填的单据是什么？处理流程是怎样的？生成的记账凭证是什么？

2. 预收货款业务的完整流程是什么样的？

3. 先发货后开票退货业务的处理流程是怎样的？

4. 现结业务的处理流程是怎样的？

5. 销售业务中涉及的运费有哪些形式？分别如何处理？

项目 11

库存与核算管理

学习目标

通过本项目的学习，学员应具备处理如下业务的能力：

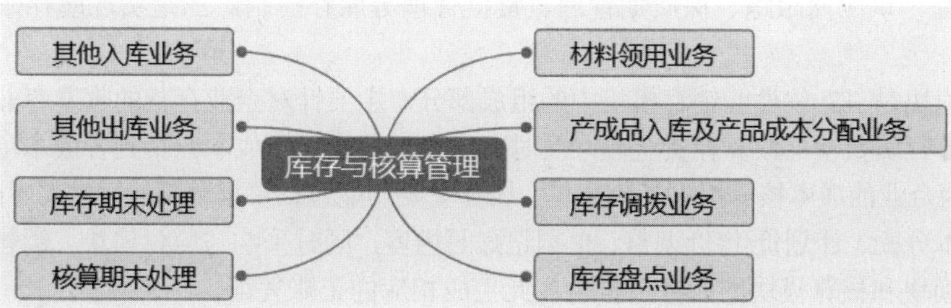

情境案例

日盛科技公司进行2020年1月的库存与核算业务。

1. 业务分工

库管员陈红进行库存与核算业务的相关处理。

2. 本月发生的库存与核算业务

1) 材料领用业务

1月4日，生产部领用空白光盘200张，包装盒200个，用于生产ERP应用多媒体课件，货物从原料库发出。

2) 产成品入库及产品成本分配业务

1月7日，400套程序设计多媒体课件完工，入产成品库。

1月7日，财务部门提供的程序设计多媒体课件400套的完工成本是24 000元，进行成本分配。

3) 库存调拨业务

1月10日，将100张空白光盘由原料库调拨到产成品库。

4) 库存盘点业务

1月12日，对原料库进行盘点，发现少了100个包装盒，其他存货盘点数量与账面数量一致。

5) 其他入库业务

1月16日，企业接受某电子公司捐赠的空白光盘1000张，单价5元，入原料库。

6) 其他出库业务

1月20日，企业将200套程序设计多媒体课件赠送给某中学。货物从成品库发出。

任务学习

库存模块是T3软件购销存模块的组成部分，它的主要功能包括3个：一是日常收发存业务处理。可以实现对采购、销售及库存模块填制的各种出入库单据进行审核，并对存货的出入库数量进行管理。除此之外，还可以处理调拨业务、盘点业务、组装拆卸业务等。二是实现批次跟踪、供应商跟踪、保质期管理、货位管理等库存控制。三是实现库存账簿及统计分析。

核算模块是 T3 软件购销存模块中的组成部分，主要针对企业存货的收发存业务进行核算，既核算存货数量又核算存货金额，及时准确地把各类存货成本归集到各成本项目和成本对象上，为企业的成本核算提供基础数据。核算主要功能包括单据处理、暂估入库成本处理、产成品成本分配、计划价/售价调整、单据记账等内容，同时采购与应付模块、销售与应收模块、库存模块和核算模块的业务单据也在此生成相应的记账凭证。

任务 1 材料领用业务

知识准备

对于工业企业，材料出库单是领用材料时所填制的出库单据，当从仓库中领用材料用于生产时，就需要填制材料出库单。只有工业企业才有材料出库单，商业企业没有此单据。材料出库单可以手工增加，也可以配比出库，或根据限额领料单生成。

材料领用出库的业务流程如下。

(1) 在库存模块填制并审核材料出库单。

(2) 在核算模块对材料出库单记账。

(3) 在核算模块对材料出库单制单。

生成的会计分录如下。

借：生产成本/直接材料

　　贷：原材料

工作任务

1 月 4 日，生产部领用空白光盘 200 张，包装盒 200 套，用于生产 ERP 应用多媒体课件，货物从原料库发出。

工作步骤

以库管员陈红的身份登录信息门户。输入或选择以下信息：操作员“5506”；密码“6”；账套“555 日盛公司账套”；会计年度“2020”；日期“2020-01-31”。

1. 在库存模块填制并复核材料出库单

(1) 执行“库存→材料出库单”命令，进入“材料出库单”窗口。

(2) 单击“增加”按钮，输入出库日期“2020-01-04”，选择仓库“原料库”、出库类别“材料领用出库”。

(3) 选择存货编号为“1001”，输入数量为“200”。

(4) 继续选择存货编号为“1002”，输入数量为“200”。

(5) 单击“保存”按钮，再单击“审核”按钮，如图 11-1 所示。

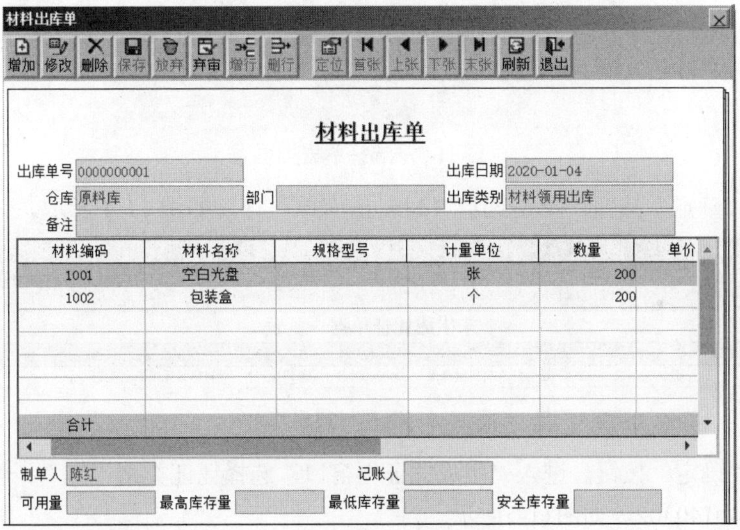

图 11-1　填制并审核材料出库单

(6) 单击“退出”按钮。

2. 在核算模块对材料出库单记账

(1) 执行“核算→核算→正常单据记账”命令，打开“正常单据记账条件”对话框。

(2) 单击“确定”按钮，进入“正常单据记账”窗口。

(3) 单击“全选”按钮，如图 11-2 所示。

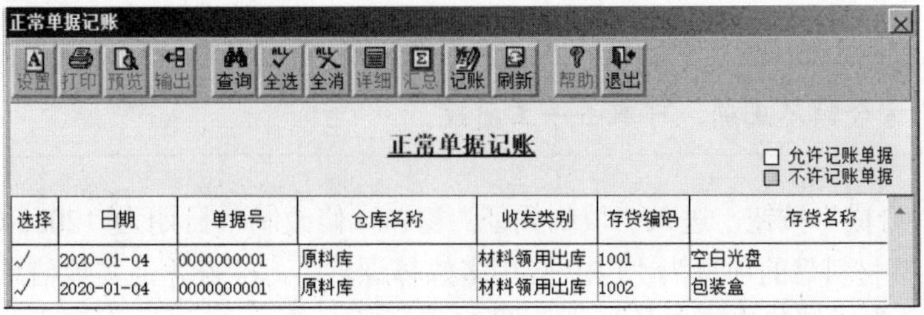

图 11-2　选择单据

(4) 单击“记账”按钮，记账完毕，单击“确定”按钮。

3. 在核算模块对材料出库单制单

(1) 执行“核算→凭证→购销单据制单”命令，单击“选择”按钮，选择“材料出库单”，如图 11-3 所示。

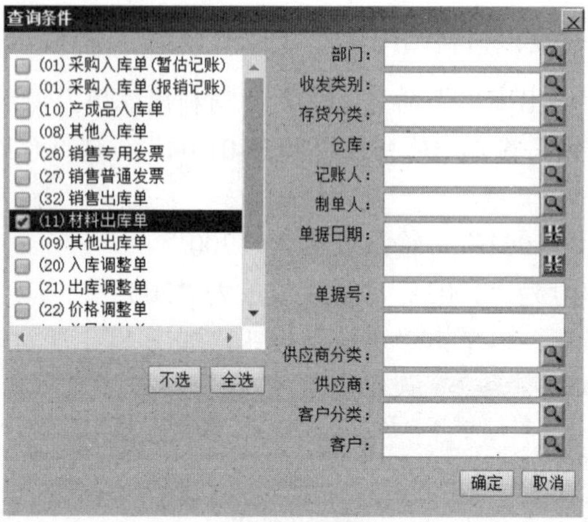

图 11-3 选择单据类型

(2) 单击“确定”按钮，单击选择“材料出库单”行，如图 11-4 所示。

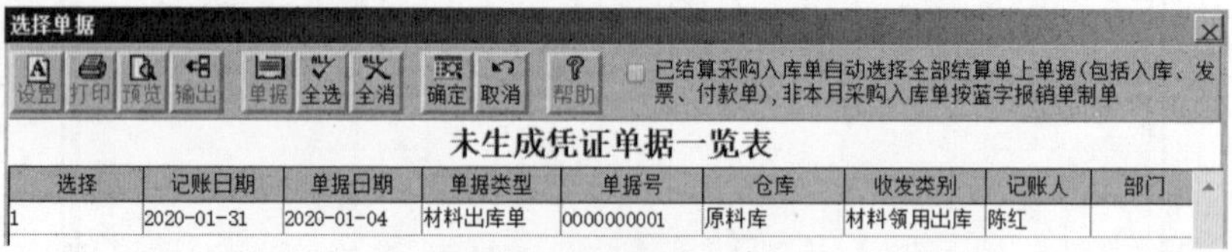

图 11-4 选择材料出库单

(3) 单击“确定”按钮，进入“生成凭证”窗口，选择凭证类别“转”，将金额为400的存货科目修改为140302，如图11-5所示。

图 11-5 设置凭证模板

注意：

- 若借贷方金额不正确，可双击手工更改。

(4) 单击“合成”按钮，进入“填制凭证”窗口，修改制单日期为“2020-01-04”，补充“生产成本/直接材料”的项目为“ERP 应用多媒体课件”，检查凭证其他信息无误后，单击“保存”按钮，生成销售出库单凭证，如图 11-6 所示。

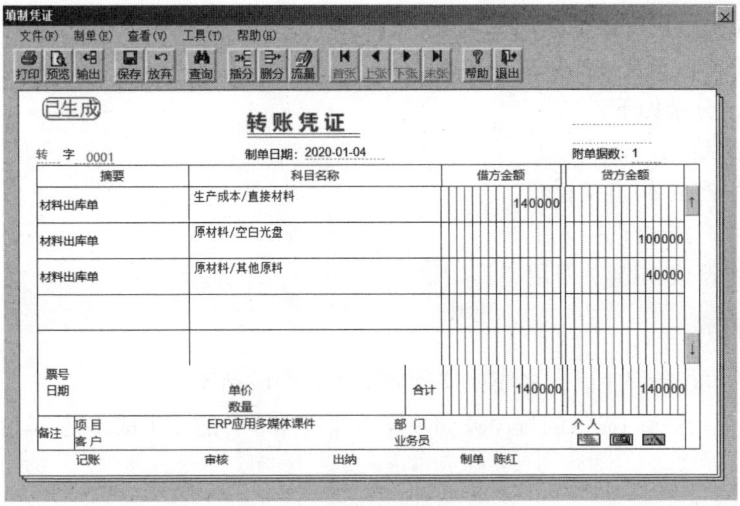

图 11-6 生成销售出库单凭证

注意：

- ❑ 对于没有相同科目的分录行，可以使用“生成”按钮生成记账凭证。
- ❑ 对于有相同科目的分录行，可以使用“合成”按钮生成记账凭证，这样可以将相同科目的分录行合并。

任务 2 产成品入库及产品成本分配业务

知识准备

1. 产成品入库业务

产成品入库单是管理工业企业的产成品入库、退回业务的单据。

对于工业企业，企业对原材料及半成品进行一系列的加工后，形成可销售的商品，然后验收入库。只有工业企业才有产成品入库单，商业企业没有此单据。

产成品一般在入库时是无法确定产品的总成本和单位成本的，因此，在填制产成品入库单时，一般只有数量，没有单价和金额。

2. 产成品成本分配业务

产成品成本分配用于对已入库未记明细账的产成品进行成本分配。成本分配时，先求出平均单价，某存货的金额除以数量为此存货的单价，再将详细信息中此存货的每笔记录的数量乘以此单价，算出每笔记录的金额，填到对应的产成品入库单中。成本分配完后，直接退出，用户可以调出产成品入库单，查看成本分配的情况。

3. 产成品入库及成本分配的业务流程

(1) 在库存模块填制并审核产成品入库单。

(2) 在核算模块进行产品成本分配。

(3) 在核算模块对产成品入库单记账。

(4) 在核算模块对产成品入库单制单。

生成的会计分录如下。

借：库存商品

　　贷：生产成本/直接材料

　　　　生产成本/直接人工

　　　　生产成本/制造费用

工作任务

1 月 7 日，400 套程序设计多媒体课件完工，入产成品库。

1 月 7 日，财务部门提供的程序设计多媒体课件 400 套的完工成本是 24 000 元，进行成本分配。

工作步骤

1. 在库存模块填制并审核产成品入库单

(1) 执行“库存→产成品入库单”命令，进入“产成品入库单”窗口。

(2) 单击“增加”按钮，输入入库日期“2020-01-07”，选择仓库“成品库”，入库类别“产成品入库”，部门“生产部”。

(3) 选择产品编码“2002 ”，输入数量“400”。

(4) 单击“保存”按钮，再单击“审核”按钮，如图 11-7 所示。单击“退出”按钮退出。

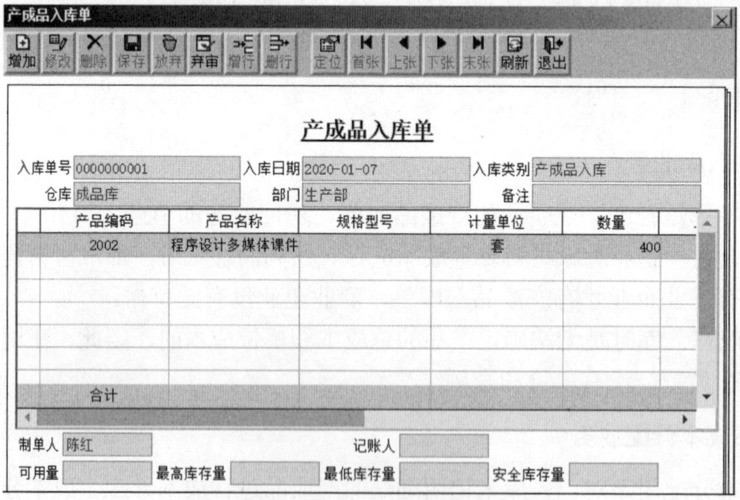

图 11-7　填制并审核产成品入库单

注意：

- 产成品入库单上无须填写单价，待产成品成本分配后会自动写入。

2. 在核算模块进行产成品成本分配

(1) 执行“核算→核算→产成品成本分配”命令，进入“产成品成本分配表”窗口。

(2) 单击“查询”按钮，再单击“确定”按钮，单击选择相应的产成品入库单行，单击“确定”按钮。

(3) 在“2002 程序设计多媒体课件”记录行“金额”栏中输入“24 000”，如图11-8所示。

图 11-8 产成品成本分配

(4) 单击“分配”按钮，再单击“确定”按钮，退出。

3. 在核算模块对产成品入库单记账

执行“核算→核算→正常单据记账”命令，对销售出库单记账，如图 11-9 所示。

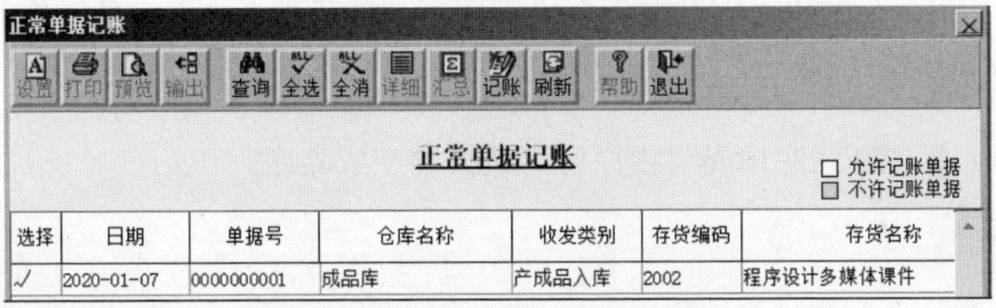

图 11-9 对销售出库单记账

4. 在核算模块对产成品入库单制单

执行“核算→凭证→购销单据制单”命令，选择产成品入库单，按注意事项的要求补充贷方科目及金额，补充贷方科目的项目辅助核算为“程序设计多媒体课件”，生成产成品入库单凭证，如图 11-10 所示。

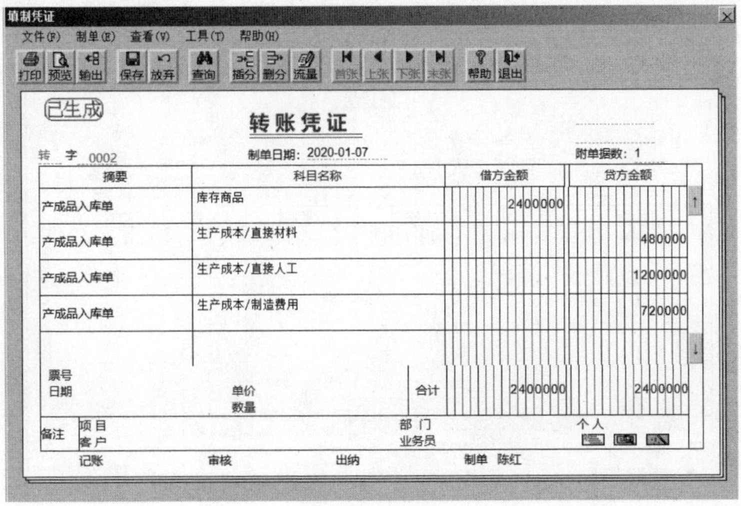

图 11-10 生成产成品入库单凭证

注意：

- 若产品成本在直接材料、直接人工、制造费用之间的分配比例为20%、50%、30%，则会计分录如下。

借：库存商品　　　　　　　　24 000
　贷：生产成本/直接材料　　　　4 800=24 000×20%
　　　生产成本/直接人工　　　12 000=24 000×50%
　　　生产成本/制造费用　　　　7 200=24 000×30%

任务3 库存调拨业务

知识准备

库存模块中提供了调拨单用于处理仓库之间存货的转库业务或部门之间的存货调拨业务。如果调拨单上的转出部门和转入部门不同，就表示是部门之间的调拨业务；如果转出部门和转入部门相同，但转出仓库和转入仓库不同，就表示是仓库之间的转库业务。

工作任务

1月10日，将100张空白光盘由原料库调拨到产成品库。

工作步骤

1. 在库存模块填制调拨单

(1) 执行"库存→库存其他业务→调拨单"命令，进入"调拨单"窗口。

(2) 单击"增加"按钮，输入调拨日期"2020-01-10"；选择转出仓库"原料库"，转入仓库"成品库"。

(3) 选择存货编码"1001 空白光盘"，数量"100"，单价"5"，单击"保存"按钮，如图11-11所示。

图11-11 填制调拨单

注意：

- 调拨单保存后，系统自动生成其他入库单和其他出库单，且由调拨单生成的其他入库单和其他出库单不得修改和删除。

2. 在库存模块对调拨单生成的其他出入库单进行审核

(1) 执行“库存→其他入库单”命令，进入“其他入库单”窗口。

(2) 单击“审核”按钮，如图 11-12 所示。单击“退出”按钮退出。

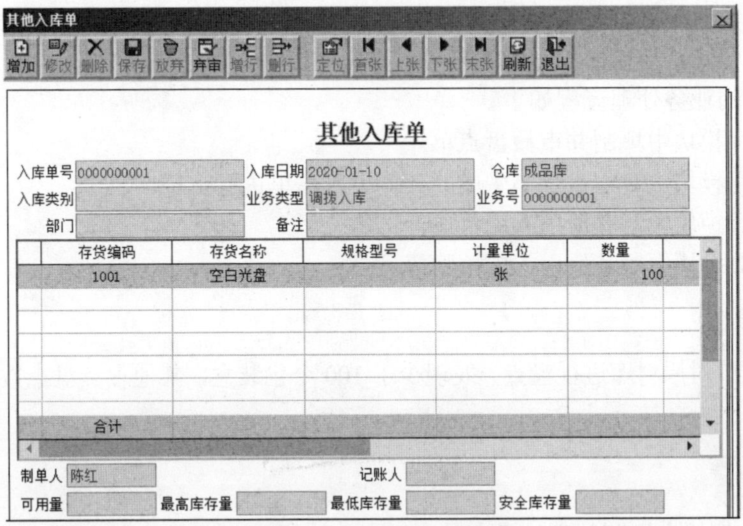

图 11-12　审核其他入库单

(3) 同理，完成其他出库单的审核。

3. 在核算模块对其他出入库单记账

(1) 执行“核算→核算→正常单据记账”命令，进入“正常单据记账”窗口。

(2) 单击“确定”按钮，再单击“全选”按钮，如图 11-13 所示。

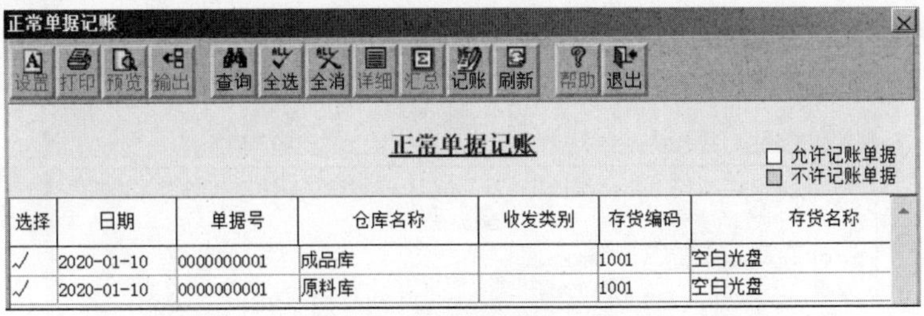

图 11-13　选择记账单据

(3) 单击“记账”按钮，再单击“确定”按钮，退出。

注意：

- 对于库存调拨后的存货，若科目不发生变化，则不需要生成记账凭证；若科目发生变化，则需要生成相应的记账凭证。

任务 4 库存盘点业务

知识准备

库存管理模块中提供了盘点单用来定期对仓库中的存货进行盘点。存货盘点报告表，是证明企业存货盘盈、盘亏和毁损，据以调整存货实存数的书面凭证，经企业领导批准后，即可作为原始凭证入账。

本功能提供两种盘点方法：按仓库盘点和按批次盘点，还可对各仓库或批次中的全部或部分存货进行盘点，盘盈、盘亏的结果可自动生成出入库单。

库存盘点的业务处理流程如下。

(1) 在库存模块中填制并审核盘点单。

(2) 在库存模块中对由盘点单生成的其他出入库单进行审核。

(3) 在核算模块中对其他出入库单进行记账。

(4) 在核算模块中对其他出入库单制单。

工作任务

1 月 12 日，对原料库进行盘点，发现少了 100 个包装盒，其他存货盘点数量与账面数量一致。

工作步骤

1. 在库存模块中填制并审核盘点单

(1) 执行“库存→库存其他业务→库存盘点”命令，进入“盘点单”窗口。

(2) 单击“增加”按钮，输入单据日期和盘点日期“2020-01-12”，选择盘点仓库“原料库”。

(3) 单击“盘库”按钮，再单击“确定”按钮。

(4) 输入存货“1001”的盘点数量为“19700”，存货“1002”的盘点数量为“9700”。

(5) 单击“保存”按钮，再单击“审核”按钮，如图 11-14 所示。

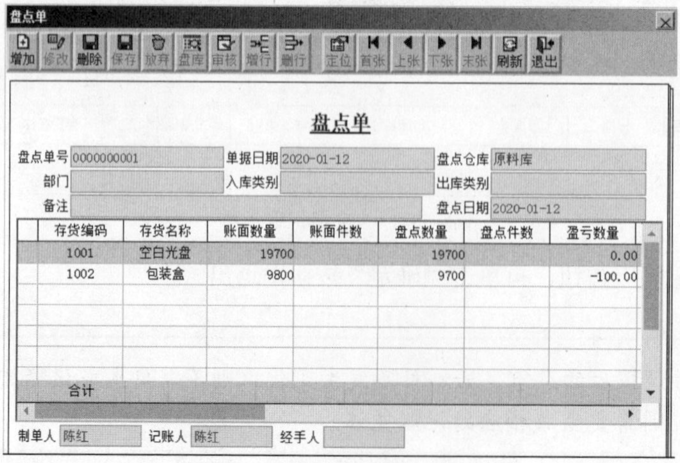

盘点单

增加 修改 删除 保存 放弃 盘库 审核 增行 删行 定位 首张 上张 下张 末张 刷新 退出

盘点单

盘点单号 0000000001　单据日期 2020-01-12　盘点仓库 原料库

部门　入库类别　出库类别

备注　盘点日期 2020-01-12

存货编码	存货名称	账面数量	账面件数	盘点数量	盘点件数	盈亏数量
1001	空白光盘	19700		19700		0.00
1002	包装盒	9800		9700		-100.00
合计						

制单人 陈红　记账人 陈红　经手人

图 11-14　填制并审核盘点单

2. 在库存模块对盘点单生成的其他出库单进行审核

执行“库存→其他出库单”命令，找到相应的出库单，单击“审核”按钮，如图 11-15 所示。单击“退出”按钮退出。

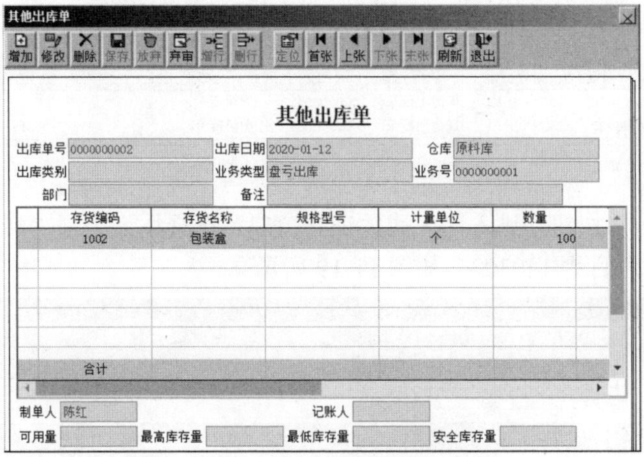

图 11-15　审核其他出库单

3. 在核算模块对其他出库单记账

执行“核算→核算→正常单据记账”命令，对其他出库进行记账，如图 11-16 所示。

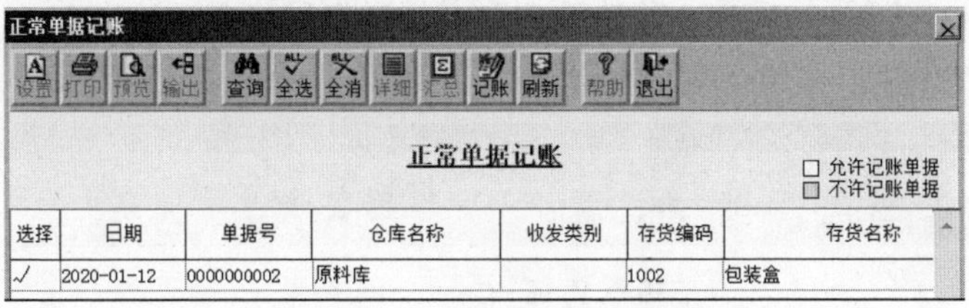

图 11-16　对其他出库单记账

4. 在核算模块对其他出库单进行制单

(1) 执行“核算→凭证→购销单据制单”命令，单击“选择”按钮，选择“其他出库单”，如图 11-17 所示。

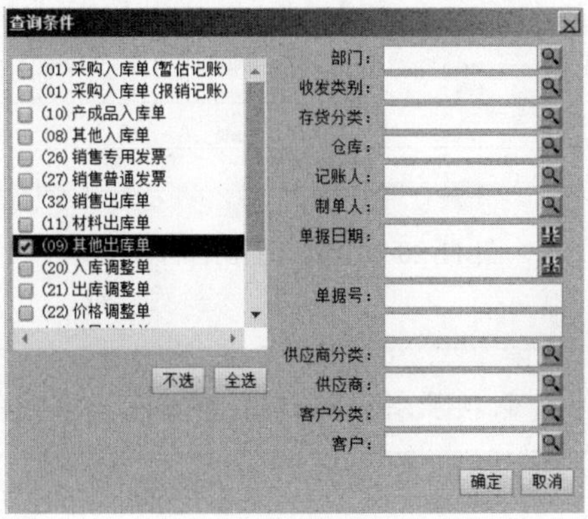

图 11-17　选择单据类型

(2) 单击“确定”按钮。单击选择单据日期为“2020-01-12”的“其他出库单”行，如图 11-18 所示。

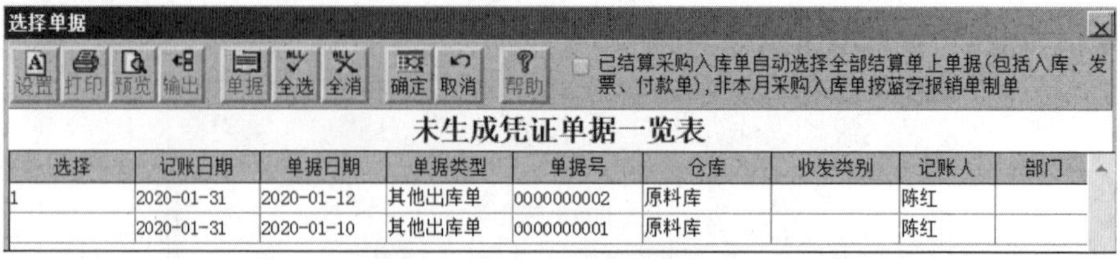

图 11-18　选择其他出库单

(3) 单击“确定”按钮，进入“生成凭证”窗口，选择凭证类别“转”，补充对方科目为 1901，修改存货科目为 140302，如图 11-19 所示。

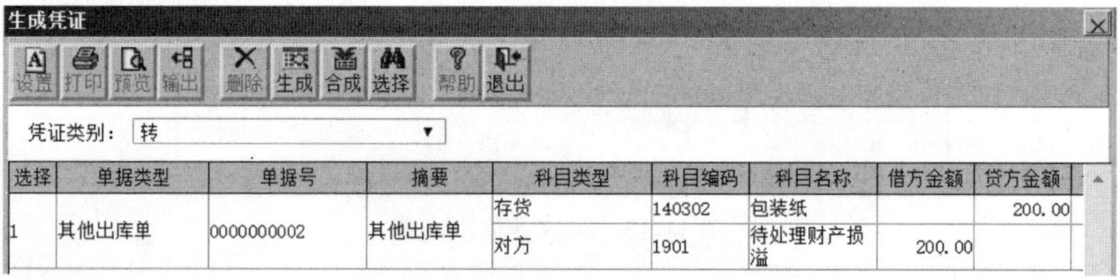

图 11-19　设置凭证模板

(4) 单击“生成”按钮，进入“填制凭证”窗口，修改制单日期为“2020-01-12”，补充贷方科目 22210107，贷方金额 26，“待处理财产损溢”科目金额改为 226，检查凭证其他信息无误后，单击“保存”按钮，生成其他出库单凭证，如图 11-20 所示。

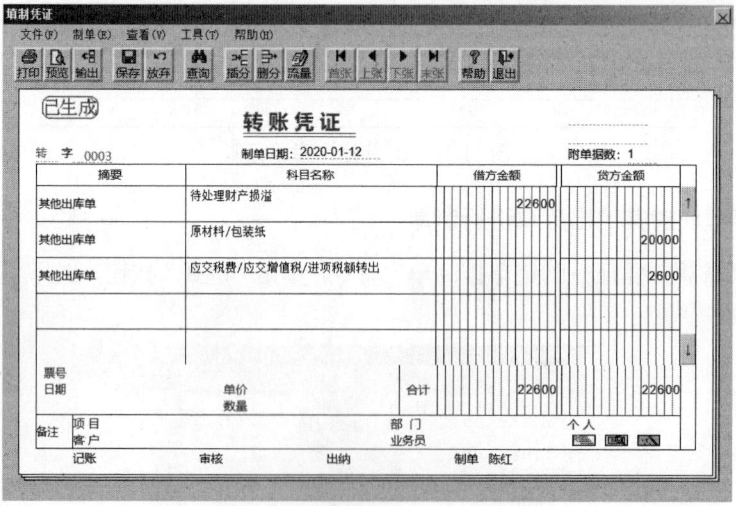

图 11-20　生成其他出库单凭证

注意：

- 外购原料若发生盘亏，需按原料金额计算增值税，作进项税额转出。

任务 5 其他入库业务

知识准备

其他入库业务指除了采购入库、产成品入库之外的其他入库业务，如调拨入库、盘盈入库、组装拆卸入库、形态转换入库等业务形成的入库单。

需要注意的是，调拨入库、盘盈入库、组装拆卸入库、形态转换入库等业务可以自动形成相应的其他入库单，除此之外的其他入库单由用户填制。

此处讲解的是需要由用户手工填制其他入库单的业务，如接受捐赠业务。

其他入库业务的处理流程如下。

(1) 在库存模块中填制并审核其他入库单。

(2) 在核算模块中对其他入库单进行记账。

(3) 在核算模块中对其他入库单制单。

工作任务

1 月 16 日，企业接受某电子公司捐赠的空白光盘 1000 张，单价 5 元，入原料库。

工作步骤

1. 在库存模块中填制并审核其他入库单

(1) 执行“库存→其他入库单”命令，进入“其他入库单”窗口。

(2) 单击“增加”按钮，输入入库日期“2020-01-16”，选择仓库“原料库”。

(3) 选择存货编码“1001”，输入数量 1000，单价 5。

(4) 单击“保存”按钮，再单击“审核”按钮，如图 11-21 所示。

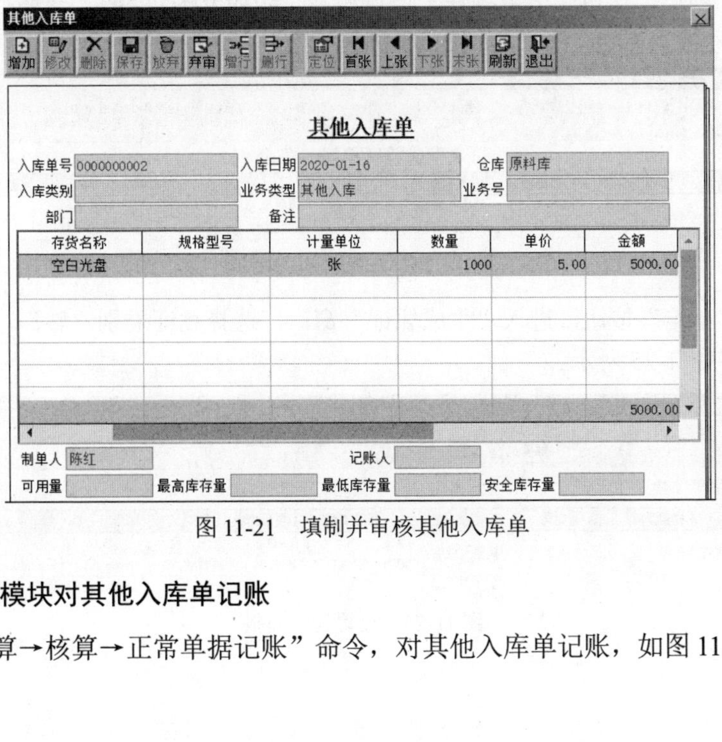

图 11-21　填制并审核其他入库单

2. 在核算模块对其他入库单记账

执行“核算→核算→正常单据记账”命令，对其他入库单记账，如图 11-22 所示。

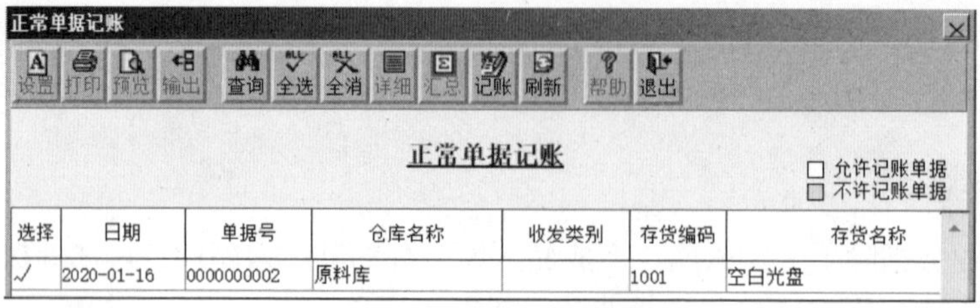

图 11-22　对其他入库单记账

3. 在核算模块对其他入库单进行制单

(1) 执行“核算→凭证→购销单据制单”命令，单击“选择”按钮，选择“其他入库单”，如图 11-23 所示。

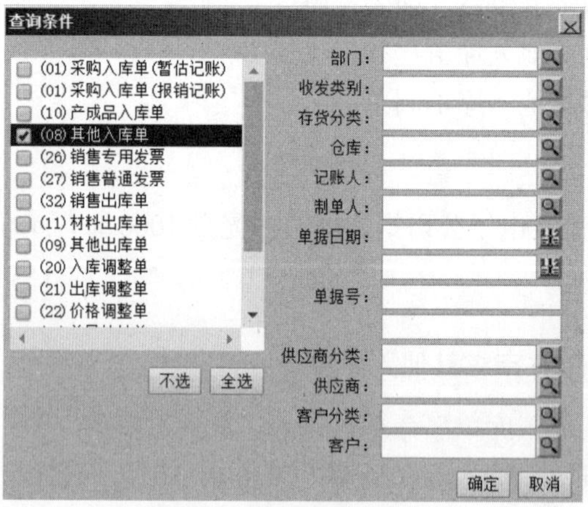

图 11-23　选择单据类型

(2) 单击“确定”按钮，单击选择单据日期为“2020-01-16”的“其他入库单”行，如图 11-24 所示。

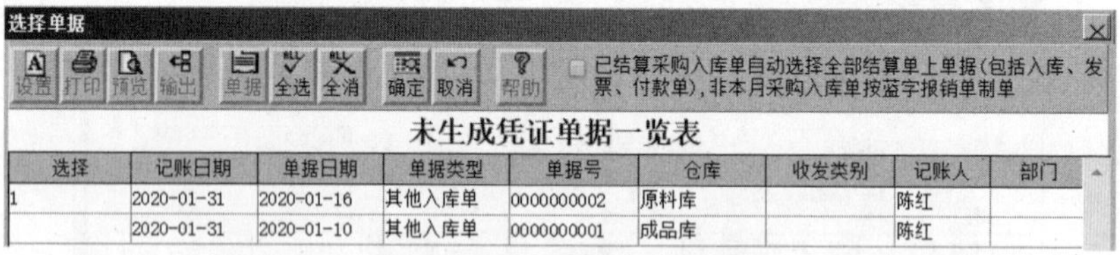

图 11-24　选择其他入库单

(3) 单击“确定”按钮，进入“生成凭证”窗口，选择凭证类别“转”，补充对方科目为 530105，如图 11-25 所示。

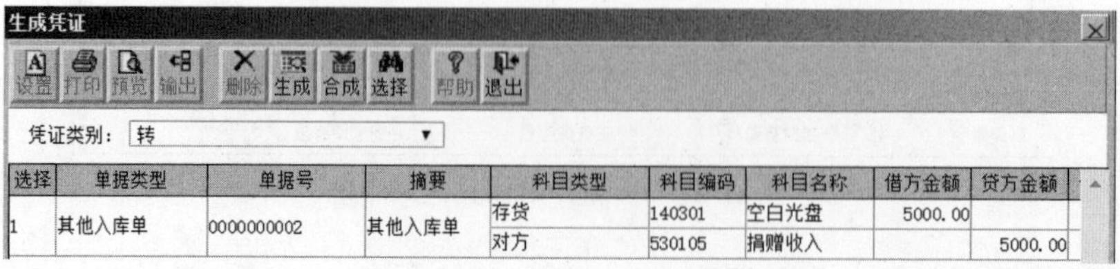

图 11-25　设置凭证模板

(4) 单击“生成”按钮，进入“填制凭证”窗口，修改制单日期为“2020-01-16”，检查凭证其他信息无误后，单击“保存”按钮，生成其他入库单凭证，如图 11-26 所示。

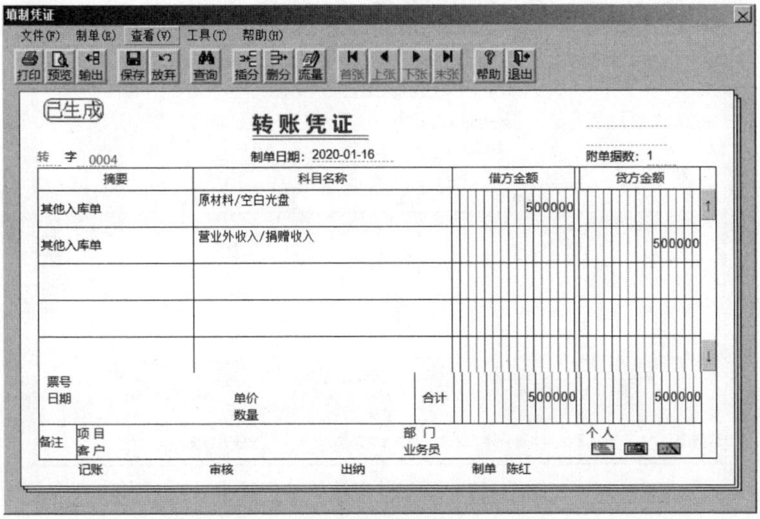

图 11-26 生成其他入库单凭证

任务 6 其他出库业务

知识准备

其他出库指除销售出库、材料出库之外的其他出库业务，如维修、办公耗用、调拨出库、盘亏出库、组装拆卸出库、形态转换出库等。

需要注意的是，调拨出库、盘盈出库、组装出库、拆卸出库、形态转换出库等业务可以自动形成相应的其他出库单，除此之外的其他出库单由用户填制。

此处讲解的是需要由用户手工填制其他出库单的业务，如对外捐赠或发放非货币福利。

其他出库业务的处理流程如下。

(1) 在库存模块中填制并审核其他出库单。

(2) 在核算模块中对其他出库单进行记账。

(3) 在核算模块中对其他出库单制单。

工作任务

1 月 20 日，企业将 200 套程序设计多媒体课件赠送给某中学。货物从成品库发出。

工作步骤

1. 在库存模块中填制并审核其他出库单

(1) 执行“库存→其他出库单”命令，进入“其他出库单”窗口。

(2) 单击“增加”按钮，输入出库日期“2020-01-20”，选择仓库“成品库”。

(3) 选择存货编码“2002”，输入数量 200。

(4) 单击“保存”按钮，再单击“审核”按钮，如图 11-27 所示。

图 11-27 填制并审核其他出库单

2. 在核算模块对其他出库单记账

执行“核算→核算→正常单据记账”命令，对其他出库单记账，如图 11-28 所示。

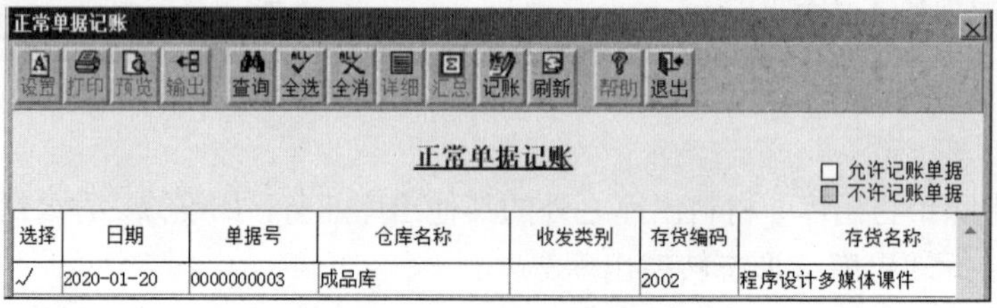

图 11-28 对其他出库单记账

3. 在核算模块对其他出库单进行制单

(1) 执行“核算→凭证→购销单据制单”命令，单击“选择”按钮，选择“其他出库单”，如图 11-29 所示。

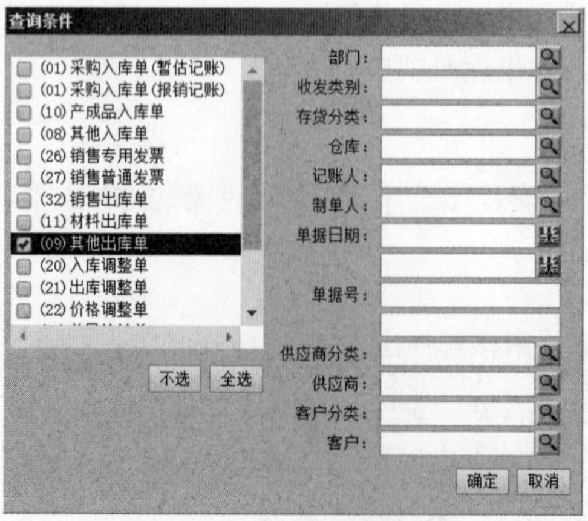

图 11-29 选择单据类型

(2) 单击“确定”按钮，单击选择单据日期为“2020-01-20”的“其他出库单”行，如图 11-30 所示。

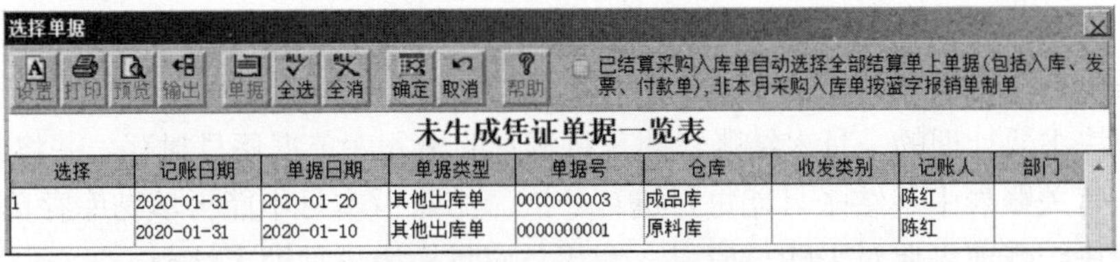

图 11-30　选择其他出库单

(3) 单击“确定”按钮，进入“生成凭证”窗口，选择凭证类别“转”，补充对方科目为 571106，如图 11-31 所示。

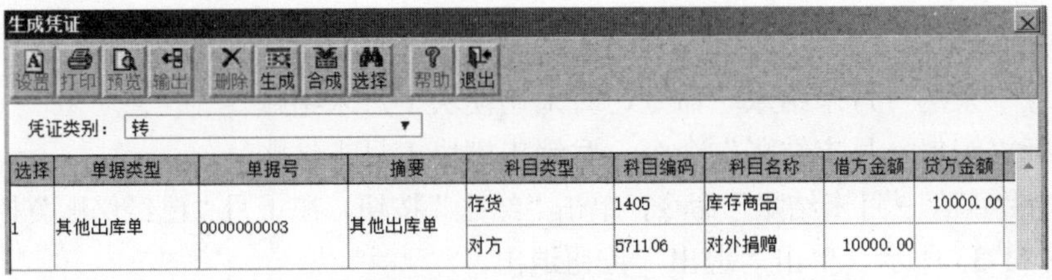

图 11-31　设置凭证模板

(4) 单击“生成”按钮，进入“填制凭证”窗口，修改制单日期为“2020-01-20”，补充贷方科目 22210106，贷方金额 3 900，“营业外支出/对外捐赠”科目金额改为 13 900，检查凭证其他信息无误后，单击“保存”按钮，生成其他出库单凭证，如图 11-32 所示。

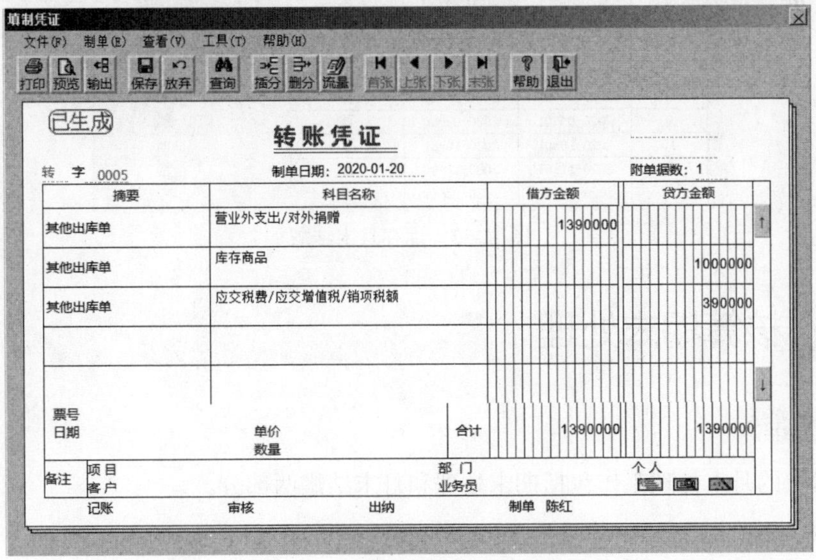

图 11-32　生成其他出库单凭证

注意：

- ❑ 自产的产品对外捐赠，属于视同销售行为。需要按售价计算增值税销项税额。销项税额为 3 900(200×150×13%)。

任务 7 库存期末处理

知识准备

库存模块主要处理的是月末结账，即是将每月的出入库单据逐月封存，并将当月的出入库数据记入有关账表中。结账只能每月进行一次。结账后本月不能再填制库存单据。

库存模块结账前先要对采购与应付、销售与应收模块进行期末结账。

工作任务

1 月 31 日，对库存模块月末结账。

工作步骤

(1) 执行“采购→月末结账”命令，对采购模块 1 月末结账。

(2) 执行“销售→月末结账”命令，对销售模块 1 月末结账。

(3) 执行“库存→月末结账”命令，单击“结账”按钮，在 1 月“已经结账”栏显示“是”标记，如图 11-33 所示。单击“退出”按钮退出。

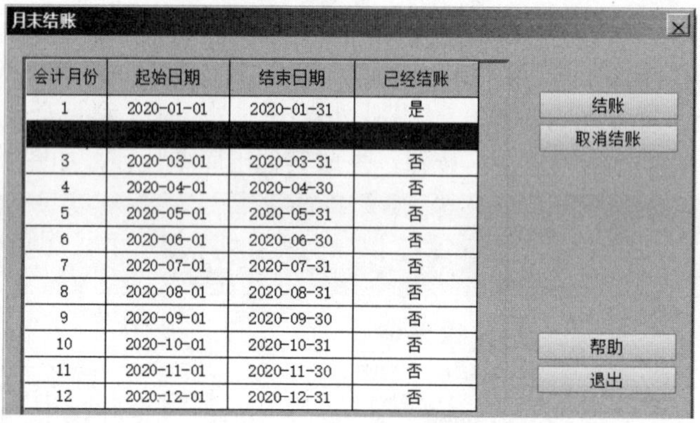

会计月份	起始日期	结束日期	已经结账
1	2020-01-01	2020-01-31	是
[illegible]	[illegible]	[illegible]	[illegible]
3	2020-03-01	2020-03-31	否
4	2020-04-01	2020-04-30	否
5	2020-05-01	2020-05-31	否
6	2020-06-01	2020-06-30	否
7	2020-07-01	2020-07-31	否
8	2020-08-01	2020-08-31	否
9	2020-09-01	2020-09-30	否
10	2020-10-01	2020-10-31	否
11	2020-11-01	2020-11-30	否
12	2020-12-01	2020-12-31	否

图 11-33 库存月末结账

任务 8 核算期末处理

知识准备

核算模块的月末处理工作包括期末处理和月末结账两部分。

1. 期末处理

当核算模块日常业务全部完成后，进行期末处理，主要是对仓库进行期末处理。系统自动计算全月平均单价及本会计月的出库成本，自动计算差异率(差价率)及本会计月的分摊差异/差价，并对已完成日常业务的仓库/部门做处理标志。

2. 月末结账

核算系统必须在采购模块、销售模块、库存模块结账后才能进行期末处理，核算模块才能结账。

工作任务

1 月 31 日，对核算模块进行期末处理并结账。

工作步骤

1. 期末处理

(1) 执行“核算→月末处理”命令，打开“月末处理”对话框，单击“全选”按钮，如图 11-34 所示。

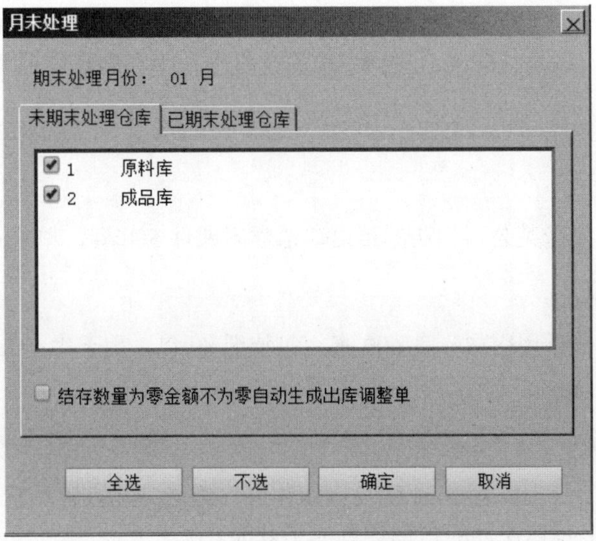

图 11-34　月末处理

(2) 单击“确定”按钮，提示是否处理，单击“确定”按钮，提示期末处理完毕，单击“确定”按钮，再单击“取消”按钮退出。

2. 月末结账

(1) 执行“核算→月末结账”命令，打开“月末结账”对话框，如图 11-35 所示。

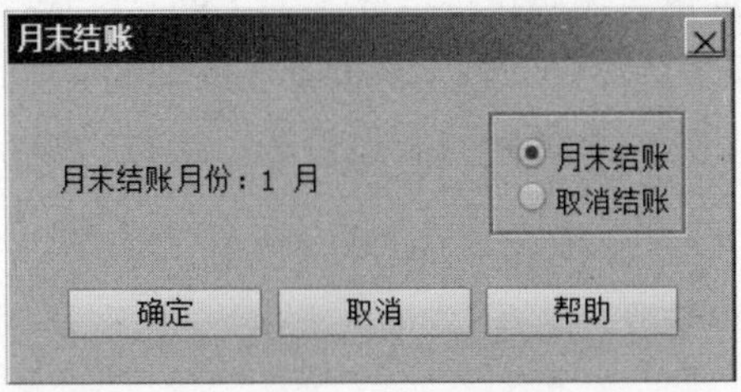

图 11-35　月末结账

(2) 单击“确定”按钮，提示结账成功，单击“取消”按钮退出。

实训应用

实训十二　库存与核算业务处理

【实训目的】

1．熟悉库存调拨、其他入库、其他出库等业务操作。

2．掌握材料领用、产成品入库与产成品成本分配、库存盘点等业务操作。

【实训要求】

以库管员潘小小(编号：6606；密码：6)的身份进行库存与核算业务处理。

【实训内容】

1. 其他入库业务

1 月 3 日，企业接受某公司捐赠的英语口语学习课件 500 套，单价 40 元，入产品一库。

2. 材料领用业务

1 月 8 日，生产部领用空白光盘 600 张，包装纸 80 包，用于生产 Java 语言多媒体课件，货物从原料库发出。

3. 其他出库业务

1 月 13 日，企业将 100 套 Java 语言多媒体课件赠送给北方管理软件学院。货物从产品二库发出(Java 语言多媒体课件的市场售价为 160 元)。

4. 库存盘点业务

1 月 30 日，对产品二库进行盘点，发现少了 5 套 Java 语言多媒体课件，其他存货盘点数量与账面数量一致。

5. 产成品入库及产品成本分配业务

1 月 31 日，500 套 Java 语言多媒体课件完工，入产品二库。

1 月 31 日，财务部提供的程序设计多媒体课件 500 套的完工成本是 26 000 元，进行成本分配(直接材料、直接人工、制造费用的分配比例为：20%、50%、30%)。

6. 库存模块期末处理

1 月 31 日，对库存模块结账。

7. 核算模块期末处理

1 月 31 日，对核算模块进行期末处理并月末结账。

巩固提高

一、单选题

1. 材料领用出库业务生成的记账凭证中不可能出现的科目是( )。
   A. 原材料　B. 生产成本　C. 管理费用　D. 应收账款
2. 下列不属于核算模块具有的功能是( )。
   A. 产品成本分配　B. 购销单据记账
   C. 库存盘点　D. 制单处理
3. 库存盘点业务中发生了存货盘盈，会自动生成( )。
   A. 采购入库单　B. 销售出库单　C. 其他入库单　D. 其他出库单

二、多选题

1. 其他入库单是指除( )之外的其他入库业务形成的入库单。
   A. 采购入库　B. 产成品入库　C. 调拨入库　D. 盘盈入库
2. 下列会自动生成其他入库单或其他出库单的业务有( )。
   A. 产品成本分配　B. 产成品入库单
   C. 库存盘点　D. 库存调拨
3. 核算模块制单处理包括( )。
   A. 购销存制单　B. 供应商往来制单
   C. 客户往来制单　D. 自动转账制单

三、判断题

1. 产成品入库单上的单价可以通过“产成品成本分配”的功能获得。 ( )
2. 库存模块的结账工作应在采购与销售模块结账之前进行。 ( )
3. 核算模块需要进行期末处理后才能进行月末结账。 ( )

四、简答题

1. 材料领用业务的处理流程是什么？
2. 产成品入库业务的处理流程是什么？
3. 库存盘点业务的处理流程是什么？
4. 其他出库业务的处理流程是什么？